STUDIES ON VOLTAIRE
AND THE
EIGHTEENTH CENTURY

※━◉━※

187

General editor

HAYDN MASON

School of European Studies
University of East Anglia
Norwich, England

ETIENNE BONNOT DE CONDILLAC

LES
MONADES

*edited with an introduction
and notes by*

LAURENCE L. BONGIE

THE VOLTAIRE FOUNDATION

AT THE

TAYLOR INSTITUTION, OXFORD

1980

ISSN 0435-2866

ISBN 0 7294 0242 8

Printed in England by Cheney & Sons Ltd,
Banbury, Oxfordshire

Contents

to Bettye and Chris

Preface

It is probable that the new Condillac text presented here has narrowly missed discovery by scholars a number of times in the past two centuries. Indeed, in retrospect, finding the solution to the long-standing puzzle surrounding its existence now seems to me to have been, more than anything else, largely the result of a few lucky guesses. It also seems probable that the late Georges Le Roy, Condillac's major twentieth-century editor, might have turned it up himself had he persisted in the search initiated by Raymond Lenoir in 1924; certainly, students of Condillac would have benefited greatly from the application of Le Roy's special editorial and analytical skills to the elucidation of the new text.

It will be seen that there are some fairly challenging implications attached to the new work: although in one sense we may conclude that it changes little regarding our knowledge of Condillac, from another point of view, it quite obviously does change things a great deal and may even call for a substantial reinterpretation of the thought of France's major eighteenth-century philosopher. Perhaps its greatest value lies in the explicit evidence it provides, for the first time, confirming what a perceptive scholar like Le Roy understood intuitively about Condillac's philosophy but was never quite able to prove.

For the most part I have followed Le Roy's editorial principles as applied in his monumental three-volume contribution to the *Corpus général des philosophes français* series, the *Œuvres philosophiques de Condillac* (Paris 1947-1951). Because of the rather surprising nature of the new work, I have provided a fairly extensive introduction designed to situate it in both its historical and critical contexts. In dealing with the latter, especially, I have attempted to identify, and even resolve, a number of apparent contradictions which, as a result of this discovery, now seem to loom large in Condillac's philosophical development. If my analysis is perforce speculative and conjectural at times, my only excuse must be the hope that the interpretation presented here will spur others on to further analysis and commentary.

I have retained as much as possible the lay-out of the original dissertation as it appeared when first published anonymously in the

Berlin omnibus volume of 1748,[1] although I have re-numbered the pages and simplified the arrangement of marginal references and footnotes. Spelling has been made consistent with that of the 1798 edition of Condillac's works adopted as definitive by Le Roy, although the 1798 edition itself exhibits, unfortunately, some inconsistency in that regard. Many misprints and a number of obvious misreadings have been corrected and I have frequently altered punctuation in the interests of clarity. Condillac's notes and marginal references have been placed beneath the text, above my own notes. Two abbreviations especially have been used throughout: 'O.P.', for Le Roy's critical edition of the *Œuvres philosophiques* and 'M.', referring to the text of *Les Monades* itself.

I have taken special note of the most significant parallel passages along with their variants as found in already known Condillacian texts but I have not attempted, except in the case of the final chapter, to be minutely exhaustive in the identification and listing of these. Some discussion of the most important examples will also be found in the main body of my introduction.

I take this opportunity to thank my colleague, professor Peter Remnant, of the University of British Columbia, who kindly read my draft typescript and offered a number of useful suggestions. Final responsibility for any defects of interpretation or editing must, of course, rest solely with me.

L.L.B.

---

[1] *Dissertation qui a remporté le prix proposé par l'Académie royale des sciences et belles lettres sur le système des monades avec les pièces qui ont concouru* (Berlin 1748); see below, p.27, n.15.

Introduction

Metaphysics: the good and the bad

THE discovery of an important, hitherto unknown text of a major author is rarely a matter of scholarly indifference. If, as in the case of the new Condillac work presented here, it seems, at first glance at least, to run counter to the well-established philosophical patterns usually associated with the author's thought, then scholars may be forgiven for tempering their delight with a certain measure of caution. The new Condillac work, a full-blown monadology, a formal *traité de métaphysique*, will come as something of a surprise to amateurs of eighteenth-century French philosophy in general and students of Condillac's thought in particular. Condillac has, after all, traditionally been regarded as France's greatest eighteenth-century critic of precisely such metaphysical systems. The 'Discours préliminaire' of the *Encyclopédie*, for example, credits his *Traité des systèmes* (1749) with putting a definitive end to 'le goût des systèmes, plus propre à flatter l'imagination qu'à éclairer la raison'. Such philosophical fantasy, it seemed clear to mid-eighteenth century observers, would for evermore be banished from all good works: 'Un de nos meilleurs Philosophes (M. l'Abbé de Condillac . . .) semble lui avoir porté les derniers coups.'[1] What makes the new text even more of a surprise, however, is that Condillac, the disciple of Locke and Newton, perhaps the *philosophes'* sharpest mind and certainly their most systematic thinker, is also usually credited with having dealt a specific and permanently damaging blow to the fortunes of Leibnizianism: W. H. Barber has described the *Traité des systèmes* containing Condillac's formal attack on Leibniz as a landmark in intellectual history, not only because 'it crystallizes and epitomizes the growing French hostility towards metaphysical speculation, and equips it with the new and crushing weapon of linguistic criticism', but also because this famous anti-metaphysical work made clear once and for all the distinction, often

[1] Jean Le Rond d'Alembert, *Mélanges de littérature, d'histoire et de philosophie*, nouvelle édition (Amsterdam 1773), i.159.

ignored or confused in the past, 'between the aims of the metaphysician and the scientist, and the nature of the hypotheses they use'.[2]

The new work, though it was published obscurely and anonymously in 1748, one year before the *Traité des systèmes*, has remained in every sense an *inédit*. No doubt it has been occasionally looked at and perhaps it has even been read from beginning to end a number of times in the past two hundred and thirty years. It is doubtful, however, if it has ever been studied carefully by any recent historian of philosophy, for to examine it, even casually, is to recognise it as the work of Condillac. This is true even though, ostensibly at least, it is concerned with the defence of monads, a highly 'metaphysical' topic quite unexpected from the pen of France's leading empiricist in the Enlightenment period. We shall see that parts of the new dissertation (indeed whole passages and even one entire chapter) were discreetly scissored-and-pasted into Condillac's later works, beginning with the *Traité des systèmes* itself and continuing through to the *Cours d'études* and *La Logique*. Certainly a few recent scholars who have commented generally on the Berlin Academy's famous monad competition of 1746-47 and upon the contribution of various known participants in that competition must have come very close to making the important discovery presented here for the first time. Condillac left only one specific clue to the work's existence which scholars like Raymond Lenoir[3] and Georges Le Roy, the extremely thorough editor of Condillac's works,[4] failed, in spite of presumably systematic searching, to track down. The clue was in the form of an intriguing note at the beginning of the chapter 'Comment l'homme acquiert la connoissance de Dieu' in the *Traité des animaux* of 1755, a note in which Condillac discloses that the chapter in question was 'presque tiré tout entier d'une Dissertation que j'ai faite, il y a quelques années, qui est imprimée dans un recueil de l'Académie de Berlin, & à laquelle je n'ai pas mis mon nom'.[5] The note, though evidently worded to hide as much as it reveals, does in fact contain a fair amount of the essential location information and it is astonishing that this important new work was not discovered and identified long ago.

[2] W. H. Barber, *Leibniz in France from Arnauld to Voltaire* (Oxford 1955), pp.155-56.

[3] Raymond Lenoir, *Condillac* (Paris 1924), p.16.

[4] *Œuvres philosophiques de Condillac*, texte établi et présenté par Georges Le Roy (Paris 1947-1951), i.365 (henceforth referred to by the letters O.P., followed by the key word of individual titles, e.g. O.P. *Animaux*, O.P. *Systèmes*, etc).

[5] O.P. *Animaux*, i.365*b*, note 1; (see note *a*, p.119, of the original 1755 edition).

It will become obvious, I think, why Condillac, who had successfully preserved his anonymity for seven years, felt obliged to reveal even as little as he did in his cryptic remark of 1755. Certainly he seems to have kept the matter very secret even from his closest philosophical correspondents of the day. For example, in various letters to the Swiss mathematician, Gabriel Cramer, written during the period when he must have been actually preparing the monad dissertation, and despite the fact that the subject of Leibnizian metaphysics comes up there frequently, Condillac remains totally silent regarding his current Leibnizian involvement.[6] It is significant too that Cramer, in January 1750, is obviously unaware of the existence of such a work when he congratulates his French correspondent on his election to associate membership in the Berlin Academy and suggests that he should enrich the Academy's collection with 'quelque pièce de votre façon'. It is obvious too that Condillac's participation was kept a secret even from Maupertuis, the president of the Academy, with whom Condillac corresponded during these same years. Commenting, for example, on passages in two of Maupertuis's philosophical writings which relate directly to several points discussed also in his monad dissertation, Condillac remains totally discreet, preferring even to contradict what we now know were his own definite opinions rather than to disclose the extent to which he himself had already contributed to discussions on the subject.[7] In all of his works published after the Berlin Academy competition closed in 1747, not excepting even the *Traité des animaux* with its mysterious reference to an earlier anonymous publication, Condillac goes to great lengths to disguise the original source of what are in fact numerous lengthy plagiarisms from his own monad dissertation. Indeed, in the very chapter to which his note of 1755 is appended, we find him cleverly juggling with the wording of the phrase 'comme on l'a prouvé ailleurs' in order to identify 'ailleurs' as a passage in the *Traité des*

---

[6] see, for example, *Lettres inédites à Gabriel Cramer*, texte établi, présenté et annoté par Georges Le Roy (Paris 1953), pp.33, 89-106. For a revised dating of the letters included by Le Roy in this edition, see Piero Petacco, 'Note sul carteggio Condillac-Cramer', *Belfagor, rassegna di varia umanità* (1971), xxvi.83-95; also, my article, 'A new Condillac letter and the genesis of the *Traité des sensations*', *Journal of the history of philosophy* (January 1978), xvi.83-94.

[7] see, for example, the letter to Maupertuis from Paris, 10 June 1750, on seeking proof of God's existence 'dans les petits détails', on the existence of 'corps durs' and, again from Paris, 25 June 1752, on the idea of duration (O.P. *Correspondance*, ii.534, 537-38).

sensations which, however, was itself copied word for word from his Berlin dissertation. But more on that later.

Condillac's readers may justifiably be surprised by such a lack of candour. In an important later work, *De l'art de penser*, the French abbé refers to the great service thinkers of the past could have rendered had they left, along with their writings, an account of the genesis and development of their thought: 'Les philosophes auroient suppléé à l'impuissance où nous sommes pour la plupart de nous étudier nous-mêmes, s'ils nous avoient laissé l'histoire des progrès de leur esprit.'[8] We must be grateful to Descartes, he goes on to say, for leaving just such a record. Admittedly, Condillac himself was not averse to scattering occasional disavowals of his earlier 'préjugés' throughout various works. In the 1749 edition of the *Traité des systèmes*, for example, he confesses to having put forward an erroneous view of perception in the *Essai sur l'origine des connoissances humaines* of 1746.[9] Five years later, in the introduction to the *Traité des sensations*, he describes other basic misconceptions of the *Essai*. These he attributes to faults of analysis which, happily, his marvellous and rather mysterious philosophical friend, mademoiselle Ferrand, had managed to correct.[10] In spite of these and other examples one could cite, it remains true, nevertheless, that nowhere does he acknowledge having written a metaphysical treatise which would have earned for him the title of the French Leibniz, as easily and as justifiably as the *Essai* of 1746 had brought him the signal honour of being called the French Locke. Anonymous publication was, of course, not unusual in the eighteenth century and a number of not uncommon motives could be suggested to explain the fact that he kept his work a secret but there are also less obvious reasons for his reticence which will, I hope, emerge when we come to study the dissertation in detail. In a certain rather paradoxical sense it may even be true that Condillac kept this work, or rather its full implications, something of a secret for a time even from himself. Written after the pioneering *Essai* and before the highly successful *Traité des systèmes*, the new work can in no sense be thought of as a mere apprentice's exercise. What is especially troubling, however, is that Condillac wrote *Les Monades* during the short interval *between* the appearance of those two major

[8] O.P. *Penser*, i.768*b*.

[9] O.P. *Systèmes*, i.213, note (b).

[10] O.P. *Sensations*, i.221-23; see also chapter 9 of my *Diderot's femme savante*, Studies on Voltaire and the eighteenth century 166 (Oxford 1977).

14

monuments to the French reputation and influence of Locke and Newton and yet, in it, he puts forward the astonishing claim that he has actually *demonstrated* the existence of monads, making as well several other apparently non-empirical assertions in the same vein. Are we then to dismiss *Les Monades* as nothing more than a philosophical aberration or, at best, a youthful academic exercise reflecting only the debater's tactical convictions of the moment, responding, for example, to an arbitrary decision to take the affirmative on the monad question? We are sometimes told that, only a few years later, Jean-Jacques Rousseau, in a mood of apparently total ideological *disponibilité*, allowed his friend Diderot to decide on his behalf whether to choose the positive or the negative with respect to the famous Academy of Dijon question regarding the arts and sciences. But it would be as wrong to be satisfied with such explanations of Condillac's monadology as to imagine that Rousseau's position on the Dijon question was nothing more than the strategically selected paradox of the hour, quite unrelated to his deeper convictions. It is quite possibly true that Rousseau may not have become aware until later of the full implications of the first *Discours* but these were none the less operational in 1750 and basic to his thought. Similarly, it seems possible that Condillac may have been only vaguely aware of the basically Leibnizian character of his own ideas. In such later works as *De l'art de penser*, *La Logique* and *La Langue des calculs,* many of these apparently incongruous elements fall quietly into place, revealing a fundamental pattern which, on the basis of the additional evidence provided by the new work, we may henceforth assume to be the secret key to much of his thought.

Of course, it might be expected that a pattern so fundamental to Condillac's thinking would have been recognised in his writings even in the absence of explicit and direct supporting evidence and it is true that the notion of a philosophical affinity with Leibniz has already been discussed by several Condillac scholars. As early as 1937 Georges Le Roy had suggested that a basic rationalism lay behind much of Condillac's psychology, rendering it a philosophy quite unlike the banal empiricism usually attributed to Locke's most famous French disciple:[11] 'C'est à Leibniz que Condillac fait plutôt songer. Le système qu'il poursuit, et dont le caractère se dégage dans les dernières œuvres, rappelle en effet les vues de Leibniz sur la logique; dans les deux cas, la

---

[11] Georges Le Roy, *La Psychologie de Condillac* (Paris 1937), p.2.

pensée s'oriente vers un panlogisme d'une rigueur extrême.'[12] Le Roy's introduction to the *Œuvres philosophiques* and various notes scattered throughout his three large volumes put forward a similar claim that the logical thought of Leibniz reappears clearly, if somehow mysteriously, in the analytical writings of Condillac.[13] A more recent study by Isabel Knight also supports the notion that there is a fundamental affinity between Condillac's views and those of Leibniz.[14] Both Le Roy and Knight seem to reject, however, the possibility of a true Leibnizian influence largely because of the view that only a very inadequate understanding of Leibniz's logical thought could have been deduced from those scattered samplings of his writings available in Condillac's day, not excluding even the possible resources of the important new texts published for the first time by Raspe and Dutens in the 1760s.[15] There seems to be, moreover, little evidence that Condillac (or, for that matter, very many of his more celebrated French contemporaries)[16] ever looked carefully at the Raspe or Dutens editions. Knight even goes so far as to claim that 'the only work of Leibniz which we know Condillac to have read, from his corrosive attack on it in the *Traité des Systèmes*, is the *Monadology*' (p.65). That is, of course, taking an extreme position: Knight has overlooked, moreover, a direct textual reference to the *Système nouveau* in the *Mémoire* published by Le Roy along with his edition of Condillac's letters to Cramer (p.94) and additional clues in the already known works of Condillac are fairly abundant. Scholarly opinion has, nevertheless, remained quite steadfastly negative on this point. In a recent study of the question, Yvon Belaval found almost no evidence of a serious Leibnizian influence on any eighteenth-century

[12] *La Psychologie de Condillac*, p.226.

[13] O.P. *Introduction*, i.xxix, 38, 151; ii.378, 428.

[14] Isabel F. Knight, *The Geometric spirit: the abbé de Condillac and the French Enlightenment* (New Haven 1968), p.63.

[15] Knight, pp.63-65; Le Roy in O.P. *Essai* (i.38, note 32) comments typically: 'Ces vues de Condillac ne sont pas sans analogies avec les idées de Leibniz relatives à la logique. On ne saurait cependant parler d'une influence de celles-ci, car, dans les œuvres de Leibniz connues au XVIIIᵉ siècle, les considérations logiques se laissent mal apprécier.' See also i.151, note 12 and ii.378, note 3: 'La conception de l'analyse développée par Condillac doit être rapprochée de certaines idées de Leibniz, sans qu'on puisse parler cependant d'influence de Leibniz sur Condillac.'

[16] see Yvon Belaval, *Etudes leibniziennes: de Leibniz à Hegel* (Paris 1976), p.232; also Barber, pp.176-77. In a letter of 23 December 1768 to d'Alembert, Voltaire comments on the Dutens collected edition as follows: 'Que dites vous de la collection des ouvrages de Leibnitz? ne trouvez vous pas que cet homme était un charlatan et le Gascon de l'Allemagne?' (Best.D15382).

French thinkers: to what was construed as Leibniz's metaphysical dogmatism, the French consistently opposed the experimentalism of Bacon, Locke and Newton: 'La raison suffisante, les monades, l'harmonie préétablie, l'optimisme ne convainquent ni Fontenelle, ni d'Alembert, ni Voltaire, ni Rousseau.'[17] Only Charles Bonnet was converted by the *Theodicy*. And Condillac? 'Reste le chercheur d'une langue philosophique et universelle, d'une algèbre de la pensée. En ce siècle de Condillac, l'influence de Leibniz aurait dû être décisive; mais l'auteur de *La Langue des Calculs* cite la Logique de Port Royal, Du Marsais et son annotateur Duclos, l'abbé de l'Epée, le président de Brosses, Rousseau; il ne cite pas l'inventeur du calcul infinitésimal; et que le nom de Condillac ne figure pas dans *La Logique de Leibniz* par Couturat, en dit long, une fois de plus, sur l'infortune de notre philosophe dans la France des Lumières.'[18] Professor Belaval does not specifically comment, however, on the supposed affinities between Leibniz and Condillac pointed out by Le Roy and Knight. What has obviously been lacking up to now is any direct evidence that Condillac ever took more than a polemical – indeed an almost passionately negative – interest in Leibniz whom we find under vigorous attack nearly every time that his name occurs in the pages of Condillac's published works.

It may seem, after a cursory reading of the new text, that the total picture, in this respect, has changed hardly at all. Part I of *Les Monades* has little to say in favour of Leibnizians and much to say against them. That, however, is scarcely surprising since we can hardly expect to find Condillac attacking Leibnizians in the *Essai* of 1746 and again, with even greater determination, in the *Traité* of 1749, and imagine at the same time that he would have had only unqualified praise for them in 1747, the year he probably sent his long metaphysical dissertation to Berlin! We shall see, nevertheless, that the picture has indeed been changed considerably by this new work which has just surfaced and that the prospect of attaining a better understanding, not only of the *Essai* and the

[17] Belaval, *Etudes leibniziennes*, p.232.
[18] Belaval, p.233. See also by the same author, 'L'héritage leibnizien au siècle des lumières' in *Leibniz 1646-1716: aspects de l'homme et de l'œuvre* (Paris 1968), p.257: 'Au total, comme philosophe-savant, Leibniz n'a à peu près aucune influence sur les Lumières'. Similarly, Dan Badareu in the same year concluded: 'On ne saurait parler [. . .] d'une influence de la pensée de Leibniz sur celle de Condillac. Ce que Condillac a retenu de Leibniz a été juste suffisant pour provoquer son hostilité ouverte.' ('Le "calcul" logique de Condillac', *Revue philosophique* (juillet-septembre 1968), clviii.358.

17

Traité des systèmes but of the entire body of Condillac's philosophical writings, has now opened up.

Before going on to describe the more immediate circumstances which led to the composition of Condillac's dissertation it would be well, perhaps, to emphasise one additional key point, which is that probably only in the most superficial sense can the new work be construed as an occasional piece composed solely as an entry for the Berlin Academy's competition on monads of 1746-47. It *is* that obviously, but it is also much more. In fact, all things considered, it is really not a particularly good example of the prize essay genre, going off as it does in all directions into areas unrelated to the fairly narrowly defined set topic. It is, on the other hand, rather good Condillac, as imaginative and as intellectually challenging as anything France's leading eighteenth-century philosopher ever wrote. In other words, I think we must consider it as a *primary* work, essentially related to the *Essai* of 1746. It was probably composed at around the same time as the *Essai* or just shortly after and first conceived more as a companion piece to that pioneer work than as a response to the monad competition. Condillac, we recall, had given his *Essai sur l'origine des connoissances humaines* the subtitle: *Ouvrage où l'on réduit à un seul principe tout ce qui concerne l'entendement.* Modelling his treatment especially on books I ('Of innate notions') and III ('Of words') of Locke's *Essay*, Condillac was concerned primarily with the operations of the mind and the *origin* of our ideas. He takes issue with Locke on various points and either clarifies or further develops those which he feels Locke had neglected. But Condillac's *Essai* was not particularly concerned with other equally important questions as such, for example, with problems involving not so much the origin but the *extent* or *scope* of knowledge. The last paragraph of his introduction makes it clear that there are various positions taken by Locke in books II ('Of ideas') and IV ('Of knowledge and opinion') with which he disagrees (O.P. *Essai*, i.5*b*):

Au reste, parmi d'excellentes choses que Locke dit dans son second livre sur la génération de plusieurs sortes d'idées, telles que l'espace, la durée, etc.; et dans son quatrième, qui a pour titre: *de la Connoissance*, il y en a beaucoup que je suis bien éloigné d'approuver; mais comme elles appartiennent plus particulièrement à l'étendue de nos connoissances, elles n'entrent pas dans mon plan, et il est inutile que je m'y arrête.

Condillac is thus not denying the importance of such questions but stating rather that their treatment would be superfluous in a work devoted to an initial examination of basic methodology. The monad dissertation, on the other hand, especially the second part of it in which Condillac deals *ex professo* and really for the first time with such larger questions as substance, space, time, duration, number, infinity, eternity and, finally, God, constitutes not only the 'other half' of the *Essai* of 1746 but also Condillac's only truly 'metaphysical' treatise, probably conceived at the same time as the *Essai* and later adapted, more or less skilfully, to the purposes of the Berlin Academy competition.

To speak of a metaphysical treatise, of a *monadology*, as coming from the pen of the very author who wrote the *Traité des systèmes* will, quite naturally, give rise to certain doubts and hesitations on the part of those who have long put their trust in the clear-sighted distinction which Condillac makes on the first page of the introduction to his *Essai* between the two types of metaphysics, the bad and the good: 'L'une ambitieuse, veut percer tous les mystères; la nature, l'essence des êtres, les causes les plus cachées, voilà ce qui la flatte et ce qu'elle se promet de découvrir'. We could hardly expect to find Condillac indulging himself with that kind! The other, however, is legitimate: 'l'autre, plus retenue, proportionne ses recherches à la foiblesse de l'esprit humain, et aussi peu inquiette de ce qui doit lui échapper, qu'avide de ce qu'elle peut saisir, elle sait se contenir dans les bornes qui lui sont marquées'. That, of course, was the 'metaphysics' of Locke and Newton. Is it possible, we wonder, that Condillac could ever have knowingly transgressed the limits he had himself so wisely and so explicitly prescribed? Our answer, we will see, must be that he did in fact transgress those limits. But perhaps in metaphysics it is not always easy to distinguish between the good and the bad? Clearly, despite its dangers, metaphysics did remain respectable in Condillac's eyes. His friend d'Alembert would point out four or five years later that few contemporary thinkers were actually *worthy* of being called metaphysicians, that the title, once honorable like that of sophist, was in danger of becoming through abuse and deprecation a kind of insult.[19] Condillac could not have disagreed, as the *Essai*'s very first paragraph – essentially a defence of metaphysics – makes clear. He calls it 'la science qui contribue le plus à rendre l'esprit lumineux, précis et étendu, et qui, par conséquent, doit le préparer à l'étude de toutes les autres'. He complains even of the neglect into which metaphysics has fallen in France and implies that he had once mistakenly

---

[19] d'Alembert, *Mélanges*, i.142.

shared the general contempt for it. However, he came eventually to realise its potential value once he discovered a method to dissipate the mists of error and illusion which habitually surround it: 'Il me parut qu'on pouvoit raisonner en métaphysique et en morale avec autant d'exactitude qu'en géométrie; se faire, aussi bien que les géomètres, des idées justes; déterminer, comme eux, le sens des expressions d'une manière précise et invariable; enfin se prescrire, peut-être mieux qu'ils n'ont fait, un ordre assez simple et assez facile pour arriver à l'évidence' (O.P. *Essai*, i.3*a*).

The *Essai* was designed to accomplish just such a purpose and much of it follows closely on Locke's *Essay* since the English philosopher, alone among many, had been wise enough to limit his investigations to a modest study of the human understanding. Others like the Cartesians and Malebranchists had spun out fanciful systems. Of course the student of metaphysics must be equally familiar with the writings of bad metaphysicians. One had to be aware of their mistakes in order to avoid them. One had, presumably, to examine thoroughly not only the philosophy of a Locke, but also the metaphysics of a Leibniz, his philosophy of substance and time, of space and duration, before constructing a new metaphysics, *a monadology of one's own*.

Such, I think, is the less immediate but the more basic context of Condillac's new dissertation and, possibly, such is also a partial explanation of why he may appear to have wandered rather far off course in this brief excursion through various realms of metaphysical speculation, seeming at one point almost convinced, like the naïve children he refers to in the *Essai*'s introduction, that he has managed to 'touch the sky'.

2

Monads on trial: the Berlin Academy

BEARING in mind these general observations let us now turn to the more immediate occasion which gave rise to the new work: the Berlin Academy prize essay topic, first discussed as early as 1745, adopted officially on 9 June 1746, and adjudicated after much public turmoil and heated debate on the first day of June 1747.[1]

The first of the new Berlin Academy's questions to be proposed by its *Classe de philosophie spéculative* was announced as follows:

On demande, qu'en commençant par exposer d'une manière exacte et nette la doctrine des Monades, on examine si d'un côté elles peuvent être solidement réfutées et détruites par des argumens sans réplique; ou si de l'autre on est en état, après avoir prouvé les Monades, d'en déduire une explication intelligible des principaux phénomènes de l'Univers, et en particulier de l'origine et du mouvement des corps.[2]

The topic as formulated reflected not only the fundamental hidden divisions within the Academy between the followers of Newton and the disciples of Wolff and Leibniz, it symbolised as well the ever-widening gap between the old physics which saw the hypotheses of science and metaphysics as closely inter-related, and the new science which made a complete distinction between them, claiming to have happily put aside

---

[1] see Eduard Winter, ed., *Die Registres der Berliner Akademie der Wissenschaften, 1746-1766* (Berlin 1957), pp.99, 112.

[2] Adolf Harnack, *Geschichte der Königlich Preussischen Akademie der Wissenschaften zu Berlin* (Hildesheim 1970), ii.305. See also Christian Bartholmess, *Histoire philosophique de l'Académie de Prusse* (Paris 1850-1851), ii.255-56. Most accounts of what came to be kno wn as *le procès sur les monades,* including those of Bartholmess and Harnack, are based on the fairly objective but brief report by J. B. Mérian to be found in his *Eloge de monsieur Formey,* composed in 1797 (not '1788/89' as indicated by Harnack, i.1, 403) and published in the *Mémoire s de l'Académie royale des sciences et belles-lettres* (Berlin 1800) – see especially pp.65-67. A somewhat briefer but clearly polemical account by the celebrated mathematician Leon ard Euler is included in his *Lettres à une princesse d'Allemagne sur divers sujets de physique et de philosophie* (Saint Pétersbourg 1768). See Lettre CXXV, 5 May 1761, in Euler, *Opera omnia,* 3rd series (Turici 1960), xi.294-97.

all hopes of ever discovering ultimate answers to such questions as the 'origin and motion of bodies'.

Boasting as it did an eclectic membership which included such leading partisans from both camps as the Newtonians Maupertius and Euler on the one hand, the Leibnizians Wolff and Formey on the other, the Berlin Academy afforded an almost ideal battleground for the heated debate. Indeed, it is rather difficult for us today to imagine the intense public agitation stirred up by the announcement of a formal European competition on this metaphysical issue. It is perhaps even more difficult to appreciate the extent to which the Academy had displayed great daring in even asking the question which, potentially at least, implied a certain lack of respect for the sacred hypotheses of the nation's greatest philosophers. On the accession of Frederick the Great in 1740, the long-martyred Wolff, widely accorded the title of *praeceptor Germaniae*, had returned in triumph to Halle; the popularity of his philosophy was at its height. But Frederick's new academy, the only leading European institution of its kind to possess a *Classe de philosophie spéculative*, did not hesitate, either then or at any time subsequently, to assert its right to debate whatever issues it pleased, initiating in precisely the same manner during the course of the century worthy debates which attracted the attention of such major participants as Kant, d'Alembert, Mendelssohn and Herder.

Mérian's recollection of the decision to invite papers on such a burning issue recaptures some of the excitement of the moment: 'Cette démarche', he reports, 'qui parut d'une hardiesse extrême, excita beaucoup de rumeur dans le monde philosophe, & une espèce de schisme plus ou moins secret dans l'Académie même.'[3] Euler's account is similar: 'Il y a eu un tems, où la dispute des monades étoit si vive et si générale, qu'on en parloit avec beaucoup de chaleur, dans toutes les compagnies, et même dans les corps de garde. A la cour il n'y avoit presque point de Dames, qui ne se fussent déclarées, ou pour, ou contre les monades. Enfin partout, le discours tomboit sur les monades et on ne parloit que de cela.'[4] Mérian's report suggests that this was not an exaggeration: 'Tout cela donna lieu à de fortes agitations dans l'Allemagne, & fit beaucoup de bruit à Berlin où, à la cour, à la ville, dans les clubs des savans, & dans les sociétés de tout ordre, on ne parloit presque d'autre chose que de

---

[3] *Eloge de monsieur Formey, Mémoires de l'Académie royale* (1800), p.66. Mérian was not yet a member of the Academy at this time.

[4] *Lettres à une princesse* (*Opera omnia*, xi.295).

monades; & Dieu sait comment l'on en raisonnoit ou déraisonnoit' (*Eloge*, p.67).

For the anti-Wolffian Euler, director of the *Classe de mathématiques* (who, more than anyone else, had probably taken no small measure of mischievous pleasure in initiating debate on this question) the issue, involving as it did the supposed metaphysics of matter and motion, was too important to be ignored. For all that he, as a *membre ordinaire* of the Academy, was not allowed to participate officially in the competition itself,[5] he soon spoke out personally in an anonymous work *Gedancken von den Elementen der Cörper*[6] in which he categorically contradicted the monad theory. Alarmed by what seemed like an unfair attempt on Euler's part to intervene in the debate and to decide the issue in advance, Wolff's partisans soon counter-attacked in force, led by Samuel Formey, a member of the *Classe de philosophie spéculative* and secretary of the Academy, whose equally anonymous *Recherches sur les élémens de la matière* appeared shortly after. Formey's rebuttal, according to Mérian whose information on this entire subject seems reliable, had been carefully revised by Wolff himself before it was sent on to the publisher. In it Formey (and presumably Wolff) accused Euler not only of having misunderstood Leibniz but also of hopelessly confusing throughout the status of mathematical as opposed to philosophical reasoning on this question.[7]

There is little doubt that much of the discussion regarding monads was indeed conducted at cross-purposes, one side claiming that the Leibnizian position was logically absurd and the other maintaining that the Leibnizian position was in fact something totally different from what it was construed to be by its opponents and that it was, moreover, probably too subtle for certain limited, hostile minds to comprehend. Clearly, not all of the confusion could be attributed to the scattered and

[5] see Frederick's 'Réglement de l'Académie', article XIX, dated 10 May 1746 and officially proclaimed at the June 2nd assembly (*Histoire de l'Académie royale: année 1746* (Berlin 1748), p.8).

[6] published by Haude and Spener (Berlin 1746). The text of it may be found in *Opera omnia*, 3rd series (Genevae 1942), ii.347-66.

[7] see Johann Jakob Burckhardt's examination of this and other replies to Euler in *Opera omnia*, ii.x-xiii. Euler carries on an extensive discussion of the monad question in *Lettres à une princesse*, Lettres CXXV-CXXXII, *Opera omnia*, xi.294-312. See also Kurt Müller, *Leibniz-Bibliographie* (Frankfurt 1967), nos.2114-2127. Wolff, in a letter to Maupertuis from Halle, 15 November 1746, warned the Academy's president of Euler's audacious, if anonymous, attempts to interfere in the competition (A. Le Sueur, *Maupertuis et ses correspondants* (Montreuil-sur-Mer 1896), p.427).

fragmentary nature of the available Leibnizian texts or the resulting difficulty of forming a coherent impression of the great philosopher's doctrine. In fact, though we cannot go into the matter at great length here, it seems obvious that much of the incomprehension voiced by such notable eighteenth-century anti-Leibnizians as Euler, Voltaire and others of like mind, is directly attributable to a certain temperamental unwillingness on their part – a reluctance quite understandable in the brightly positivistic Newtonian world of the Enlightenment – to allow their imagination to take even a few minor metaphysical risks, preferring instead, perhaps not always consciously, to make equally illegitimate acts of faith about the ultimate nature of reality under the cover of modest common sense. D'Alembert, who admired Leibniz's mathematical genius but had little to say in favour of his monads, at least recognised the true dimensions of the problem in the 'Discours préliminaire' of the *Encyclopédie* when he implied that the *Monadology*, though it really explains nothing, is proof at any rate that Leibniz 'a vu *mieux que personne* qu'on ne peut se former une idée nette de la matièer'.[8] Of course it was much easier to go on pretending that the contradictions of common sense could be ignored than it would have been to run counter to fashion and grant the monad hypothesis even a momentarily sympathetic hearing. Leibniz, in the then readily available text of the *Système nouveau*, reveals that he too had once subscribed to what we could describe as a common-sense belief in physical atoms before going on to formulate what he considered to be a more adequate hypothesis for reconciling such age-old difficulties as the problem of the 'sameness' of matter with the equally obvious 'variety' of its appearances, or the notion of the ultimately simple 'constituents' of reality with the process of indefinite division. Voltaire, who took particular delight in caricaturing every aspect of Leibnizian metaphysics, would, one feels, have been astonished (and not a little annoyed) to learn that the Leibnizian conception of matter as essentially force or energy, of space as a system of interlocking points of view, of time as relational, etc., would one day be viewed as anything but absurd by the most advanced scientific minds. For him as for Euler and other good 'Newtonians' of the day, any supposed explanation of matter which involved having recourse to non-material atoms seemed an absurd and even dishonest game of words.

[8] *Mélanges*, i.146 (my italics). On Voltaire's rather less informed attitude to Leibnizian metaphysics, see the very complete study in W. H. Barber, *Leibniz in France*, pp.174-243.

This problem of holding together in the same conceptual scheme the notion of endless divisibility and the elements attained by that division proved to be the major stumbling block of the Academy's debate. The Leibnizian solution involved showing that these notions occur in different contexts: infinite divisibility relating to mathematical concepts as applied to the world of phenomena, resulting in our own constructs of points, instants, atoms, etc., whereas the real elements, the monads, belonged in an overlapping metaphysical realm. Whether this is a defensible view is not really our concern here. What is important to understand is that the anti-Leibnizian winner of the Berlin competition, along with a majority of the Academy's judges, Euler first and foremost, certainly felt he had struck a fatal blow against Leibnizianism simply by stating that it is contradictory to assert that extended objects are some-how 'composed of' unextended parts. The Leibnizian camp, on the other hand, would not have disagreed, adding only that no one was guilty of asserting such a patent absurdity.[9]

Euler, who played the triple role of initiator, unofficial participant and judge in the competition, provides us with probably the most complete account of the arguments exchanged. He himself, at times, appears to have approached the problem in much the same energetic manner as did Samuel Johnson when he triumphantly set about refuting Berkeley's idealism with his boot! Saturated with irony, Euler's *Lettres à une princesse* would argue that to maintain that material objects only *appear to be* extended and endlessly divisible in fact reduces everything to illusion. Geometry then becomes a useless speculation with no application to reality. But since this is obviously false, so too must be the claim that objects only 'appear to be' extended. Euler also refused to be impressed by the Leibnizians' complaint that they were misunderstood: 'Ils disent bien que ce ne sont que des esprits grossiers qui ne sauroient goûter leur sublime Doctrine, mais on remarque pourtant que les génies les plus stupides y réussissent le mieux' (*Opera omnia*, xi.296-97).

Also very relevant to the outcome of the competition was Euler's firm conviction that the question allowed for only a categorically negative or a totally positive answer: there was no possibility of any

---

[9] as C. D. Broad has pointed out, what must be said, of course, is that 'certain aggregates of these unextended substances present to us the delusive appearance of being extended, movable massive substances, i.e. bodies' (see *Leibniz: an introduction* (Cambridge 1975), p.92). I have found Broad's discussion, along with that of Ruth L. Saw, *Leibniz* (Harmondsworth 1954) especially helpful on this problem.

contestant being *partially* right or wrong, or of a split decision: 'Ou il faut reconnoître la divisibilité des corps à l'infini, ou il faut admettre le système des monades avec toutes les extravagances qui en découlent: il n'y a point d'autre parti à prendre' (*Opera omnia*, xi.310). He himself experienced no difficulty in choosing the right solution and was obviously more than impatient to see the Leibnizians driven from the field:

Dans cette Philosophie, tout est esprit, phantôme et illusion; et quand nous autres ne pouvons pas comprendre ces mystères, c'est notre stupidité qui nous tient attachés aux notions grossières du peuple.

Le plus singulier ici est que ces Philosophes, dans le dessein d'approfondir et d'expliquer la nature des corps et de l'étendue, sont enfin parvenus à nier l'existence des corps et de l'étendue. C'est sans doute le plus sûr moyen de réussir dans l'explication des phénomènes de la nature; on n'a qu'à les nier, et en alléguer pour preuve le principe de la raison suffisante. Voilà à quelle extravagance les Philosophes sont capables de se livrer, plutôt que d'avouer leur ignorance.[10]

Euler's lengthy examination of the whole monad question in the *Lettres à une princesse*, though composed more than a decade after the Berlin competition, still echoes the acrimonious tone adopted by supporters of both parties in the Academy during the lengthy debate. As the battle raged on a jury was formed, composed, in view of the special circumstances, of representatives from every class of the Academy and headed by Albert Christophle, comte de Dohna (1698-1752),[11] a ranking member of the high nobility whose ancestry, it was said, could be traced back to the days of Charlemagne. One of the Academy's *honoraires*, Dohna also enjoyed the title of 'grand-maître de la maison de la reine' and was reputed to have extended his study of physics, in the respectful words of his eulogist, 'au delà de ce qu'en savent ordinairement les personnes de son Ordre' (*Eloge*, p.13). Euler describes Dohna's appointment to the commission by Maupertuis in highly flattering terms calling him 'un juge impartial' who, in the course of the deliberations, examined 'avec tous les soins imaginables les preuves qui furent alléguées tant pour que contre l'existence des monades'.[12] Curiously enough, Euler does not disclose in the same text that he too was a member of the selection committee, but Mérian's report identifies him

[10] *Opera omnia*, xi.305. See also Euler's 'Réflexions sur l'espace et le tems' (1748), *Opera omnia*, ii.376-83.

[11] his *Eloge* may be found in the *Histoire de l'Académie royale: année 1752* (Berlin 1754), pp.9-14.

[12] *Lettres à une princesse* (*Opera omnia*, xi.295).

and Dohna as the two leading jury members from the anti-monad camp. Opposing them on the commission were Jean-Philippe Heinius (1688-1775), director of the *Classe de philosophie spéculative* and rector of the Collège de Joachim, the *vétéran*, Philippe-Joseph de Jariges (1706-1770), and, finally, appropriately balancing the presence of Euler, the Academy's secretary and a dedicated Wolffian, Samuel Formey.

We know from a letter by Euler to Goldbach of 4 July 1747 that a total of thirty submissions were received[13] and we are fortunate to have access today to at least some of Euler's memoranda recording his personal assessment of twenty-five of the thirty entries.[14] These contain, unfortunately, no information at all on Condillac's anonymous dissertation, which was eventually selected along with another half-dozen entries as worthy of publication in an omnibus volume entitled: *Dissertation qui a remporté le prix proposé par l'Académie royale des sciences et belles lettres sur le systeme des monades avec les pieces qui ont concouru.*[15] Happily, Euler's memoranda record his comments on four of

---

[13] see *Correspondance mathématique et physique de quelques célèbres géomètres du XVIIIème siècle*, publiée par P. H. Fuss (Saint Pétersbourg 1843), i.425-26.

[14] see *Différentes pièces sur les monades, Opera omnia*, 3rd series, ii.416-29. I am informed by dr C. Kirsten of the Akademie der Wissenschaften der DDR that the originals of the monad prize essays are not now (and probably have never been) in the Academy's archives. It is likely that a good deal of additional documentation – not immediately related to our present purposes – could be dug up on this question. A good place to start: the voluminous papers of Samuel Formey in the Deutsche Staatsbibliothek.

[15] Berlin, chez A. Haude et J. C. Spener, MDCCXLVIII. The volume appears to have been bound in several different presentations and contains, variously, the following: Johann Heinrich Gottlob Justi, *Untersuchung der Lehre von den Monaden und einfachen Dingen* . . . . (pp.i-lii); *Dissertation sur les monades par Mr. Justi* (pp.liii-cx); Nro. III. *De Elementis, sive corporum principiis commentatio. . .* (pp.1-38); Nro. X. *Systema Mundi* (pp.39-144); Nro. XI. *Primaria Monadologiae Capita. . .* (pp.145-248); Nro. XV. *Essai sur la question touchant les monades de mr de Leibnitz* (pp.249-256); *Les Monades. Dissertation* (pp.257-362); George Wilhelm Wegner, *Wiederlegung der Leibnitzischen Monadologie und der Einfachen Dinge* (pp.1-64). Only Justi's and Wegner's pieces bear any indication of an author's name. All of the others were published anonymously including that by Condillac which is entitled simply: *Les Monades. Dissertation*. It seems apparent, however, that the identity of at least the author of 'Nro. XI' was common knowledge by the time of publication: he was Gottfried Ploucquet, a professor of philosophy at Würtemberg and subsequently, like Condillac, elected *associé externe* of the Academy. Some copies of this 1748 collection (see, for example, BN R.5454-5455) were bound with an additional piece by Ploucquet, published separately (also in 1748) and entitled: *Methodus tractandi infinita in metaphysicis investigata*. Ploucquet dedicated this 83-page work to Dohna, adding in an introductory note that he was also the author of the piece bearing the number XI in the Academy's collected volume. (See also the review in *Journal de Trévoux* (octobre 1750), p.2285; and Müller, *Leibniz-Bibliographie*, nos.2128-2143.)

the pieces which found their way into the Academy's omnibus volume: nos. III, X, XI and XV; they do not include any assessment, however, of the winning essay by Justi or of the German dissertation by Wegner. Seventeen of the entries examined by Euler were composed in Latin, six in German and, surprisingly, only two appear to have been presented in French. Although it is sometimes difficult to be certain, obliged as we are to judge only from Euler's frequently impatient descriptions of each piece, an overwhelming majority of them, 15 out of 25, seem to have been pro-Leibnizian; six are clearly hostile to the monad hypothesis and the tendency of the remaining four cannot easily be determined. In fact, again judging from Euler's remarks, the tendency of these last was perhaps unknown even to their various authors![16] It is perhaps some indication of Euler's influence on the committee that all of the pieces which in his notes are recommended for publication (two for monads, two against – see nos.III, X, XI, and XV) did in fact appear in the Academy's omnibus volume of 1748. Euler's letter to Goldbach, to which I have already referred, reveals that the winning entry by Justi had received his entire approbation as well as his vote since, in his view, it completely destroyed the system of monads. The celebrated mathematician then adds (4 July 1747) that six of the entries, both for and against, had been printed. Why Condillac's dissertation and several other pieces are not dealt with in his memoranda remains unclear. Several additional intriguing bits of information can nevertheless be gleaned from Euler's notes. We learn with some surprise, for example, that no.X, *Systema Mundi*, is by Samuel Koenig. Koenig was a personal acquaintance of Euler at this time and hence we may presume that he made the notation regarding the identity of the author on the basis of reliable inside information.[17] Euler clearly gives top marks to Koenig among the pro-

---

[16] for example no. II: 'Pièce latine: L'Auteur commence par quelques passages de l'Ecclésiaste, d'où il conclue [*sic*] que notre savoir est fort imparfait; il allègue une poésie latine, qu'il a composée, où il avait prouvé la folie de ceux qui croient la terre mobile et les planètes habités, et à la Chiromantie. Au reste il ne se trouve rien dans cette pièce qui se rapporte proprement à la question proposée' (*Différentes pièces; Opera omnia*, ii.416). See also Euler's comment on no. VIII, 'Pièce latine en forme de Dialogue. L'Auteur ne dit rien absolument, qu'on puisse regarder comme quelque chose de positif, et il semble plutôt se moquer de toute la question' (ii.419), no. XVI, and, finally, no.XVIII: 'Pièce latine qui ne contient rien au sujet proposé. L'Auteur commence par les étymologies des mots *philosophie* et *monades*; il cherche les noms en hébreux [*sic*], et produit quantité de passages de l'Ecriture sainte, pour prouver je ne sais quoi' (ii.424).

[17] Kurt Müller, *Leibniz-Bibliographie*, no.2130, attributes this piece to 'Professor Kraft zu Soroe (Insel Seeland)'. Euler and Koenig, as is well known, were soon destined

monad authors noting that 'l'Auteur paraît avoir poussé le système des monades au plus haut degré'. This was great praise indeed for mme Du Châtelet's former tutor in Wolffian philosophy! 'Il faut avouer', Euler continues, 'que cet Auteur se soutient partout admirablement bien, et qu'il ne laisse aucune prise aux arguments ordinaires contre le système des monades; et il semble même que le système des monades n'est soutenable que sur ce pied là.'[18] Euler makes it clear, however, that he remains unconvinced.

The next piece, no.XI by Ploucquet, which one French reviewer later described as written in a style 'si scholastique qu'on ne peut le lire jusqu'au bout',[19] is also recommended for publication by Euler who identifies the author as one 'Plucket' but makes no mention of the fact that chapter VI of Ploucquet's Latin work (pp.230-48) is devoted to a polite, and perhaps even discreetly flattering, discussion of Euler's own no longer very anonymous *Gedancken von den Elementen der Cörper*. Koenig in no.X had also alluded politely to the great Euler's works, as had, coincidentally no doubt, the author of no.XV who even praised the undoubted wisdom of the Academy's judges. We may speculate that such gratifying allusions constituted supplementary proof of the excellence of those authors whom Euler eventually recommended for publication. Judging from the celebrated mathematician's bad-tempered memorandum on the next piece, no.XIII, 'Pièce latine pour le système des monades', we may be certain, I think, that no such flattering references to Euler's writings were to be found therein. Euler's description of the piece, which he categorises as absurd and undeserving of any attention, is interesting to us in only one respect: in parentheses at the end of his

to become bitter enemies during the Academy's greatest scandal, the controversy surrounding Maupertuis's formulation of the principle of least action. There was, of course, no direct way for Euler or anyone else to know, with absolute certainty, the identity of the various competitors. As was customary, an author would enclose his name in a sealed envelope attached to the dissertation. Only the seal for the winning entry would be broken. The Academy minutes for 12 June 1747 record the following: 'S.E. Mr le Comte de Dohna a fait rapport de la decision de la Commission tenüe pour l'Examen des Pieces envoyées sur la Question des Monades, et a declaré qu'elle avoit ajugé le Prix à celle qui a pour Devise, *Numquam aliud Natura, aliud Sapientia dicit*. Le Billet cacheté ayant été ouvert, le nom du Vainqueur a été declaré, savoir Mr. Justi, Avocat à Sangerhausen en Thuringe. Les autres Billets ont été brulés sans les ouvrir' (E. Winter, p.112).

[18] *Différentes pièces*, pp.419-20.

[19] *Journal de Trévoux* (octobre 1750), p.2283. Indeed, though singling out Ploucquet's two pieces for particular comment, the reviewer felt obliged to point out that none of the dissertations in the Berlin collection could be described as 'une lecture d'amusement' (p.2285).

comments, where he would normally insert some indication of the author's identity when it was known to him, Euler wrote the name *Wolf*. Whether this is Euler's short-hand notation to refer to one of Wolff's students, a reference to some now-forgotten amateur philosopher called Wolf, or to the great Christian Wolff himself, I cannot say. The last possibility is not, however, unthinkable and we should not overlook the fact that Wolff's name was commonly spelled with one 'f' at the time. One or two other entries are identified: no.XX, a pro-monad dissertation in French, is tagged as the work of 'Wattel', presumably Emer de Vattel (1714-1767), best remembered today for his work, *Le Droit des gens* (1758), and whose *Défense du système leibnitzien contre les objections et les imputations de m. de Crousaz* had already appeared in 1741. Though we have every reason to assume that Vattel's piece was worthy of attention,[20] Euler dismisses it out of hand as a mere 'jeu d'esprit', a comment more favourable, however, than that recorded for no.XXIII, 'Pièce latine pour les monades', apparently by 'Un Ecolier de Mr. Baumgarten', described as a total waste of time. All in all, with respect to the pro-monad dissertations, Euler seems to have been most impressed by Koenig's no.X: 'Il n'y a que l'Auteur de la pièce No.10', he affirms, 'qui se soit mis en état de soutenir le système, tant qu'il est possible';[21] as for the anti-monad entries, no.XXII, another Latin piece the author of which is not, unfortunately, identified, is judged to be by far the best among all those on his list. We thus wonder why it was not chosen for inclusion in the omnibus volume and we, of course, wonder too at what might have been Euler's opinion of Condillac's contribution. In the absence of additional documentation which may yet come to light we can only speculate that it would have been fairly negative.

After much sifting through the unusually numerous submissions the committee finally reached its decision. One is not surprised to learn from Euler's account in the *Lettres à une princesse* that the many pieces in favour of monads were, to quote his exact words, 'si foibles et si chimériques' that the 50 ducat gold prize medal, struck expressly for the occasion in 1747,[22] was awarded on 1 June 1747 (in the unexpected

20 W. H. Barber, pp.119-21, has described Vattel's earlier work of 1741 as clear, well-arranged, and the only full exposition of Leibnizianism based directly upon Leibniz which was to appear in French at that time.

21 *Différentes pièces*, p.426.

22 a fine engraving of it may be seen in Formey's *Histoire de l'Académie royale des sciences et belles lettres, depuis son origine jusqu'à présent* (Berlin 1752), p.116.

presence of royalty) to the anti-monadist, Johann Heinrich Gottlob Justi (1720-1771), a most curious and influential adventurer-scholar of the German Enlightenment.[23]

We have already taken note of Euler's whole-hearted approval of Justi's anti-Leibnizian dissertation which, at this point, it would be appropriate to examine briefly since Condillac refers to it himself (albeit rather scathingly) in the *Traité des systèmes* of 1749.[24] Indeed, in his more than casual reference to the Berlin winner's confused and incorrect understanding of Leibniz, Condillac typically manages once again to be totally discreet, avoiding even the slightest hint that he had himself been personally involved in the same competition (and had been published anonymously in the same collected volume, probably as a second or third runner-up in the pro-monad category, after Koenig or Ploucquet).

Not long after the award was announced and a year before the Academy's omnibus volume appeared, Justi published the original German version of his dissertation,[25] adding to the storm of protest already stirred up by the Academy's decision to award the prize after so much acrimonious debate to an anti-Leibnizian. Still triumphant nearly twenty years later, Euler recalls with obvious satisfaction the irritation of the monad partisans 'à la tête desquels se trouvoit le grand et fameux Mr. de Wolf, qui ne prétendoit pas être moins infaillible dans ses décisions que le Pape. Ses Sectateurs, dont le nombre étoit alors beaucoup plus grand et plus redoutable qu'aujourd'hui, crierent hautement contre l'injustice et la partialité de l'Académie; et il s'en fallut peu que leur Chef ne lançât la foudre de l'anathême philosophique contre toute l'Académie. Je ne me souviens plus à qui nous avons l'obligation de l'avoir échappé.'[26]

---

[23] see Formey, *Histoire de l'Académie royale*, p.126. The details of Justi's extremely varied career remain unclear. For a brief account see the *Neue Deutsche Biographie*, x.707-709. At the time he entered the competition Justi had had some military and journalistic experience and was currently a legal advocate and administrator in Sangerhausen. The numerous books and articles with which he is credited deal with a wide range of subjects including metaphysics, chemistry, constitutional history, finance and economics. Scholars have considered him to be one of the fathers of the German national economy. For a recent assessment of his contributions in this area, see Peter Hanns Reill, *The German Enlightenment and the rise of historicism* (Berkeley 1975), pp.150-52, 190-91, and notes 71, 72 on pp.257-58. As Reill points out, Justi's scholarly interests did not spare him 'the ignominious end of other eighteenth-century adventurers'. He died in prison, 'blind, broken, and in disgrace' (p.150).

[24] O.P. *Systèmes*, i.160a; see, especially, note 1.

[25] see Kurt Müller, *Leibniz-Bibliographie*, nos. 2120, 2121 and 2124.

[26] *Lettres à une princesse*, xi.295.

Wolff's own fairly intemperate personal reaction is recorded in his letter of 6 May 1748 to J. D. Schumacher. For the leading German philosopher of the day the Academy's decision had serious and widespread implications and was evidence that the love of fundamental knowledge was now everywhere in retreat, largely as a result of an unholy alliance formed by modish French superficiality and the so-called Newtonian philosophy which was becoming all the rage. Wolff goes on to criticise Euler for not sticking to what he knew best, that is, higher mathematics, and he also deplores the fact that Euler, by his ignorant meddling in other areas in which he perversely wished to dominate, had brought shame on the Academy. Wolff also makes it clear that he held Euler personally responsible for plotting the entire monad controversy and for electing as his nefarious instrument the 'arrogant, presumptuous and shameless pettifogger', Justi. Wolff also took advantage of the occasion to point out how unfortunate it was that Maupertuis, the president of the Academy, though more polite than Euler, was a Frenchman, knew no German, was unfamiliar with the state of German scholarship and seemed as a result unable to keep a tighter rein on the scandalous activities of Euler.[27]

The Academy's own 'Avertissement' which precedes Justi's dissertation in the omnibus volume is a sufficient indication of the public scandal that had been generated by all the recent events. It stresses that the Academy itself did not necessarily support either side in the controversy and warned future competitors that they must refrain from making abusive references to opponents, adding that the version of the prize essay it was now publishing, in German as well as in a French translation, would be recognised as differing slightly from that published earlier by the author in German since the Academy had felt obliged to suppress a number of expressions 'qui n'étoient pas assés mesurées contre un homme illustre, qu'elle se fait honneur de compter parmi ses Membres'.[28] The reference is obviously to Wolff who, it will be recalled, was an *associé externe* of the Academy at this time.

[27] see *Briefe von Christian Wolff aus den Jahren 1719-1753* (St. Petersburg 1860), pp.142-43. See also the two letters from Wolff to Maupertuis, from Halle, 1 and 18 July 1747, filled with recriminations against Euler, pointing to Justi's appalling ignorance of Leibnizian doctrines (he had not, for example, even consulted Wolff's Latin works) and expressing his general disgust with the entire business which, he hopes, will soon be buried in eternal silence (Le Sueur, pp.429-38).

[28] 'Avertissement', *Dissertation qui a remporté le prix*. Though he was sorely offended, Wolff's contempt for Justi and his supporters in the Academy was such that he specifically

Even a casual reading of Justi's 45-page dissertation, to which he later added a 10-page supplement dated 12 August 1747, will make clear the reasons for both Euler's glee and Wolff's irritation. Writing in a practised, polemical style more reminiscent of the court-room than the academy, Justi begins by flattering the king and the Academy (as did, apparently, most of the contestants although Condillac, we shall see, omits any such propitiatory gestures). His introduction then goes on to promise, in less deferential tones, that his arguments against the monadists will be 'incontestables & sans réplique'.

Justi's main strategy relied on pointing out the 'self-contradictory' nature of the Leibnizian doctrine. Like Euler, he defends the notion of the infinite divisibility of matter and falls into the usual confusion regarding the relationship of monads to the Leibnizian world of phenomena. He thus has no difficulty showing that Leibniz in his assertions is guilty of such appallingly elementary errors in logic as the following: *Un être simple ne remplit point d'espace, mais plusieurs ensemble remplissent un espace.*[29] Justi counters by demonstrating the impossibility of such propositions: 'S'il est fondé dans l'essence des êtres simples de n'avoir pas de grandeur, il ne peut pas non plus résulter de grandeur de plusieurs êtres simples. Si les êtres simples sont indivisibles, il ne peut pas non plus venir quelque chose de divisible de plusieurs simples. Si les êtres simples ne sont pas matière, plusieurs n'en peuvent pas non plus constituer de la Matière' (p.lxxxiv).

The essence of his complaint against Leibniz may perhaps best be summed up in the following sweeping rebuttal of the great German philosopher: 'quelque chose', Justi complains wearily, 'ne peut tout de même pas venir de plusieurs riens' (p.lxxxvi). Leibniz would not, of course, have disagreed. He would merely have denied that the statement applied in any way to his system. Mérian, commenting in retrospect on the winning entry, did not fail to underline this point. Justi's work, he admits, was decidedly not a philosophical masterpiece. But, Mérian adds, such basic confusion regarding several points of Leibnizian metaphysics was not restricted to the winning entry (*Éloge de monsieur Formey*, p.67):

asked that nothing be changed in the officially published version of the winning entry: 'Repeto igitur me nolle ut quicquam in scripto Sangerhusano in mei gratiam immutetur' (18 July 1747, Le Sueur, p.434).

[29] *Dissertation qui a remporté le prix*, p.lxxx.

En général, il semble avoir régné un malentendu dans cette dispute, en partie faute d'avoir approfondi les vraies idées de Leibnitz, en partie par je ne sais quel air de mystère dont plusieurs Leibniziens affectoient de les voiler, croyant par là leur donner du relief, mais dont leurs adversaires se prévalurent contr'eux. Ce fut d'attribuer à Leibnitz un sentiment qui n'étoit ni ne pouvoit être le sien, celui de composer les corps & la matière, en les prenant pour des êtres réels, de les composer, dis-je, de substances simples, vraiment immatérielles, comme de parties constituantes de ces corps & de cette matière, qui cependant n'ont point d'existence véritable & proprement dite dans la vraie théorie de Leibnitz, où les corps ne sont que des phénomènes, & la matière qu'un terme général pour désigner ce que ces phénomènes ont de commun.

Interestingly enough, Mérian goes on to reveal that at least one of the competitors had avoided the confusion – 'avoit parfaitement saisi ce point de vue, & l'avoit, de l'aveu même de M. Euler, très ingénieusement développé. Elle auroit au moins dû partager le prix, comme cela s'est pratiqué depuis dans des sujets qui souffrent de si fortes contestations.' We recall, however, Euler's statement that only one side could be right in this matter and it is doubtful whether, given the precise wording of the essay topic and the composition of the selection committee, a pro-Leibnizian, whatever his merits, could have been recognised as worthy even of second prize. One would like to think that it is Condillac's dissertation which is referred to here but a careful examination of Euler's notes suggests that Mérian probably had in mind Koenig's piece or even the dissertation by Ploucquet, whom Euler indeed credits with having developed 'assez ingénieusement' his proofs regarding the purely phenomenal nature of extension.[30] As I have already noted, moreover, Condillac seems to have been concerned more with composing a general metaphysical treatise than a specific academic prize essay; his work contains no direct reference to the set question, nor does it trouble itself with the usual polite allusions to the greatness of the king, the worthiness of the Academy, or even the sterling qualities of any of its individual members. Worse still, as will soon become evident, even the basic tendency of his dissertation must have appeared, at first glance at least, rather difficult to categorise. Such, obviously, would not have been a problem with the winning entry! Like a court-room prosecutor,

---

[30] *Différentes pièces*, ii.420. It is possible, of course, judging from Condillac's note already referred to, that the author of the *Traité des systèmes* might have deemed it preferable *not* to win second prize, or indeed even honorable mention, in a competition eventually won by Justi.

holding up to public scorn and indignation a long list of crimes against logic, referring here and there to the 'sistême inventé à plaisir' or the 'merveilleux cercles en raisonnement' of *la partie adverse,* of *nos adversaires,* Justi sums up his charge to the learned jury:

Voilà les raisons qui, à ce que je crois, font tomber en ruine le Sistême des Monades & des êtres simples. Je pourrois montrer le peu de solidité de ce Sistême, encore par un grand nombre d'autres verités incontestables, si je ne devois pas considérer qu'un écrit de la nature de celui-ci ne doit pas faire un volume. Je n'ai cependant oublié aucune conclusion sur laquelle ce Sistême pourroit être encore fondé; je l'ai refuté partout par des axiomes incontestables, qui, à ce que j'ai raison de me promettre, rendront toute réponse absolument impossible, à moins qu'on n'y soit poussé par l'aveuglement, & par une forte envie de disputer.[31]

The even more aggressive tone which we find in the *Supplément* published by Justi nearly three months after the prize was awarded suggests, however, that the Academy's decision had contributed little toward settling the great public controversy. Indeed, Justi concludes his new work with a promise to produce yet a third dissertation designed to refute 'tous les écrits défensifs des Monades & des elemens des corps, tant ceux qui ont deja parû avant la décision de l'Academie, que ceux qui pourroient encore paroître, & ayant la verité & la bonne cause de mon coté, je me fais fort de faire voir clairement à tout le monde la foiblesse de leur hypothese prétendue'.[32]

[31] *Dissertation qui a remporté le prix,* pp.xcix-c.
[32] *Dissertation,* p.cx. Justi did in fact, before moving on to matters of more urgent concern to the German economy, publish one more work on monads in 1748 (see Kurt Müller, *Leibniz-Bibliographie,* no.2141).

3

Condillac and the view from Paris

OBVIOUSLY the violence of the storms raging in Berlin over the question of monads had no equivalent in Paris. There Leibnizianism had no major public defenders[1] and the current anti-metaphysical fashion would have scarcely encouraged anyone to take up the pro-Leibniz side in the Berlin competition. In fact it is a significant measure of Condillac's deep involvement with metaphysical questions that he dared to enter the controversy at all, providing one of the very rare pro-monad pieces received in French by the Berlin Academy.

Voltaire's attitude on the subject perhaps best typifies, in this as in most other matters, the French intellectual climate of the day. Though he seems to have ignored the monad competition of 1747, he had long been an outspoken enemy of Leibnizian doctrines – and this in spite of mme Du Châtelet's interest in them. Numerous expressions of his hostility may be found in his correspondence during this period. In addition, the *Métaphysique de Newton, ou parallèle des sentiments de Newton et de Leibnitz,* first published in 1740 and later included as part of the *Eléments de la philosophie de Newton,* clearly and wittily (if superficially and unfairly) attempts to score many easy debating points against the German philosopher whom Voltaire probably understood no better than did the winner of the Berlin competition. For Voltaire the entire Leibnizian system was nothing but a silly fantasy and a sham: 'Pouvez-vous bien avancer', he asks typically in the *Eléments,* 'qu'une goutte d'urine soit une infinité de *monades,* et que chacune d'elles ait les idées, quoique obscures, de l'univers entier?'[2] His attitude to Wolff bristles with hostility: 'Cet homme là ramène en Allemagne toutes les horreurs de la scolastique surchargées de raisons suffisantes, de monades, d'indiscern-ables, et de touttes les absurditez scientifiques que Leibnits a mis au monde par vanité, et que les allemans étudient parce qu'ils sont alle-

---

[1] I refer the reader once again to W. H. Barber's excellent study on Leibniz in France.
[2] *Œuvres complètes de Voltaire* (Paris 1877-1885), xxii.434.

mans.'[3] Mme Du Châtelet's interest in such nonsense was, of course, an embarrassment: 'C'est une chose très déplorable qu'une française telle que mad^e du Chastelet ait fait servir son esprit à broder ces toiles d'araignées,' he confides to Maupertuis, adding, not entirely tongue-in-cheek: 'Vous en êtes coupable, vous qui luy avez fourni cet entouziaste de Koenig, chez qui elle puisa ces hérésies, qu'elle rend si séduisantes.'[4] In his *Courte réponse aux longs discours d'un docteur allemand* of 1744, Voltaire produced a biting satire of what he felt was nothing less than a new scholasticism. Defending his *Métaphysique de Newton* against the Wolffians, he once more attacked the doctrine of monads:

J'ai dit que Newton savait douter; et là-dessus on s'écrie: Oh! nous autres, nous ne doutons pas. Nous savons, de science certaine, que l'âme est je ne sais quoi, destinée nécessairement à recevoir je ne sais quelles idées, dans le temps que le corps fait nécessairement certains mouvements, sans que l'un ait la moindre influence sur l'autre: comme lorsqu'un homme prêche, et que l'autre fait des gestes; et cela s'appelle l'*harmonie préétablie*. Nous savons que la matière est composée d'êtres qui ne sont pas matière, et que dans la patte d'un ciron il y a une infinité de substances sans étendue, dont chacune a des idées confuses qui composent un miroir concentré de tout l'univers; et cela s'appelle le *système des monades* [. . .] Heureux ceux qui peuvent comprendre des choses si peu compréhensibles, et qui voient un autre univers que celui où nous vivons.[5]

Pangloss, we see, is already on the horizon. 'C'est Leibniz attaqué par *Le Canard enchaîné*!', as Yvon Belaval has so justly remarked.[6] Nevertheless, it is enough to make us realise what a risky business it was for the author of the Lockean *Essai sur l'origine des connoissances humaines* of 1746 to embark, *in 1747*, on a serious treatment of the German philosopher in a work which concludes with the formal claim that the existence

---

[3] letter to Maupertuis, 'à Bruxelles ce 10 aoust 1741', Best.D2526.

[4] Best.D2526. Koenig had already come under attack in Voltaire's letter to Helvétius of 3 October 1739: 'Mad^e du Châtelet a amené avec elle à Paris son Kenig, qui n'a de l'imagination en aucun sens, mais qui comme vous savez, est ce qu'on appelle grand métaphysicien. Il sait à point nommé de quoi la matière est composée, et il jure d'après Leibnitz, qu'il est démontré que l'étendue est composée de monades non étendues, et la matière impénétrable composée de petites monades pénétrables. Il croit que chaque monade est un miroir de son univers. Quand on croit tout cela, on mérite de croire aux miracles de St Paris. D'ailleurs il est très bon géomètre comme vous savez et ce qui vaut mieux, très bon garçon' (Best.D2086).

[5] *Œuvres complètes*, xxiii.195.

[6] *Leibniz 1646-1716: aspects de l'homme et de l'œuvre*, p.258.

of monads has been demonstrated![7] It will be necessary to attempt an assessment of what Condillac could possibly have intended by such an anonymous act of philosophical courage or folly (depending on one's point of view), and to determine whether, in the years immediately following, with the anti-Leibnizian, anti-metaphysical pressures growing even greater, he was in fact able to stand his ground.

Before proceeding further, however, the difficult question of Condillac's sources must be given some attention. To what extent was it possible, in 1746 or 1747, for example, to grasp the essentials of Leibniz's philosophy despite the fact that the great German philosopher had never published a coherent philosophical system and that much of his doctrine had come to light only in scattered correspondence and brief articles published in various learned journals of Europe? Added to this of course is the fact that many of his writings had not been published at all. Leibniz himself had warned in 1696 that those who knew him only by his published works did not, in fact, know him.[8] However, in a letter to Remond written many years later, after the publication of the *Theodicy* and the private circulation of his *Monadology*, Leibniz seems to have expressed the belief that this was no longer the case: 'Il est vrai', he concedes to Remond, 'que ma *Théodicée* ne suffit pas pour donner un corps entier de mon Système; mais en y joignant ce que j'ai mis en divers Journaux, c'est-à-dire, de Leipsic, de Paris, de Mr. *Bayle*, & de Mr. *Basnage*, il n'en manquera pas beaucoup, au moins quant aux Principes.'[9]

While it is no doubt true that the full emergence of Leibniz's logical thought had to await the efforts of nineteenth and twentieth-century scholars and editors, it is perhaps too easy to exaggerate the dearth of material that was actually available to his readers even before the publication of the Raspe and Dutens editions of 1765 and 1768.[10]

[7] see below, p.199.

[8] '. . . scilicet qui me non nisi editis novit, non novit'. Letter to Vincenz Placcius, 21 February 1696 in L. Dutens, ed., Leibniz, *Opera omnia, nunc primum collecta* (Genevæ 1768), VI.i.65.

[9] Des Maizeaux, ed., *Recueil de diverses pièces, sur la philosophie, la religion naturelle, l'histoire, les mathématiques, &c. par mrs. Leibniz, Clarke, Newton, & autres auteurs célèbres*, seconde édition, revue, corrigée, & augmentée (Amsterdam 1740), ii.150. The same letter provides a significant comment by Leibniz on Wolff: 'Mr *Wolfius* est entré dans quelques-uns de mes sentimens; mais comme il est fort occupé à enseigner, sur-tout les Mathématiques, & que nous n'avons pas eu beaucoup de communication ensemble sur la Philosophie, il ne sauroit connoître presque de mes sentimens que ce que j'en ai publié.'

[10] R. E. Raspe, ed., *Œuvres philosophiques Latines et Françoises de feu mr de Leibnitz* (Amsterdam & Leipzig 1765). See Emile Ravier, *Bibliographie des œuvres de Leibniz* (Paris 1937).

Certainly Condillac seems to have had access to many of the journal articles.[11] Indeed the 1740 edition of Des Maizeaux's *Recueil* contained in its two thick volumes a good selection of these including the *Système nouveau*, the various *Eclaircissements*, Leibniz's answer to Bayle's article 'Rorarius', the all-important correspondence with Clarke, the *Principes de la nature & de la grace, fondés en raison*, a number of important letters to Remond and, perhaps most important of all for Condillac's immediate purpose, the brief (12-page) 'Réflexions de mr Leibniz sur l'Essai de l'entendement humain de mr Locke'. The published correspondence in Des Maizeaux contains as well references to the *Nouveaux essais*[12] of which the 'Réflexions' are in some ways a preliminary sketch. In another letter to Remond, Leibniz alludes to 'un petit Essai d'Ecolier intitulé: *de Arte Combinatoria*, publié l'an 1666, & qui a été réimprimé par après malgré moi' (*Recueil*, ii.153). Also, in the same short piece on Locke, Leibniz mentions another work which might have provided hints of his logical doctrine, 'un petit Ecrit imprimé dans les *Actes des Savans* de *Leipzig*, au mois de Novembre, 1684. pag.537, qui est intitulé, *Meditationes de cognitione, veritate, & ideis*' (*Recueil*, ii.302; also ii.307-308), a work which he wishes Locke had examined. Indeed, although it could not have led anywhere in particular, there is even a reference in the *Recueil* (ii.438) to the correspondence exchanged with Arnauld.

I shall return later in my introduction to this question of the extent to which Leibniz's philosophy of logic was accessible to early eighteenth-century readers but it would seem fair to assume, provisionally at least, that an alert mind such as Condillac's may have been able to glean from what was available in the 1740s more than would seem immediately apparent to us today regarding Leibniz's panlogistic metaphysics. Des Maizeaux's *Recueil*, restricted to works in French, did not contain the *Monadology* which, though composed in French in 1714, was not to appear in its original form until 1840 in the Erdmann edition. Condillac, however, did have access to and does quote from the Latin translation by Michaël Gottlieb Hansch, first published in the *Acta eruditorum* of 1721 and re-published by Hansch along with an important collection of

---

[11] a list of these for the period 1670-1716 may be found in Barber, pp.244-65.

[12] see letter to Remond, Vienna 14 March 1714 in which Leibniz refers to his 'Réflexions assez étendues sur l'Ouvrage de Mr. *Locke*, qui traite *de l'Entendement de l'Homme*', which he had shown to 'Mr. Hugony': 'Mais je me suis dégoûté de publier des réfutations des Auteurs morts' (*Recueil*, ii.141).

commentaries and fragments of correspondence in 1728.[13] Apart from providing a fleeting glimpse of Leibnizian logic as it may perhaps be apprehended through the more popular metaphysical medium of the *Monadology*, Hansch's work quotes journal articles, letters and personal conversations not included or even mentioned in Des Maizeaux's *Recueil*. In addition to such well-informed commentaries, Hansch provides an extensive bibliography of relevant works and a detailed (23-page) 'Index rerum et verborum' that could well be considered useful even today.

One last critically important source of information on Leibnizian doctrines – the weighty Latin tomes of Christian Wolff – must not be overlooked. It is clear from the frequent references in the new text that Condillac had made a very close study of at least the five key Latin treatises published by Wolff from 1730 to 1737.[14] Indeed, it seems probable that Wolff's writings exercised a strong general (and perhaps even detailed) influence on Condillac's thought despite the many scornful references one finds in Condillac's writings to Leibniz's most celebrated and much maligned disciple.[15]

It is of course possible that Condillac had access to other sources of Leibnizianism. I have listed only those to which he refers directly in *Les Monades*. In any case, it must now be clear that Condillac had read much more than the brief *Monadology* that has sometimes been proposed as his only certain source.[16] Indeed it may even be true to say that Condillac in 1747, perhaps fairly unaware of the depth of his own rationalist faith, knew and liked enough about Leibniz to want to improve on him by eliminating some of the German philosopher's more 'arbitrary' hypotheses and by reworking the Leibnizian metaphysics of substance into a

[13] *Godefridi Guilielmi Leibnitii Principia Philosophiae, More Geometrico demonstrata: cum excerptis ex epistolis philosophi et scholiis quibusdam ex historia philosophica* (Francofurti et Lipsiae 1728).

[14] *Philosophia prima sive Ontologia* (1730), *Cosmologia generalis* (1731), *Psychologia empirica* (1732), *Psychologia rationalis* (1734), *Theologia naturalis* (1736, 1737).

[15] Jean Ecole, editor of the modern edition of Wolff's works, suggests in a brief note that the basic notion of *la sensation transformée* may have come from Wolff (see Christian Wolff, *Gesammelte Werke*, herausgegeben und bearbeitet von J. Ecole, J. E. Hofmann, M. Thomann, H. W. Arndt, II. Abteilung. Lateinische schriften, Band 6, *Psychologia rationalis* (Hildesheim, New York 1972), p.xxiii, note 28.). I believe it is possible, in fact, that Wolff's influence might extend much further even, to Condillac's treatment of language or *signes*, animal souls, *liaison des idées* (*principe des indiscernables*), etc. Wolff, of course, may have been only Leibniz's intermediary in such matters. The entire question deserves, I think, a full investigation.

[16] see Knight, p.65.

more empirically acceptable form, a *Lockean* monadology, in short, in the same way that, only the year before, he had published an improved and more *logically* respectable version of the empirical doctrines of John Locke.

In fact, knowledge that *Les Monades* was in the making during this period helps us almost immediately toward a better understanding of the *Essai* of 1746. I have already noted Condillac's concluding paragraph in the introduction to that work, suggesting that the *Essai* was intended to go no further than an investigation of the origin of our ideas and the operations of the mind. The question of the extent or scope of knowledge was deliberately set aside but Condillac is careful to note that he was far from approving everything that the English philosopher had written concerning such important matters as, for example, space and time. What soon becomes very clear also is that Condillac was not entirely satisfied with the way materialist philosophers had been able to recruit Locke to their side and certainly much of the appeal of Leibniz for Condillac at this time must have resided in the German philosopher's idealism and the relative invulnerability of his total system to mechanistic attack. *Les Monades* in other words may perhaps best be seen initially as a corrective to what might have been for some readers the potentially materialistic implications of even his own *Essai*; similarly his *Traité des animaux* (in more than one way a Leibnizian text) was conceived in 1755 as a corrective to the loose charges of materialism generated by the pure sensationism of the statue-man analysis in the *Traité des sensations* of the year before. We should not be surprised then to find that a chapter common to both *Les Monades* and the *Traité des animaux* is, significantly, a kind of *théodicée*, setting out Condillac's proofs for the existence of God. The total sincerity of Condillac's fundamental spiritualism cannot be questioned nor can we doubt his deep motivation to rescue, whenever he can, his philosophical hero, John Locke, from the hands of the materialists. Not only is this implied in most of his works, it is explicitly stated in his own defence in a public letter to the well-meaning but decidedly inept religious apologist, the abbé de Lignac,[17] in 1756 (O.P., i.385):

[. . .] vous entrez mal dans les intérêts de la religion lorsque votre zèle vous fait chercher des conséquences odieuses jusques dans les ouvrages de ceux qui

---

[17] 'Lettre de m. l'abbé de Condillac à l'auteur des *Lettres à un Américain*', *Mercure de France* (avril 1756); O.P., i.383-86.

la respectent et qui la défendent: car de quoi s'agit-il entre vous et moi? Du systême de Locke, c'est-à-dire, d'une opinion au moins fort accréditée. Or je demande qui de nous deux tient la conduite la plus sage? Est-ce vous, qui, laissant subsister les principes de ce philosophe qui n'a pas toujours été conséquent, entreprenez de faire voir qu'ils mènent au matérialisme? Ou moi, qui, comme vous le reconnoissez, ne *suis passionné pour Locke que parce que je crois rendre un service important à la religion en lui conservant la philosophie de cet Anglais, en l'expliquant de manière que les Matérialistes n'en puissent abuser?*

That Condillac was so successful, in appearance at least, at separating out the realms of faith and reason, allowing the two modes of explanation to exist side by side, should not blind us to the fact that his concern with defending religion provided, nevertheless, the basic motivation for most of his philosophical investigations. Perhaps we need not really disagree with Isabel Knight's statement that 'the most striking thing about Condillac's religious references is their irrelevance to everything else in his philosophy' (p.141). It may be true that they make no difference to his system: we must recognise, however, that without them he might not have elaborated any system at all.

The very beginning chapters of the *Essai* provide just such a religious reference in the form of a metaphysical argument in favour of the existence of spiritual substance as the subject of thought. Condillac was disturbed by the familiar passage in Locke's *Essay* in which the English philosopher states that 'we have the ideas of *Matter* and *Thinking*, but possibly shall never be able to know, whether any mere material Being thinks or no'.[18] This modest plea of ignorance on Locke's part, so often and so enthusiastically lauded by Voltaire, is immediately rejected by Condillac who invokes in rebuttal a metaphysics of substance which, we now realise, may be based on his current reading of Leibniz or, more probably, Wolff. Material bodies, he reminds the reader, represent not a single substance but an aggregate and an aggregate cannot be the subject of thought. Locke's supposedly modest argument that we cannot know the answer to this riddle since we cannot know the nature or essence of matter is quite off the point: 'Il suffit de remarquer que le sujet de la pensée doit être *un*. Or un amas de matière n'est pas *un*; c'est une multitude.'[19] What is required, obviously, is a subject which is simple and indivisible, a soul or monad. In the light of the new text we may conclude

[18] John Locke, *An essay concerning human understanding*, edited with an introduction, critical apparatus and glossary by Peter H. Nidditch (Oxford 1975), p.540 (IV.iii.6).
[19] O.P. *Essai*, i.7*b* (see, for example, *Monadology*, no.17).

too that the next paragraph also points the way to Leibnizian influence and something closely resembling the doctrine of pre-established harmony soon to be propounded in *Les Monades*. The soul being distinct and different from the body, the latter can be, Condillac affirms, only the *occasional* cause of mental events, 'D'où il faut conclure que nos sens ne sont qu'occasionnellement la source de nos connoissances.'[20] Before the Fall it was possible to acquire ideas without sense experience; since then, however, only knowledge based on sense experience is accessible to man. Thus we see that before the ink has dried on the rather fine methodological distinctions Condillac had penned in the introduction to his *Essai*, he has become deeply involved in fairly speculative arguments against materialism. Seen in the fresh perspectives provided by our awareness of the new text, the *Essai* already shows Condillac groping for the equivalent of a Leibnizian monadology and a scheme of pre-established harmony, doctrines which he would both attack and defend in the following year, but which were already providing him with strong arguments against at least one embarrassing notion of his favourite philosopher, John Locke. In a letter to the Genevan mathematician Cramer, written probably in the spring of 1747, Condillac shows that his attack on materialism was not, as it has sometimes been viewed, merely an expedient pose for the benefit of the censor. It clearly represented a basic spiritual commitment: 'Je suis l'expérience; quand elle m'abbandonne, je n'ai plus de guide et je m'arrête. Voilà tout ce que je puis comme philosophe. Comme théologien, la foi vient à mon secours, quand l'expérience cesse de m'éclairer, et elle m'apprend ce que j'ai dit dans le 1er chapitre de mon ouvrage, que l'âme séparée du corps aura l'exercice de toutes les opérations dont elle est capable, qu'elle aura des idées, des connoissances, etc.' (*Lettres inédites*, p.82). Faith, as it turns out, would teach him other non-empirical truths as well and, stretching a point here and there, so, it seems, would 'reason'.

It remains true, however, that Condillac's attitude toward Leibniz in the *Essai* seems mainly negative. Certainly he was unable to swallow a good many of the German philosopher's hypotheses as we can easily see from the Cramer correspondence in which Leibniz is frequently discussed. One question on which Condillac found it impossible to follow the German philosopher involved the important doctrine of obscure perceptions, the notion that we can have perceptions without being

[20] Ibid.

conscious of them. Such perceptions were deemed inadmissible by Condillac since they seemed to present a fundamental if subtle threat to the whole doctrine of empiricism, leaving the way open to innate ideas. In the *Essai* he had countered with his own view which, by equating perception and consciousness, already seemed to be attacking, as George Le Roy points out in a note, 'la théorie leibnizienne des perceptions obscures, telle qu'elle est exposée dans les *Nouveaux essais*'.[21]

In a *Mémoire* probably communicated to Cramer in Paris, early in 1747, and composed in answer to another involving a series of questions on the recently published *Essai*, Condillac returns to the troublesome point of unconscious perceptions. His comments, which do much to bridge the information-gap between the *Essai* and *Les Monades* (the latter work being then probably already beyond the planning stage), are extremely valuable as an indication of his general thinking on Leibniz at this time, revealing as well certain curious ambiguities in the French abbé's philosophical outlook. Condillac notes that the recipient of the *Mémoire* has a thorough knowledge of Leibnizian philosophy (*Lettres inédites*, p.91) and he therefore feels obliged to give a careful account of his reasons for dealing with Leibniz in the *Essai* as briefly as he did (pp.90-91):

Leibnitz a pensé que nous avons des perceptions dont nous n'avons pas conscience, et en conséquence il a dû admettre des idées obscures. J'ai cru au contraire que la perception et la conscience ne sont qu'une même chose et dès lors les idées obscures n'ont plus dû entrer dans mon système. J'aurois pu là dessus donner quelque détail: voici pourquoi je ne l'ai pas fait. 1° Ce chapitre étoit déjà fort abstrait et j'ai voulu éviter de l'allonger par des idées Leibnitiennes encore plus abstraites, je craignois que le commencement de mon ouvrage n'eût rebuté le lecteur. 2° Ecrivant principalement pour des Français, j'ai cru pouvoir négliger des difficultés que j'étois bien sûr qu'ils ne me feroient pas, puisqu'ils ne connoissent point le système de Leibnitz. 3° Je comptois que ceux qui seroient capables de me faire des difficultés à la lecture de cette première section, y pourroient trouver une réponse dans la section suivante. Actuellement je vais tâcher de développer ce que mon ouvrage dit trop succinctement.

[21] O.P. *Essai*, i.13, note 16. But since the *Nouveaux essais* were not published until much later, Le Roy suggests that, on the other hand, Condillac may only have been reacting to a passage in Descartes. In fact, Condillac had been able to read in Des Maizeaux's *Recueil* a sufficiently detailed Leibnizian criticism of Locke on this very point. See *Recueil*, ii.304-305.

What follows is a much abbreviated explanation of Leibniz's system not unlike the negatively charged first part of *Les Monades* or even the extremely critical assessment familiar to readers of the *Traité des systèmes* of 1749. What is not particularly apparent in the *Mémoire*, however, is any hint of the second part, the positive side of *Les Monades*, which forms an important separate body of philosophical writing, entirely ignored in the *Traité* of 1749. Since these brief comments in the *Mémoire* provide not only a handy summary of Condillac's criticisms of Leibniz but help to explain as well the basis of his overall objections insofar as these relate to the earlier *Essai*, it is probably worth taking a moment to examine them in greater detail at this point (*Lettres inédites*, p.92):

Chaque être simple, dit Leibnitz, chaque monade a une force: cette force est le principe de ses changements, ou de ses états passagers.

D'un autre côté le monde est tout d'une pièce, et en vertu de l'union qui est entre toutes ses parties tant simples que composées, il n'y a point d'être, qui, selon son point de vue, n'exprime, ne représente le rapport qu'il a avec le reste de l'univers et ne soit un miroir vivant de l'univers entier.

Quand une monade passe par différents états, elle ne fait donc que se représenter différemment l'univers: ses états passagers ne sont que différentes représentations qui se succèdent en elle. Or ces représentations, Leibnitz les appelle des perceptions; et en conséquence il admet des perceptions dans chaque monade. Les monades qui n'ont pas conscience, ou qui ne prennent pas connoissance de leurs perceptions, sont ce qu'il nomme *entéléchies*; celles qui en ont conscience, sont ce qu'il appelle *âmes*.

Citing Wolff, and Leibniz's *Système nouveau* directly, Condillac goes on to question, as he will again in *Les Monades* and in the *Traité des systèmes*, the notions of *force, perceptions* and *représentation* (p.93):

L'hypothèse que les monades ont des perceptions dont elles n'ont pas conscience, suppose plusieurs principes par où Leibnitz y a été conduit: 1° que les monades sont les premiers éléments de la matière; 2° que les monades ont une force, un principe interne qui est la raison suffisante de tous les changements qui leur arrivent; 3° que chaque état passager d'une monade représente l'univers, conformément au point de vue où elle se trouve, et cela en vertu de l'union qui est entre toutes les parties de l'univers.

Before going on to reject such a scheme, Condillac pens a significant remark which the modern reader, unaware of the new work, could be forgiven for mistaking as merely a rhetorical concession, made for the sake of argument (p.94):

Je passe à ce philosophe le premier principe, que *les monades sont les premiers éléments de la matière*; mais comment défendra-t-il les deux autres? Quelle idée me donnera-t-il de la force qu'il attribue à chaque être simple? Qu'est-ce que ces états passagers qui sont chacun autant de représentations différentes de l'univers? Et pourquoi les parties de l'univers ne sauroient-elles être unies que chacune ne représente le tout entier? Je serois trop long, si je voulois suivre un Leibnitien dans les réponses qu'il pourroit faire à ces questions: mais je crois que je ne serois pas embarrassé de montrer qu'il ne soutiendroit des choses gratuites que par d'autres qui ne le seroient pas moins? Je ne rapporte pas même tout ce qu'il y a d'incompréhensible dans le système de Leibnitz.

The tone of the concluding sentence already reminds us of the *Traité des systèmes* to come, as does that of the next several paragraphs in which he defends the decision he took in the *Essai* not to pursue further the Leibnizian issue of *perceptions obscures*: 'Ayant dessein de développer l'origine des connoissances humaines, devois-je, au hazard de me perdre, remonter au delà de l'expérience? Ou ne devois-je commencer qu'où l'expérience commence?' (pp.94-95). Had he chosen in the *Essai* to go beyond experience it would have meant accepting either Leibniz's position or, what was far worse, certain tautological views of the Cartesians, or perhaps something equally bad of his own invention. His conclusion in the *Mémoire* does not really explain why, probably in the next few months, he would compose or at least mail off to Berlin, *Les Monades*, part II; it does, however, help to explain his apparent abandonment not long after of its wide-ranging and daring monadic speculations in favour of the highly conservative anti-metaphysical stance assumed in the *Traité des systèmes* of 1749. Epistemology, we are surprised to learn, should be pursued largely for its practical function (p.95):

D'ailleurs, ce n'est pas par simple curiosité que j'ai voulu faire des recherches sur l'origine des connoissances humaines, mais uniquement dans la vue de découvrir parmi les principes qui y ont part, ceux dont nous pouvons faire usage pour faciliter les progrès de notre esprit. Or quand il y auroit des perceptions dont on n'a point conscience, et quand tous les autres principes de Leibnitz seroient vrais, de quel avantage les choses seroient-elles dans la pratique? Il n'y a que ceux que l'expérience nous fait remarquer en nous mêmes qui puissent là dessus nous être de quelque utilité. La manière dont j'ai envisagé mon objet rend la solution de ces questions abstraites tout à fait indifférente.

An invitation to ignore those truths so remote that they cast no useful light on human affairs? The practical bias of the typical educator-*philosophe* of the day? Not really, I think. Condillac, like Leibniz, needed, in fact, the sustained support of some of these remoter truths in order to ensure the validity of his defence of spiritual values. The comforts of philosophical idealism especially would be actively sought out as his own epistemological doctrines evolved toward the almost solipsistic positions of the *Traité des sensations*.[22] In later correspondence with Cramer, Condillac admits, in 1749, that his attack on Leibniz in the *Traité des systèmes* of that year had been selective. Indeed, although Cramer was not to know this, he had avoided commenting on the basic questions of substance, extension, space, time, duration, number, infinity and God, all of which had already been dealt with in the most significant part of his secret work on monads of the preceding year. The Lockean distinction of primary and secondary qualities, for example, that major bulwark against philosophical idealism, was, he remarks in 1749, futile and gratuitous: 'Vous dites', he writes to Cramer, 'que l'étendue est l'occupation d'un certain espace, mais si je ne sais pas ce que c'est que l'étendue, je ne sais pas ce que c'est que l'espace; et je vous avoue que bien loin de trouver exactes les idées que les sens me donnent à ce sujet, elles me paroissent si imparfaites, que plus je les médite, plus je suis éloigné d'y démêler quelque chose de distinct.'[23] And then we have a highly revealing comment that may provide a useful clue to the basic intention of his earlier work on monads, explaining too his unwillingness in the *Traité des systèmes* to attack one of the major principles enunciated at the beginning of Leibniz's *Monadology*: 'Aussi n'ai-je point entrepris de combattre le principe de Leibnitz; *il y a des composés donc il y a des êtres simples*: principe qui tend à prouver que l'étendue n'est qu'un phénomène, ainsi que les qualités secondes' (p.62). Condillac, we see, was not an enemy of idealism and we see too how very wide of the mark Diderot's appeal to him in the *Lettre sur les aveugles* of that same year actually was; an invitation, we recall, to rescue philosophical reason and common sense from the scandalous but apparently irrefutable arguments of bishop Berkeley. Neither Diderot nor, probably, anyone else, was to

---

[22] see, for example, O.P. *Sensations*, i.305-306; also, *De l'art de penser* (i.750-51): 'Mais gardons-nous bien de penser que les idées que nous avons de l'étendue et du mouvement, sont conformes à la réalité des choses. Quels que soient les sens qui nous donnent ces idées, il ne nous est pas possible de passer de ce que nous sentons à ce qui est.'

[23] *Lettres inédites*, pp.61-62, letter of 14 October 1749, from Grenoble.

know that Condillac had himself propounded, only a year or two before, a more thorough-going metaphysical defence of idealism than even the bishop of Cloyne could have imagined possible, coming from a recognised disciple of John Locke and Isaac Newton!

4

Les Monades, part I: the case against Leibniz

WHAT then does Condillac tell us in *Les Monades?* As I have already indicated there is a sharp, perhaps even irreconcilable division between its two parts. Part I in five chapters provides a close critical examination of various Leibnizian hypotheses regarding substance, force, perception, etc. To students of Condillac's *Traité des systèmes* this section will seem to be the most familiar and, perhaps, the least interesting of the new material. Argued in highly abstract terms, it is probably also the most difficult, or at least the most *scholastic,* of Condillac's compositions, and we understand, after reading it, the concerns he expressed in the *Mémoire* to Cramer regarding the danger of disheartening his readers had he chosen to include a full-scale exposition of Leibnizian doctrines in the *Essai (Lettres inédites,* p.90).

The basic purpose of *Les Monades,* part I, then, is to discover the errors of the Leibnizians and to point out the faulty reasoning behind those errors. Part II, more than twice as long and composed of nine chapters on such subjects as number, infinity, space, duration, promises, on the other hand, to profit from the mistakes noted in part I as it moves toward the establishment of nothing less than 'un nouveau système sur les Monades'. Curiously, the brief 'Avant propos' is as silent regarding the Berlin Academy's competition as is the main body of the work.

Historians of eighteenth-century French philosophy may find that the characteristic assertions of the very first paragraph, extolling the virtues of analysis, almost reveal from the start the identity of the anonymous dissertation's author. The truth or falsehood of a system, we are told, can be determined only by careful analysis of its various parts. 'En analysant les premières notions d'où part un auteur et les principes qu'il en forme, on voit s'il a eu la précaution de ne rien établir que sur des idées bien déterminées.'[1] For Condillac, 'bien déterminer ses idées' was

---

[1] *Les Monades: dissertation,* p111. below. All further references to the new work will be enclosed in parentheses after the letter M., within the text itself.

the highest principle in logic. Complex ideas, notions, general proposi-tions, abstractions – all are the work of the mind; simple ideas, on the other hand, are not: they cannot in themselves be deceptive in that they represent the basic realities of sense data. But if we build as, unfortu-nately, we are free to do, incorrect 'molecular' structures from these basic 'atoms', our reasoning is doomed from the beginning. Hence the importance of determining whether our complex ideas are defective or not. If they are they cannot simply be corrected, they must be entirely made over again. It is thus not enough to explain something by appealing to the nearest handy abstraction and Condillac will frequently express his criticism of Wolff or Leibniz in terms such as the following: 'Je crains que ce ne soient là que des sons auxquels Leibnitz eût été bien embarrassé d'attacher des idées précises'; 'Mais ce n'est là que faire des mots'; 'Nous n'avons aucune *idée* de ce principe', etc. In part II, on the other hand, Condillac begins by giving assurance that such will not be the case with his own system: 'J'établirai', he affirms, '[. . .] l'existence des monades, et j'aurai la précaution de ne rien avancer dont auparavant je ne me sois fait *des idées exactes*' (M.144, my italics).

Perhaps as important as the 'Avant-propos' to mark the basic approach he means to take in his work is the Latin quotation which serves as its epigraph: 'Quam bellum est velle confiteri potius nescire quod nescias, quam ista effutientem nauseare, atque ipsum sibi displicere!' The quotation, drawn (incorrectly) from Cicero's *De deorum natura* (I.xxx.84) appears (in the same form) at the head of Locke's *Essay concerning human understanding*[2] and is no doubt intended to set the healthy tone of

---

[2] The correct quotation reads as follows: 'Quam bellum erat, Vellei, confiteri potius nescire quod nescires, quam ista effutientem nauseare atque ipsum tibi displicere?' – which, as translated by H. C. P. McGregor (Harmondsworth 1972) reads: 'How much better it would be Velleius, to confess your ignorance of things you do not know rather than to sicken us by spouting all this rubbish, which cannot be pleasant even to yourself.' Cicero's dialogue involves at this point a discussion on the nature of the gods which takes place at the house of his friend Gaius Cotta. The chiding remark by Cotta is addressed to the senator Gaius Velleius a noted follower of Epicurus who is rather too anxious not to appear to be in doubt on any aspect of the question when in fact, as his interlocutor points out, he has no *idea*. Coste's translation of Locke's *Essay* reproduces the same error which seems to have gone unnoticed by Locke's commen-tators ever since, perhaps because the name and the verb form are easily confused or, more likely, lend themselves to such apposite distortion. Peter Nidditch in his recent critical edition of Locke's *Essay* suggests, for example, the following translation: 'How fine it is to be willing to admit in respect of what you do not know, that you do not know, instead of causing disgust with that chatter of yours which must leave you dissatisfied too!' (appendix, note C, p.823).

modest scepticism required in the face of the needlessly arbitrary metaphysical hypotheses of the Leibnizians. Better, in short, to admit ignorance than to utter such drivel. Condillac clarifies one further essential point, before launching into his attack, by commenting on the difficult question of his sources: 'Leibnitz a, ce me semble, exposé trop sommairement son système. Le célèbre M. Wolf y a suppléé, et ses ouvrages contribuent beaucoup à l'intelligence de ceux de ce philosophe; quoiqu'il n'adopte pas toujours les mêmes principes, je ne refuserai pas les secours que j'en pourrai tirer' (M.112). In fact the question of determining exactly when Condillac is drawing his references from the massive in-quartos of Wolff as opposed to the scattered journal articles of Leibniz is not always easy to solve and is further complicated by the fact that in *Les Monades*, as opposed to the *Traité des systèmes* or even the *Essai*, Condillac makes a real effort to disguise his philosophical distaste for Wolff to whom, as I have already suggested, he nevertheless probably owed a great deal that was basic to his own philosophy.[3]

Condillac, who probably read Wolff long before composing the *Essai* of 1746, had already acknowledged in his first work the merits of the German professor's insights on the role of language in thinking; this did not, however, deter him from heaping scorn as well on the abstract enormities generated by Wolff's almost scholastic passion for formal definition. In the *Traité des systèmes* of 1749 his attitude could be characterised as even harsher. Repeating his earlier comment from *Les Monades* regarding the unfortunately scattered state of Leibniz's writings, Condillac now implies, on the other hand, that recourse to Wolff would be no solution: 'Quant à M. Wolf, le plus célèbre de ses disciples, outre qu'il n'en a pas adopté toutes les idées, il suit une méthode si abstraite, et qui entraîne tant de longueurs, qu'il faut être bien curieux du système des monades, pour avoir le courage de s'en instruire par la lecture de ses ouvrages.'[4] Condillac, who for the moment may be fashionably aping Voltaire in this the only work in which he occasionally tries to sound like a *philosophe* (and which attracted, to his

---

[3] in a letter of 12 August 1750 to Maupertuis, Condillac voiced the following complaint regarding Wolff: 'Il est en vérité bien honteux pour l'Allemagne qu'un pareil homme ait fait secte. J'ai lu un journal où on en parle comme du premier philosophe et où on n'accorde à Leibnitz que l'honneur d'avoir été son précurseur; mais grand Dieu! quelle différence entre les deux hommes!' (O.P. *Correspondance*, ii.535*a*).

[4] O.P. *Systèmes*, i.151*b*. See also Condillac's note ridiculing Wolff's calculations regarding the stature of the inhabitants of the planet Jupiter, p.133.

apparent embarrassment, the militant praise of the *philosophes*),[5] goes on to imply further that, instead of using Wolff as a supplement, he will, in the interests of explaining Leibniz's system 'avec toute la netteté que permet une matière qui n'en est pas toujours susceptible', employ a totally different method: 'Je vais présenter par quelle suite d'idées j'imagine qu'il s'est formé dans la tête de Leibnitz. Pour abréger, je ferai parler ce philosophe; mais, je ne lui ferai rien dire qu'il n'ait dit, ou qu'il n'eût dit s'il eût lui-même entrepris d'expliquer son systême dans toute son étendue, et sans détours' (O.P. *Systèmes*, i.151*b*).

Se non è vero ... No doubt a risky procedure to adopt but far from implausible in its final effects and based largely, as we can now determine, on Condillac's ability to fob off paraphrased Wolffian statements from *Les Monades* as the almost directly quoted doctrine of his character *Leibniz* in the *Traité des systèmes*![6] Condillac frequently refers as well to 'les Leibnitiens' without specifically naming either Wolff or Leibniz. In general such references also seem to indicate a mainly Wolffian source although, through Hansch's commentaries, Condillac did have convenient access as well to the writings of a number of other devoted followers of Leibniz. In general, it is safe to conclude, however, that there is a good deal more of Christian Wolff in the *Traité des systèmes* than Condillac was prepared to acknowledge, perhaps more even than we find openly acknowledged in *Les Monades*. Paraphrasing Wolff, while claiming to be offering the public a direct exposition of Leibniz's doctrines, was not of course uncommon during this period, given the state of documentation at the time. Condillac did, nevertheless, have a remarkably good knowledge of both philosophers' writings and he comments several times in *Les Monades* on certain critical differences in their views. In this he was quite unlike such amateur commentators as mme Du Châtelet who, in the *Institutions de physique* (1740), as Barber has pointed out, unfailingly insisted that she was expounding Leibniz when in fact she was so totally dependent on Wolff that she failed to mention the famous Leibnizian notion of pre-established harmony 'for the simple reason, apparently, that it does not occur in Wolff's *Ontologia*'.[7] One point throughout is fairly obvious: for all that he disagreed

[5] see *Lettres inédites* p.54, (to Cramer, 21 August 1749).

[6] compare, for example, *Les Monades*, p.119 and O.P. *Systèmes*, i.155*a*, lines 11-18.

[7] Barber, p.133. It is worth noting, on the other hand, that Condillac's exposition of Leibniz in the *Traité des systèmes* does present, occasionally, an unusual difficulty regarding his sources: what are we to think on those occasions when, as we now know, he

strongly with some of Leibniz's hypotheses, Condillac never wavered in his great admiration for the German philosopher's genius. For example, in a note on Justi's winning dissertation added to the *Traité des systèmes*, Condillac makes no effort to hide his scorn for the naïve manner in which Justi, in his efforts to score facile debating points, had misconstrued Leibniz's view of the relationship of monads to phenomena. He cites a classic instance of Justi's confusion: '*Un être simple ne remplit point d'espace*, dit-il, . . . *mais plusieurs ensemble remplissent un espace. Peut-on se contredire plus manifestement?*' Even in the *Traité des systèmes*, Condillac does not hesitate to come to Leibniz's defence: 'Pense-t-il donc que Leibnitz ait pu tomber dans une absurdité aussi grossière? Il faudroit être bien sûr de son fait avant d'attribuer de pareilles méprises à un homme d'autant d'esprit, et qui, à tous égards, fait beaucoup d'honneur à l'Allemagne.' The French abbé's next sentence reminds us that we should perhaps not always take at face value his hostile or ironic comments against Leibniz either in *Les Monades*, part I, or in the *Traité des systèmes*. Indeed he sometimes seems almost prepared to admit the strong attraction exerted by Leibnizian logic on his own systematic thought: 'Pour moi, plus j'étudie le système des monades, plus je vois que tout y est lié. Il pèche, mais c'est par des endroits que M. Justi n'a pas relevés.'[8] Perhaps we should do well to turn now to those philosophical sins and to the account Condillac gives of them in part I of *Les Monades*.

Condillac states with great emphasis at the beginning of his criticism in part I that 'pour remonter au premier principe des monades, il faut absolument commencer par les notions que les Leibnitiens se sont faites de l'être et de la substance' (M.112). From there he promises to go on to examine other matters but we are thus not surprised to find that his entire first chapter is devoted to an analysis of what is loosely described as the Leibnizian notion of substance. We are, however, somewhat puzzled, when we look for the equivalent in the parallel section of the later *Traité des systèmes*, to discover that this supposedly indispensable critique is not to be found anywhere in the chapter devoted to Leibniz; indeed, we are more surprised still to note that substantial portions of it

---

allows his character *Leibniz* in 1749 to repeat, verbatim, passages which he had ostensibly set out as his own plain views in *Les Monades*? Compare, for example, *Les Monades*, p.175 and O.P. *Systèmes*, i.155*b*.

[8] O.P. *Systèmes*, i.160, note 1.

turn up word for word in the sections of the *Traité des systèmes* that deal with Spinoza and the Cartesians.

The explanation no doubt lies in the fact that the first chapter of *Les Monades* represents as much a statement of methodology, anticipating the general critique of all abstract philosophical systems later included in his *Traité* of 1749, as it does a specific examination of the Leibnizian notion of substance. As is the case in other chapters of *Les Monades,* some of the material is vaguely reminiscent also of related passages in the *Essai* of 1746. It is important to note, however, that whereas it is not uncommon to find substantial passages from *Les Monades* included verbatim in the various works of Condillac published after 1748, beginning with the *Traité des systèmes* of 1749, instances of direct repetition in *Les Monades* of material from the earlier *Essai* are almost non-existent. This suggests, I think, not only Condillac's desire to preserve the anonymity of the new work but helps to confirm as well our suspicions that *Les Monades* was originally written almost as an appendix to the *Essai* of 1746[9] and that it, like the *Essai,* should be construed more as a basic than as an occasional Condillacian text.

Since the general arguments put forward in these early chapters are not unfamiliar to readers of the *Traité des systèmes,* perhaps little would be achieved by a detailed summary of them here. Chapter I, for example, is directed largely against Wolff who is criticised for indulging in pretentious definition of essences and for attempting afterward to make use of such definitions as if they represented something more substantial than his own abstractions. More rewarding for our purposes, perhaps, would be to examine how Condillac in subsequent writings made use of this anonymous dissertation as a basic source-book for much of his later thought.

It becomes quickly evident, in fact, that Condillac kept his dissertation open in front of him almost as much as the *Essai* while composing many of his writings after 1748. The new text thus often presents a richly suggestive first draft and throws new light on both the evolving processes of his thought and on his particular methods of composition. Condillac indeed emerges from a confrontation of such texts as a remarkable plagiariser of himself! Wishing, in the *Traité des systèmes* to show for example, that Spinoza's demonstrations are based on an illegitimate view of substance, Condillac first transposes word for word

---

[9] compare, for example, *Les Monades,* part I, chap. I, with pp.48*b*-53*b* of the *Essai.*

a dozen lines from p.114 of *Les Monades*.[10] The next two dozen lines of his critique of Spinoza are derived from p.116 of this same dissertation but a general allusion to all philosophers is substituted for a specific original reference to 'les Leibnitiens'. Quite astonishingly, the very next lines of *Les Monades* are not to be found as one would expect in this same section on Spinoza; we discover them instead, word for word, practically comma for comma, twenty-eight pages earlier[11] in a chapter attacking, among other things, the Cartesian notion of innate ideas! Thus, so far, we have seen him disperse verbatim and with great skill (not a trace of awkward transition or clashing of tones will be found) a nearly continuous passage from *Les Monades* over two widely separated sections of the later *Traité des systèmes*. But Condillac's adaptive techniques are even more remarkable than that: a third section of this consecutive passage from *Les Monades* turns up neatly fitted into the *Traité des systèmes*, 47 pages from the first, and 19 pages from the second! The passages, moreover, are carefully *copied*, not merely *remembered*. We must conclude that either Condillac had an unusually retentive memory or that he made use of an elaborate file-card system to keep his ideas catalogued and in order. Again, even though these three consecutive passages taken from a critique of Wolff turn up in widely scattered parts of the *Traité des systèmes* as, first of all, part of a critique of Spinoza, next, a commentary on the Cartesians and, finally, as a key section of Condillac's introductory second chapter intitled: 'De l'inutilité des systèmes abstraits', the reader of the later work remains totally unaware of problems of coherence or transition. Nor is such clever transposition restricted to the *Traité des systèmes*. We shall see that much the same kind of adaptation from *Les Monades* is carried out in the *Traité des sensations* (1754), the *Traité des animaux* (1755) and even in *De l'art de penser*, a key work, not published until 1775, in which we find for the first time some of the new material discussed in *Les Monades*, part II, along with,

[10] see O.P. *Systèmes*, i.171*a*, lines 15-28. Paul Vernière has the highest praise for the objectivity of Condillac's treatment of Spinoza in the *Traité des systèmes* and describes the French abbé as an excellent historian of ideas whose subtle analyses never seek to distort his adversary's view. Indeed, Condillac's refutation of Spinoza's *Ethics* is judged to be 'la plus intelligente, la plus loyale, la plus modérée du siècle' (*Spinoza et la pensée française avant la Révolution* (Paris 1954), ii.474).

[11] O.P. *Systèmes*, i.143*b*, lines 21-31. Compare, on the other hand, *Essai*, p.91*b*, lines 9-15 where the same idea (but expressed in different wording) may be found: a typical example of how *Les Monades* never quotes the *Essai* in the way that nearly all the later works derive material from both *Les Monades* and the *Essai*.

of course, extensive quotations from the *Essai*. Indeed a note in *De l'art de penser* reveals Condillac's understandable concern with the possibility that readers might mistake his practice of quoting from his own *Essai* (he, of course, makes no mention of *Les Monades*) for a flagrant case of plagiarism:

> L'expérience m'a confirmé dans ces réflexions que je n'aurois pas ajoutées ici, si je ne les avois pas mises dans l'*Essai sur l'Origine des Connoissances humaines*, que je copie en cet endroit, comme en beaucoup d'autres. Je crois encore devoir avertir que bien des écrivains ont copié cet Essai, car on pourroit croire que je les copie moi-même, en écrivant sur l'art de penser. Les métaphysiciens plagiaires sont on ne peut pas plus communs. Quand on leur a fait voir, au-dedans d'eux-mêmes, des vérités métaphysiques, ils se flattent qu'ils les auroient trouvées tout seuls, et ils les donnent sans scrupule comme des découvertes à eux. Du Marsais se plaignit un jour à moi d'un plagiat impudent qu'on lui avoit fait. J'en parlai au plagiaire, qui me répondit que *Du Marsais avoit tort de se plaindre, et que ces choses-là étoient à tout bon esprit qui vouloit s'en occuper*. Cependant ces choses-là avoient échappé à MM. de Port-Royal qui étoient de bien meilleurs esprits. Du Marsais a été, dans sa partie un excellent métaphysicien, qui a fait bien des métaphysiciens plagiaires. On reconnoît ces plagiaires-là à la mauvaise métaphysique qu'ils font lorsqu'ils ont la maladresse de chercher sans guide les faits au-dedans d'eux-mêmes.[12]

A careful examination of the works of even such great independent thinkers as Diderot and Rousseau, both close acquaintances of Condillac at the time the *Essai* and *Les Monades* were written, reveals a surprising number of examples of a similar influence exercised by Condillac, and it is highly ironic that the French abbé has sometimes been accused of copying his two friends even in instances where they have specifically acknowledged their debt to him![13] Indeed there seems little doubt that on the one occasion when Condillac did make a public reference to his anonymous dissertation, or rather, very discreetly, to a small part of it, in the note attached to the *Traité des animaux* in 1755, he did so probably to forestall any tiresome accusations that, even now, in the long chapter 'Comment l'homme acquiert la connoissance de Dieu', he was plagia-

---

[12] O.P. *Penser*, i.735, note 1. Much of this note did not appear in the original (1775) edition.

[13] see, on this point, Hans Aarsleff, 'Condillac's speechless statue' in *Akten des II. Internationalen Leibniz-Kongresses*, Hanover 17-22 Juli 1972 (Wiesbaden 1975), iv.287-302; also, by the same author: 'The tradition of Condillac', in Dell Hymes, ed., *Studies in the history of linguistics* (Bloomington 1974), pp.93-156.

rising an obscure and anonymous French dissertation on monads published seven years earlier in Berlin! Why did he feel it necessary to do so then when possibly several dozen passages had already been quietly and without incident drawn from *Les Monades* to enrich the pages of the *Traité des systèmes* or the *Traité des sensations?* The explanation very probably is that here for the first time it was a question – not of scattered verbatim passages – but of an entire chapter, transposed, except for the introduction and conclusion, nearly word for word, thereby increasing enormously the risks of detection. That these were slight, is borne out by the apparent fact that no one in the last two hundred or so years seems to have 'connected' the two works and that even the commentators at the *Journal de Trévoux* who reviewed both *Les Monades* in 1750 and the *Traité des animaux* in 1755,[14] each time noting with particular approval what Condillac had written on the proofs of God's existence, did not voice any suspicions.[15]

But perhaps the answer lies even less in the physical proportions of the material borrowed from *Les Monades* in 1755 than it does in the question of plagiarism itself which had become such a highly sensitive issue with Condillac by this time. Indeed, by his own admission, the entire *Traité des animaux*, including its short revelatory note, would probably not have been written had it not been for Condillac's decision to retaliate against Buffon who had maliciously accused him of stealing the hypothetical statue-man idea in the *Traité des sensations* of the year before from the *Histoire naturelle*.[16] Equally unpleasant and equally

[14] *Journal de Trévoux* (octobre 1750), pp.2280-2285; (décembre 1755), pp.2911-2937.

[15] though familiar, presumably, with Condillac's anonymous dissertation, even Samuel Formey curiously refrains from commenting when he reproduces almost verbatim the French abbé's note from the *Traité des animaux* in his second instalment of a review of that work, published in the *Bibliothèque impartiale* of January-February 1756 (xiii.30). We may perhaps surmise that, as an official of the Berlin Academy, he felt bound to respect a gentlemen's agreement of silence in the matter.

[16] see Condillac's 'Préface' to the *Traité des animaux*: 'Je n'ai formé le projet de cet ouvrage que depuis que le *Traité des sensations* a paru; et j'avoue que je n'y aurois peut-être jamais pensé, si M. de Buffon n'avoit pas écrit sur le même sujet. Mais il a voulu répandre qu'il avoit rempli l'objet du *Traité des sensations*, et que j'ai eu le tort de ne l'avoir pas cité' (O.P. *Animaux*, i.339a). See also Condillac's letter to Samuel Formey from Paris, 25 February 1756: 'C'est M. de Buffon qui a dit lui-même que j'avois puisé chez lui et qu'il étoit plaisant que j'eusse fait deux volumes de ce qu'il avoit renfermé dans dix pages [. . .] C'est un raisonnement que M. de Buffon a fait devant moi chez M. Helvétius, qui le combattit. Vous jugerez par là qu'il ne cherchoit que les occasions de m'offenser; je puis cependant vous assurer que je n'y avois jamais donné aucun sujet. Ses amis ont tenu les mêmes propos et j'ai cru devoir faire taire les uns et les autres' (O.P., ii.539a).

untrue[17] was a parallel rumour circulating at the same time that Condillac in the *Traité des sensations* had stolen the idea of the statue-man and the analytical procedure of *décomposition des sens* directly from Diderot's *Lettre sur les sourds et muets* of 1751. Indeed there had been so much talk about this whole matter even before his work appeared that Condillac had felt obliged to include a curious appendix at the end of the *Traité des sensations*, the 'Réponse à un reproche', in which, to no avail apparently,[18] he rejected the spurious charges. It thus seems clear that Condillac's very understandable concern regarding a possible renewal of such accusations prompted his no doubt reluctant decision to lift partially the veil of anonymity with his note of 1755. We remain nevertheless somewhat puzzled today by the fact that his note did not generate more curiosity than it apparently did and that none of his contemporaries, as far as I have so far been able to determine, took notice of the many passages already scattered throughout his philosophical works which even a cursory examination would have identified as exact copies of sections to be found in an anonymous academic dissertation of the previous decade, sandwiched in among various forbidding German and Latin works on the subject of Leibnizian monads.

As I have already indicated, the five chapters of part I contain very little that the Condillac of the *Traité des systèmes* would later have felt obliged to disavow, silently or otherwise, and it is amusing to reflect on what must have been at first the puzzlement of the Berlin selection committee regarding the basic tendency of *Les Monades* and precisely which side of the debate it was intended to support. Indeed, apart from the first chapter on substance (some of which, as we have seen, turns up in the *Traité des systèmes* as part of the argument against Spinoza), and the fifth chapter defining the Leibnizian conception of *la nature universelle* (which has no exact equivalent in Condillac's later commentary on Leibniz), the attack on Leibniz in the *Traité des systèmes* follows closely in terms of form, content, ordering of materials, and even in the wording of entire paragraphs, the general approach already taken in *Les Monades*.

What Condillac does clearly seem to disavow in the *Traité* of 1749, however, is the general style of his earlier argument. *Les Monades*,

---

[17] see the article, 'A new Condillac letter [. . .]', *Jhp*, pp.85-87 and chapter 9 of my *Diderot's femme savante*.

[18] see, for example, Fréron in *L'Année littéraire* (décembre 1754) vii.297-98, and Grimm, *Correspondance littéraire, philosophique et critique*, ed. Tourneux (Paris 1877-1882), ii.442-43 (décembre 1754) and iii.111-12 (novembre 1755).

especially part I, is very much set out as an academic dissertation, aimed at the professional philosopher and shored up with all the usual apparatus of scholarly argument and entangled demonstration. The margins contain frequent references to the Latin works of Wolff, identifying here a quotation, there a lengthy paraphrase extracted from the works of the chief Leibnizian disciple of the day. The *Traité des systèmes*, on the other hand, goes to great lengths to disguise any trace of Wolffian sources by eliminating all such notes (only the anecdotal reference drawn from Hansch's commentary survives). All Latin quotations, moreover, are banished and a general lightening of the detail of the metaphysical argument is attempted, obviously with an eye to attracting the popular reader. A Leibniz *par lui-même* approach is now adopted in the interests of a more integrated, almost intimate exposition of the philosopher's system, executed with such success, even, that a false impression is frequently given that Leibniz is the direct source of the material in the *Traité* when in fact it is more often Wolff. Indeed the very first words spoken in the *Traité des systèmes* by the 'character' *Leibniz* are taken word-for-word from a passage in *Les Monades* which is in quotation marks and there attributed to Wolff's *Ontologia!*[19] Philosophers in the eighteenth century, at least those west of the Rhine, had not yet learned to scorn readability in philosophical exposition and Condillac shows himself to be very much in harmony with his age in these efforts to streamline erudition for popular consumption. We are reminded a little of David Hume who, at around this same time, was busily recasting book I of his *Treatise of human nature* into the more palatable, less intricate, less detailed and, alas, occasionally less illuminating *Philosophical essays* (later the *Enquiry*) *concerning human understanding*. As is the case with Hume's revision, something is at times lost in the transition from *Les Monades* to the Leibniz section of the *Traité des systèmes*, some of whose admittedly smooth but nevertheless puzzling passages will be clearer now that a closely related earlier work can be compared. Condillac's discussion of the notion of *force*, and especially that of *perceptions obscures*, of the different kinds of monads, of the differing doctrines of Wolff and Leibniz, is carried out in considerably more detail and possibly in a clearer form in *Les Monades*. Significantly, in his earlier work, Condillac even seems to accept the view that there is a basic compatibility between empiricism and Leibnizian thought.

[19] see *Les Monades*, p.121, O.P. *Systèmes*, i.152a, lines 8-16. Compare also *Les Monades*, p.122 and *Systèmes*, i.155a, lines 26-36.

He says as much in a brief but extremely valuable remark which is not included, unfortunately, in the later *Traité des systèmes*, probably because it had occurred in a section of *Les Monades* that was later adapted to a chapter of the *Traité* not directly concerned with Leibniz.[20]

The general conclusion of these first chapters nevertheless remains pretty much what readers of the *Traité des systèmes* would expect. Wolff is especially singled out for attack but Leibniz is certainly not spared as the nominalist Condillac applies close linguistic analysis to what he sees as their various philosophical abstractions. What, he asks, can be meant by the notion of substance? What has the defined essence of a geometric figure got to do with the supposed formal definitions of *substance*? Why do we start with general definitions instead of analysing the meaning of our particular ideas? Why do we synthesise when we should analyse? What is the empirical source of our notion of *force*? The Leibnizians, Condillac would have us believe, persistently mistake metaphor for explanation and indulge in perfectly arbitrary hypotheses. For example, Leibniz in the *Système nouveau* asks the question: 'Pourquoi Dieu ne pourroit-il pas donner d'abord à la substance une natureou force interne qui lui pût produire par ordre [. . .] tout ce qui lui arrivera.' Condillac's reply is simple: 'Je réponds que je n'en sais rien, et Leibniz ne savoit pas davantage pourquoi Dieu le pourroit. Avant de décider si une chose est possible il faut en avoir une idée' (M.133). Leibniz prides himself on having propounded a hypothesis in the *Système nouveau* which is something more than a hypothesis since it does not seem possible to explain things in any other intelligible way 'et que plusieurs grandes difficultés qui ont exercé les esprits jusqu'à lui, semblent disparoître d'elles-mêmes, quand on a bien compris son hypothèse. Mais que gagne-t-on', Condillac replies, 'à faire disparoître les difficultés par des principes qui en souffrent de plus grandes, puisqu'on ne sauroit les concevoir?' (M.133). What about the Leibnizian hypothesis concerning the unending metamorphoses of being? 'Ces idées sont trop belles pour n'être pas goûtées par l'imagination,' Condillac comments, 'mais un philosophe ne les peut mettre qu'au nombre des choses ingénieuses' (M.140). In other words, Condillac insists, 'nous ferions mieux de nous abstenir de parler de la nature, que d'en parler, n'en ayant aucune notion' (M.142) – a sentiment expressed in terms very reminiscent of the epigraph drawn

---

[20] 'la raison de cette expérience, c'est que toutes nos connoissances viennent des sens. Locke l'a prouvé, *et les Leibnitiens le reconnoissent*': *Les Monades*, p.117, lines 142-44 (my italics); cf. O.P. *Systèmes*, i.124*b*, lines 22-23, where the last line is omitted.

from Cicero by way of Locke, and all so convincingly level-headed – just what a Voltaire would want and expect to hear from Locke's latest and cleverest French disciple. Indeed, at one point, it almost seems as if Condillac has not quite decided on which side of the Berlin debate he wishes, finally, to argue. He tells us, for example, that Leibnizians differ on whether or not the number of monads is infinite; the problem cannot be dealt with in this first section of his dissertation. He quickly reassures us, on the other hand, that the matter of infinity will be dealt with in part II, 'et par là je porterai de nouveaux coups *au Système que je refute*' (M.139). The italics are mine, of course, but already we begin to wonder about what can possibly await us in part II. The last paragraph of chapter V, concluding part I, will no doubt point the way. Summing up what he has achieved so far, Condillac notes that he has shown that the Leibnizians have no idea of substance and no idea of the *force* they attribute to it, nor any notion of the perceptions 'representing' the universe which, Leibnizians maintain, are the effects of this force, etc. All this being the case (and one quickly gives in to the temptation to put his words here again into italics) he concludes as follows: '*Il me reste à établir l'existence des monades*, et à rendre raison de toutes les choses dont je pourrai me former des idées. C'est l'objet de la seconde partie.' How, and perhaps even, *why* Condillac bridges the great gap between the conclusions of part I and those of part II will be the subject dealt with in the remaining sections of this introduction.

5

Les Monades, part II: a new monadology

As I have indicated, the five chapters of part I are devoted mainly to a detailed criticism of specific Leibnizian hypotheses regarding the notions of force and representative perceptions. Had Condillac concluded his work at this point, he, rather than Justi, might well have carried off in triumph the Berlin prize for the best anti-monad dissertation.

Part II, on the other hand, represents Condillac's attempt, after clearing away what he saw as a great tangle of unwarranted metaphysical assumptions, to develop a modest but positive monadic scheme of his own: a personal system, clearly intended to be seen as such, even though at one point he refers to what he has written as being 'en partie d'après Leibnitz' (M.177). Understandably then, the chief targets of his criticism in part II will be, not the Leibnizians, but rather Descartes, Newton and Locke, and their respective views on extension as a primary quality and on the notions of absolute space and time. We are scarcely surprised to discover almost no hint of any of this in the *Traité des systèmes*, published the following year, since that work seems to have been designed to counter precisely the kind of philosophical conjecture found in *Les Monades*, part II. On the eve of the *Encyclopédie*'s appearance, the anti-metaphysical fashion (best typified by Condillac's own *Traité des systèmes*) was so well established, that the French abbé obviously felt unable, or at least unwilling, to stand his ground, openly or otherwise. This does not mean, of course, that by 1749 he had abandoned totally the basic relativism and idealism so vigorously defended in the last half of *Les Monades*. In fact these basic positions really go under cover for only a short time and re-appear in a more acceptable (albeit difficult to recognise) psychological guise, as early as 1754 in the *Traité des sensations*. Thanks to *Les Monades*, we should now be able to interpret Condillac's major epistemological treatise in a truer light than before. On the other hand, other philosophical positions hinted at for the first time in *Les Monades* would have to await much later publication in such works as *De l'art de penser* and *La Logique*. But it is probably fair to say that at no time after the composition of *Les Monades* did Condillac feel able to express his early vision of a monadic reality in those same specifically *metaphysical* terms. We shall see that his solution was to study and observe this *Proteus* (as he liked to call it) in other, more respectable modes, first the psychological, as in the *Traité des sensations*, and, finally, the logical. This last may have been the result of new insights gained on reading the additional Leibnizian material made available in 1765 and 1768 by Raspe and Dutens although that is far from certain and I have seen no direct evidence that Condillac actually looked at these new writings. Examination of the Raspe and Dutens materials may not, in any case, have been needed. Quite possibly his later insights resulted from a careful retrospective (perhaps mainly Lockean) assessment of his own philosophical thinking as it had evolved from the *Essai* through to the *Traité des animaux*, a review he must have conducted when he began to prepare the *Cours d'études*. That Condillac himself was, from the beginning, aware of this covert process simmering beneath the surface of his own thinking is itself not at all certain. Specific references to a quasi-Leibnizian panlogism occurring in *De l'art de penser* and *La Logique* suggest that only later on in his philosophical career did the apparent disparities of his early thought finally and consciously resolve into a unified vision of reality.

I shall return later to this question of the general development of Condillac's logical speculations. Seen in a shorter perspective, however, the beginning of part II of *Les Monades* seems at first to present a fascinating and almost aberrant puzzle. Coming as it does not only right after part I, but separated in time by little more than a year from either the *Essai* or the *Traité des systèmes*, it seems to show Condillac blithely heading out in directions which are clearly designated in both of those works as territory forbidden to the self-respecting empirical philosopher. It is true, as he states, that his intention is to proceed with the greatest caution on this dangerous journey and he assures his readers that 'dans le dessein où je suis de faire un nouveau systême sur les monades, je donnerai tous mes soins pour ne pas tomber dans les défauts que j'ai reprochés aux Leibnitiens' (M.144). He goes on to promise also that, while establishing the existence of monads, he will remain faithful to the principle 'de ne rien avancer dont auparavant je ne me sois fait des idées exactes'. Nothing could be more reassuring. Later, in the *Traité des systèmes* he will state once more, just as in part I of *Les Monades*, that we must not, for example, rely on the notion of the *force* of bodies: 'C'est là le nom d'une chose dont nous n'avons point d'idée' (O.P. *Systèmes*, i.210*b*). Similarly, he will warn us not to try to explain such phenomena as extension and motion: 'L'expérience nous manqueroit, et nous ne pourrions imaginer que des principes abstraits dont nous avons vu le peu de solidité' (i.210*a*). But we must note the sharp contrast between such statements and what we find at the beginning of the last chapter of *Les Monades* where Condillac, before embarking on an analysis of our notion of God, enumerates a surprisingly long list of propositions he has been able *to prove* up to that point, concluding in fact with the following statement: 'J'ai donc donné la raison des deux principaux phénomènes de l'univers, la durée et l'étendue' (M.199). Unfortunately, *donner la raison* of something sounds suspiciously like 'explaining' it – surely an embarrassing contradiction had it come to light the very next year when the much applauded *Traité des systèmes* which, as we have just seen, flatly contradicts *Les Monades* on this same point, made its appearance. Condillac, as one might expect, does display a certain initial nervousness regarding the possible danger of going beyond legitimate speculation as he begins writing the last half of his dissertation: 'Si je hasarde quelques conjectures', he confides, 'ce sera en ne leur attribuant jamais que le degré de certitude, qui leur peut convenir' (M.144). We know in fact that he was fully convinced of the methodological value of such conjectures and hypotheses and that he would devote in the *Traité des systèmes* an entire chapter to them, insisting that their use not be proscribed 'aux esprits assez vifs pour devancer quelquefois l'expérience'. Conjectures indulged in by such alert thinkers, provided they are recognised as conjectures, 'peuvent indiquer les recherches à faire et conduire à des découvertes' (O.P. *Systèmes*, i.203*b*). But those who like to employ hypotheses and conjectures must at the same time recognize the dangers inherent in their use: 'Si Descartes n'avoit donné ses idées que pour des conjectures, il n'en auroit pas moins fourni l'occasion de faire des observations: mais, en les donnant pour le vrai système du monde, il a engagé dans l'erreur tous ceux qui ont adopté ses principes, et il a mis des obstacles aux progrès de la vérité' (O.P. *Systèmes*, i.203*b*). In *De l'art de raisonner* Condillac returns to this subject in a chapter intitled 'De la force des conjectures':

Les conjectures sont le degré de certitude le plus éloigné de l'évidence; mais ce n'est pas une raison pour les rejeter. C'est par elles que toutes les sciences et tous les arts ont commencé: car nous entrevoyons la vérité avant de la voir; et l'évidence ne vient souvent qu'après le tâtonnement. Le systême du monde que Newton nous a démontré avoit été entrevu par des yeux qui n'avoient pu le saisir, parce qu'ils ne savoient pas encore assez voir, ou, pour parler avec plus de précision, parce qu'ils ne savoient pas encore regarder.

L'histoire de l'esprit humain prouve que les conjectures sont souvent sur le chemin de la vérité. Nous serons donc obligés de conjecturer, tant que nous aurons des découvertes à faire; et nous conjecturevons avec d'autant plus de sagacité, que nous aurons fait plus de découvertes.[1]

It would be difficult to quarrel with such a moderate view of the matter and Condillac in all of his explicit comments on the value of conjecture gives proof of being equally aware of its dangers as a method of inquiry and discovery. In *Les Monades,* however, we find him sometimes forging ahead with less obvious caution. Chapter I of part II returns, for example, to the problem of substance and begins to lay the foundations for an idealistic attack on the Cartesian view of extension as primary matter (which, he complains, the Cartesians also define incorrectly as being 'similar throughout'). In his efforts to establish what seems to be a close approximation of the Leibnizian *principle of the identity of indiscernibles* Condillac makes the following observation, giving us at the same time more than an inkling of the extent to which he was prepared to leap beyond those boundaries of legitimate inquiry he had himself set down in the *Essai* and would soon reaffirm in the *Traité des systèmes* (M.148, my italics):

Les Cartésiens [. . .] supposent comme évident que la matière est similaire dans toutes ses parties; ils ne soupçonnent pas qu'elle ne leur paroît telle, que parce qu'ils ne peuvent s'en représenter les élémens que sous la notion générale d'être, laquelle ne peut varier, puisqu'elle n'offre jamais que l'idée même de notre être, d'où elle tire son origine. Mais *si l'on pouvoit pénétrer dans la nature des êtres,* peut-être ne trouveroit-on pas deux substances semblables. Ce que je ne donne ici que comme une *conjecture* sera *démontré* dans la suite de cette dissertation. C'est déjà beaucoup d'avoir prouvé que le sentiment contraire n'a point de fondement.

We shall encounter again in *Les Monades* this uneasy interplay of the words *conjecturer* and *démontrer*. Although at no time does Condillac's philosophical modesty allow him to claim that he had indeed 'penetrated

[1] O.P. *Raisonner,* i.680-81; see also *Logique,* ii.412.

to the heart of reality',[2] he does occasionally flirt with that danger. For example, in a later chapter on duration (admittedly one of his more imaginative and speculative compositions) Condillac boldly 'demonstrates' by way of conjecture and analogy the relativity of time and space, suggesting even the possibility of other worlds where our 'local' phenomena of extension and motion are entirely unknown, they being no more than necessary modes of our particular manner of perceiving. He is aware that these will be considered strange notions and immediately hastens to provide, as he says, 'quelque fondement à ces conjectures' (M.196). On the very next page he again feels the need to reassure his reader: 'On trouvera ces *conjectures* si extraordinaires qu'on aura peut-être bien de la peine à me les passer. Mais je crois avoir *démontré* [. . .]' etc. (M.197). We recall how Leibniz's claim in the *Système nouveau* that his hypothesis regarding pre-established harmony was 'quelque chose de plus qu'une hypothèse' had attracted Condillac's displeasure in part I (M.133). What is to be gained, he had asked, by proposing solutions to problems which in the end are more puzzling than the problems themselves? But in part II we are suddenly confronted by a different kind of thinker, Condillac the metaphysician, who unabashedly explores all such avenues of conjecture and ends up, in the chapter on 'De l'harmonie des êtres', defending with mainly Leibnizian arguments this same doctrine of pre-established harmony, and what is more, a doctrine now conceived in an even less hypothetical light than when it was proposed originally by Leibniz himself!

It is not until he reaches chapter V of part II, 'Des monades et des corps', that Condillac begins to plunge ahead with his most radically positive assertions on the subject of monads. Arguments that later in the *Traité des systèmes* will be put forward as targets and attacked as Leibniz's own are here set out ostensibly as Condillac's personal definitions and statements on the subject.[3] The four chapters preceding are designed mainly to prepare the way for this specific defence of a Condillacian monadology.

---

[2] how lucky it was for Condillac that the author of *Micromégas* never got wind of *Les Monades* or of such promises, diffident as they are, to demonstrate some of the innermost principles of nature. Less fortunate was Condillac's old friend Fontenelle whose reference to Tournefort's 'catching nature in the act' was stamped in that Newtonian *conte* with a comic immortality.

[3] cf., for example, *Les Monades*, pp.168-70 and O.P. *Systèmes*, i.152a, lines 17-27; i.152b, line 23ff.

Much of chapter I, 'Des idées de la substance', is reminiscent of Locke's detailed discussion of substance in book II, chapter XXIII, of the *Essay*. Condillac, in addition, exploits the more phenomenalistic possibilities of the subject, thus anticipating in many ways the treatment of this question implicit in his later *Traité des sensations*. 'Nous sommes', he writes, reminding us of that work's animated statue, 'la première chose que nous apercevons' (M.146). He reinforces this statement on the following page: 'quand nous pensons à des êtres ou à des substances étrangères, ce n'est jamais proprement que notre être ou notre substance que nous apercevons' (M.147). Such suggestions will help to prepare the way for later developments in *Les Monades* when he will propose anti-Cartesian arguments on the purely 'phenomenal' nature of extension.[4]

In the second, third and fourth chapters of part II, Condillac discusses our ideas of number and infinity, notions of critical importance to his ultimate defence of monads. The commentary on number is basically an expansion or development of the important chapter of the *Essai*, 'De l'opération par laquelle nous donnons des signes à nos idées'. Part of it will also be taken up again in the *Traité des sensations* (see O.P., i.40-44, 234-35). After carefully analysing the generation of our *idea* of numbers, Condillac demonstrates their important role as *signes* which, when we imagine them in an orderly fashion, take the place of any real idea of number once we go beyond very simple reckoning. Building on that analysis, Condillac then devotes two chapters to the problem of infinity, concluding that we cannot have either a positive or even a negative idea of infinite numbers. The relevance of these analyses is soon revealed: 'Ce sont des recherches', he tells us, 'par où il faut passer, si l'on veut parler des monades avec des idées mieux déterminées qu'on n'a encore

---

[4] see, for example, *Les Monades*, pp.169 and 173. In later writings, Condillac, while continuing to identify this as an explicitly Leibnizian and anti-Cartesian viewpoint, assumed a much more conservative stance on the subject. For example, in a short work which Le Roy has placed at the end of *La Logique* he asks: 'Les corps sont-ils réellement étendus? Ou paroissent-ils étendus sans l'être réellement? J'ai beau interroger mes sens, ils ne peuvent rien me répondre. C'est qu'ils ne m'ont pas été donnés pour juger de ce que les choses sont en elles-mêmes; mais seulement des rapports vrais ou apparens qu'elles ont à moi, et de ceux qu'elles ont entre elles, lorsqu'il m'est utile de les connoître.

Si les corps sont réellement étendus, il y aura de l'étendue dans Dieu, de l'étendue dans un être inétendu. S'ils ne le sont pas, il en sera donc de l'étendue comme des couleurs; c'est à dire, qu'elle ne sera qu'un phénomène, une apparence. Leibnitz l'a dit. Mais, quelque parti qu'on prenne, il en résulte des difficultés que mon ignorance ne me permet pas de résoudre; et, par cette raison, elle me défend de rien décider' (O.P. *Logique*, ii.415a: 'Eclaircissemens que m'a demandés M. Poté de la Doctrine, professeur à Périgueux'). See also, *Penser*, i.720b.

fait' (M.154). Significantly, many of the arguments brought forward here for the first time would not turn up again until years later in *De l'art de penser* (O.P., i.753-54), although no hint of the substantial chapter attacking Fontenelle's *Elémens de la géométrie de l'infini* (1727) is to be found in any of his subsequent writings.

In fact the chapter devoted to Fontenelle's work, anticipating a similar critique published by d'Alembert some 20 years later, comes as very much of a surprise. Condillac and Fontenelle were socially acquainted and in more than one place in his writings Condillac quotes the celebrated French academician with very warm approval – for example, on divination in the *Traité des systèmes* and on style in *De l'art d'écrire*.[5] It is thus probably some indication of the intensity of Condillac's resistance to the notion of infinite divisibility (rightly or wrongly seen as the major theoretical stumbling block of all monadists)[6] that he decided to challenge Fontenelle in this highly critical if not entirely aggressive chapter; it is also, probably, a mark of his deep respect for the great man that he never made his negative remarks a matter of identifiable public record. Such was not the case with d'Alembert who, in 1767, long after Fontenelle's death, published a rather bitter attack on Fontenelle's work in his *Eclaircissemens sur différens endroits des Elémens de philosophie*:

Nous le disons avec peine, & sans vouloir outrager les manes d'un homme célèbre qui n'est plus, il n'y a peut-être point d'ouvrage où l'on trouve des

[5] O.P., i.133, 140. Condillac does make the usual remarks concerning Fontenelle's *tours précieux et recherchés* in *De l'art d'écrire* but the posthumous portrait he leaves there is basically generous and even flattering: 'Il y a des écrivains qui paroissent craindre de dire ce que tout le monde pense, et surtout de le dire avec des expressions qui sont dans la bouche de tout le monde. Ils aiment ces tours précieux qui ne sont que l'art d'embarrasser une pensée commune, pour lui donner un air de nouveauté et de finesse. M. de Fontenelle en est un exemple d'autant plus étonnant, qu'il avoit l'esprit juste, lumineux et méthodique. Il s'étoit fait à ce sujet un principe bien extraordinaire: il croyoit, et je lui ai souvent entendu dire, qu'il y a toujours du faux dans un trait d'esprit, et qu'il faut qu'il y en ait. C'est pourquoi il cherchoit à s'envelopper, lorsqu'il écrivoit sur des choses de pur agrément; lui qui traitoit les matières philosophiques avec tant de lumière, qui connoissoit mieux que personne l'art de les mettre à la portée du commun des lecteurs, et qui, par ce talent, a contribué à la célébrité de l'Académie des sciences, comme les bons historiens à celles de leurs héros. Mais ces écarts sont les seuls qu'il se soit permis. Sage d'ailleurs dans ses ouvrages, comme dans sa conduite; aimable dans la société par ses moeurs et par une supériorité d'esprit dont il ne se prévaloit pas, sa mémoire est respectable à tous ceux qui l'ont connu' (i.570*b*).

[6] see, for example, Euler, *Lettres à une princesse d'Allemagne* (*Opera omnia*, xi.299-302).

preuves plus fréquentes de l'*abus* dont nous parlons, que dans l'ouvrage très connu de M. de Fontenelle, qui a pour titre: *Elémens de la Géométrie de l'infini*; ouvrage dont la lecture est d'autant plus dangereuse aux jeunes géomètres, que l'Auteur y présente ses sophismes avec une sorte d'élégance, &, pour ainsi dire, de grâce, dont le sujet ne paroissoit pas susceptible.[7]

For d'Alembert as for Condillac, Fontenelle had made the mistake of assuming that infinity was something real, whereas, they countered, they countered, whether one is referring to geometrical or to metaphysical infinity, it can be nothing more than a construction of the imagination (*Mélanges*, v.266). How then can geometers make use of infinity in their calculations if they have no real *idea* of it? For Condillac the answer is simple: 'C'est qu'ils ne les font que sur le signe ∞, signe qui est tout aussi propre qu'un autre à désigner une unité quelconque, et qui dès là peut être l'objet de toutes les opérations qu'on fait sur les nombres' (M.165). One hesitates, naturally, to credit Condillac, merely on the grounds of prior publication, with having exerted any significant influence on the professional mathematician d'Alembert regarding this point. On the other hand, it seems entirely possible that the two friends discussed in this light the subject of infinity to some mutual advantage around the time that *Les Monades* was being composed.

We come finally to chapter V, 'Des monades et des corps'. Here Condillac will put to good use the analyses just completed on number and infinity; but here too he begins to show less and less caution. Having done away with infinity and any *well-determined* idea of the infinite divisibility of extended objects, Condillac proceeds in rigidly formal steps to demonstrate the existence of *êtres simples* or monads. He warns us, of course, that we must not play into the anti-monadists' hands by making the absurd claim that extended things are somehow 'composed of' an accumulation of unextended monads. Extension is not 'real', it is a mere phenomenon, like colour: 'C'est qu'en effet il n'y a rien dans la réalité des choses de semblable aux perceptions de l'étendue, non plus qu'à celles des couleurs; et que s'il nous étoit possible de pénétrer dans la nature des êtres, tous les phénomènes disparoîtroient' (M.169). Citing arguments which a year later he would attack as Leibnizian, Condillac goes on to defend a thorough-going idealistic position, possibly anticipating even some aspects of the later Kantian critique: 'C'est [. . .] une

---

[7] d'Alembert, *Mélanges de littérature, d'histoire et de philosophie,* nouvelle édition (Amsterdam 1773), v.264.

suite nécessaire de notre manière de connoître que les êtres que nous distinguons nous paroissent les uns hors des autres. Voilà le phénomène de l'étendue' (M.169). Curiously, in one of the rare examples of a close textual parallel between the *Essai* and *Les Monades*, we are given an opportunity to judge the extent to which Condillac has even assumed an almost Leibnizian persona in the latter work. The *Essai* had adopted a fairly ambiguous position regarding the distinction to be made between primary and secondary qualities. There, after pointing out how the status of our ideas of colour and odour contrasts with that of our notion of extension, Condillac had affirmed that 'la notion de l'étendue dépouillée de toutes ses difficultés et prise par le côté le plus clair, n'est que l'idée de plusieurs êtres qui nous paroissent les uns hors des autres' (O.P. *Essai*, i.9*b*). At which point in the *Essai* Condillac had also appended a note which begins as follows: 'Et unis, disent les Leibnitiens [. . .]'. But in *Les Monades*, written shortly after, Condillac on this very same question was able to write the following: 'Un corps n'est donc pas une substance étendue composée à l'infini de substances toujours étendues. C'est, comme le disent les Leibnitiens, un aggrégé de plusieurs êtres simples, que nous concevons les uns hors des autres, et unis; *unis*, dis-je, parce qu'autrement nous verrions plusieurs corps où nous n'en supposons qu'un' (M.170). Significantly, the words, *dis-je*, are here exactly parallel to the earlier phrase, *disent les Leibnitiens*. Condillac's dissertation goes on to describe the philosophical anxiety we experience as we watch our familiar world, not only of colour and sound, but also of extension, figure, place, situation and motion, disappear into a mist of subjective phenomena; our imagination takes fright: 'C'est ici que l'imagination s'effraye, mais enfin, ce n'est pas à elle à décider. Si elle dit qu'il y a hors de nous quelque chose de semblable aux perceptions de l'étendue, elle le fait sans fondement, car elle n'en juge que sur le rapport des sens. D'ailleurs ses jugemens sont tout à fait contradictoires. Il n'est donc plus permis de l'écouter' (M.171). Now almost fearless in his use of a conjectural dialectic, Condillac presses on, appealing not only to abstract logic but even to that same imagination which, only a few moments before, had been warned to hold its tongue. We know, he concedes, that there are monads only because we know that composites exist. We do not know what monads are like nor how they relate to each other (Condillac, we see, has not yet forgotten his criticisms of Leibniz in part I). We are thus able to state what monads *are not*; but we do not know *what they are*. We can imagine them only by denying them all the qualities of composites. We imagine them as unextended, occupying no place, having neither configuration nor motion. But how simple substances produce such phenomena will forever remain a mystery: 'Nos connoissances ne commençant qu'avec nos perceptions, il est manifeste qu'on ne peut assurer autre chose des objets qui ne sont point aperçus, et qu'on ne peut imaginer sans erreur sur le modèle de ceux qu'on aperçoit, sinon qu'ils ne ressemblent en rien à ce qui tombe sous les sens. *Continuons donc d'imaginer les êtres simples en leur refusant ce que nous voyons dans les objets sensibles, puisque c'est le seul moyen d'en acquérir quelque connoissance*' (M.171, my italics). Our negative knowledge of monads cannot thus take us very far in physics, for example; not knowing precisely *how* monads differ from one another we are unable to answer certain basic scientific questions. We know only that they do differ, *necessarily*, from one another for such are the requirements of logic in the matter. Not only, then, must we as physicists be content to deal exclusively with phenomena, we must at the same time avoid two 'Cartesian' errors: 'La première de s'imaginer que les idées que nous avons de l'étendue et du mouvement sont conformes à la réalité des choses; la seconde, de juger que l'étendue est ce qu'il y a de premier dans la matière, sur ce qu'on n'imagine rien qui y soit antérieur. Quel fondement auroit-on de croire qu'il n'y a d'autres qualités dans les substances que celles dont nous avons des idées?' (M.173).

Condillac, we see, is slowly wading into deeper waters, but still taking precautions and pretending all the while that he is not really getting his feet wet. In the chapters which lie ahead he will perform even more remarkable feats of acrobatics in his efforts to avoid total immersion. For the moment it is useful too to look still further ahead to a parallel section in the *Traité des systèmes* where Condillac, again on this very same point, will seem to have entirely reversed himself, having no doubt suffered in the meantime either a rush of reason or a sudden failure of the imagination. There he again will speak of the two basic errors, but only one of these he now attributes to the Cartesians: that of presupposing the reality of the very phenomena which are being questioned, as when, for example, the Cartesians maintain that a substance is extended only because it is made up of extended substances. The Leibnizians, on the other hand, according to Condillac in 1749, must now answer for a different kind of error: that of explaining phenomena by means of a principle no more easily conceived than the phenomena themselves: 'En effet, seroit-on plus avancé de dire avec eux, que le phénomène de l'étendue a lieu, parce que les premiers élémens des choses sont inétendus, que de dire avec les Cartésiens qu'il y a de l'étendue, parce que les premiers élémens des choses sont étendus?' (O.P. *Systèmes,* i.160*b*). That of course sums up precisely Condillac's own uncomfortable position in *Les Monades,* where logic and the imagination are allowed to come to his aid even after experience has abandoned him. But in the *Traité des systèmes* this solution, based on a technique of negative definition and supported by the imagination, seems to have lost its point (O.P., i.160*b*, my italics):

> Je conviens que le composé, toujours composé jusques dans ses moindres parties, ou plutôt jusqu'à l'infini, est une chose où l'esprit se perd. Plus on analyse cette idée, plus elle paroît renfermer de contradictions. Remonterons-nous donc à des êtres simples? Mais comment les *imaginerons-nous?* Sera-ce en niant d'eux tout ce que nous savons du composé? En ce cas, il est évident que nous ne les concevons pas mieux que le composé. Si on ne conçoit pas ce que c'est qu'un corps, on ne conçoit pas davantage un être dont on ne peut dire autre chose, sinon qu'aucune qualité du corps ne lui appartient. Il faut donc, pour concevoir les monades, non seulement savoir ce qu'elles ne sont pas, il faut encore savoir ce qu'elles sont.

In *Les Monades,* part I, Condillac had already criticised Leibniz's attempt to demonstrate two such positive qualities in monads: force and representative perception. He would repeat this criticism in the *Traité des systèmes,* claiming that these notions were merely empty words, not based on any well-determined *idea.* But for all that this was his view in *Les Monades,* part I, and again in the *Traité* of 1749, it nevertheless seems clear that Condillac, as he forged on through the concluding chapters of *Les Monades,* part II, experienced no such crippling doubts regarding the possibility of making valid statements about simple substances. Nor was he there restricting himself to such frivolously empty assertions as, for example, *qu'il y a de l'étendue, parce qu'il y a quelque chose qui n'est pas étendu* or *qu'il y a des corps, parce qu'il y a quelque chose qui n'est pas corps,* etc.

The doctrine of pre-established harmony, regarded by Leibniz as one of his major contributions to philosophy and by such critics as Voltaire as one of the most hilarious pieces of philosophical silliness, is the subject of Condillac's next chapter, 'De l'harmonie des êtres'. Here at last we find him almost more Leibnizian than Leibniz himself, unhesitatingly following with only minor modifications the substance of the great German philosopher's *Système nouveau de la nature et de la communi-*

cation des substances of 1695, the three *Eclaircissements* of 1696, the *Lettre à l'auteur de l'Histoire des ouvrages des sçavans* of 1698 as well as the *Réplique* of 1702 concerning Bayle's article 'Rorarius', all of which he had been able to consult in Des Maizeaux's *Recueil*.[8]

It is true that he begins timidly enough: the conclusions of the chapter preceding have made him see that he will be unable to gain a complete understanding of *l'harmonie des êtres*. He adds, however, that 'le peu qu'on peut dire à ce sujet mérite de n'être pas négligé' (M.174). In fact while admitting that our ignorance of the ultimate nature of things can never be overcome, Condillac somehow manages to get rather far along the way and, though the chapter is short, it makes surprisingly long and rapid strides into what we have generally assumed Condillac would have designated as an area well beyond the limits of human experience.

Condillac's initial approach is again logical: composites change, therefore simple substances also change; the principle of such changes must be either internal or external to monads. Experience tells us that the changes occurring within the one kind of monad with which we are familiar, i.e., our own soul, are 'caused' internally; thus we are provided with a conjectural basis (admittedly rather weak) for believing that the same is true of all simple substances. But from this modest beginning Condillac soon builds up a system of necessarily differentiated, 'window-less' monads, each acting in total independence of all others according to a principle of pre-established harmony: 'En un mot tout se fait dans l'ame comme s'il n'y avoit point de corps, et tout se fait dans les corps, comme s'il n'y avoit point d'ames' (M.175). Such pre-determined harmony does not, he assures us, destroy free-will; all causation is ultimately ideal and final though of course there is no harm in our continuing to speak about it in the usual common-sense way. But in reaility, 'il ne peut arriver dans les monades d'autres changemens que ceux qui sont possibles par leur essence' (M.174; a rather earnest use of the word *essence*, encountered only infrequently in the writings of the author of the *Traité des systèmes*!). The familiar analogy of the two clocks that keep perfect time independently is also cited: 'L'harmonie de l'ame et du corps', Condillac informs us, 'est comme l'accord de [. . .] deux montres' (M.176).

This chapter also makes it very clear that on the question of pre-established harmony Condillac is close to Leibniz not only in doctrine

---

[8] ii.367-456. See also Leibniz's letter to Des Maizeaux on this general subject, 8 July 1711 (ii.478-84).

but also in what we might describe as his overall motivation. Both philosophers, we know, were sincerely and profoundly committed to a defence of spiritual values. In the *Système nouveau*, Leibniz had specifically commented on the positive implications of his new doctrine with regard to free-will and the immortality of the soul: 'Jamais système n'a mis notre élévation dans une plus grande évidence.' It was also, he claimed, a hypothesis which furnished a new proof of God's existence.[9] We have already referred briefly to the role of occasionalism in Condillac's thought and the defence of spiritual substance which is based on this doctrine in the *Essai*. Even in the *Traité des systèmes*, in spite of its many criticisms of Leibniz, the somewhat analogous doctrine of pre-established harmony is left essentially untouched. Occasionalism in one form or another is also pre-supposed in all of Condillac's later works, for example in the *Traité des sensations* and even in *La Logique*.[10] In *Les Monades* Condillac's treatment is almost a paraphrase of Leibniz's sentiments on this point: 'Ce systême', he asserts, 'en rendant l'ame si indépendante des corps, est de tous les systêmes celui qui laisse le moins de doute sur la spiritualité de cette substance' (M.176).

Such are the *conjectures les plus vraisemblables* that Condillac thinks he can advance on the topic, 'en partie d'après Leibnitz'. Here again his approach is reminiscent of that adopted earlier by Leibniz who had also characterised the doctrine as an hypothesis.[11] Similarly, in a subsequent examination of Bayle's article 'Rorarius', Leibniz had commented on the tentative nature of his conjectures: 'Peut-être que je n'avance rien de trop hardi, si je dis, que je peux démontrer tout cela; mais à présent il ne s'agit que de le soutenir comme une Hypothèse possible & propre à expliquer les Phénomènes.'[12] Even though Condillac at the close of this chapter doubts that, for the moment at least, more hard evidence than he has cited can be found to support the doctrine of harmony, this will not prevent him from transforming, again rather in the fashion of Leibniz, his own *conjecture vraisemblable* into a fully operational spiritual certitude and, finally, in the last chapter of *Les Monades*, into a modestly proportioned *théodicée* of his own.

[9] *Recueil*, ii.384-85. Condillac would have been aware of the passage in Leibniz's letter of 26 August 1714 to Remond which begins as follows: 'Je ne trouve pas que les sentimens du R. P. Mallebranche soient trop éloignez des miens. Le passage des *Causes occasionnelles* à l'*Harmonie préétablie*, ne paroît pas fort difficile' (*Recueil*, ii.146-47).

[10] see O.P. *Essai*, i.7; *Systèmes*, i.163; *Sensations*, i.227; *Logique*, ii.392.

[11] *Recueil*, ii.385; Erdmann, p.128.

[12] *Recueil*, ii.406; Erdmann, p.151.

Condillac's next chapter, 'De l'espace et de l'immensité', again follows Leibniz, if not always specifically in argument, at least in the way it sets about attacking the positions of Locke and Descartes on the topic. Again we sense that the motivating force of the investigation is his great concern to defend the integrity of 'spiritual' substance. Condillac is particularly anxious to show that space is nothing more than a phenomenon, for if things were, really, extended how could God be a simple substance (as the subject of thought must be) and yet contain all things? Condillac's logic-chopping scholasticism on the subject is elaborated to an almost Wolffian degree and no doubt would have made a splendid target for his own *Traité des systèmes*. (We must not be surprised, consequently, to find few traces of this particular mode of argument in his later writings.)[13] His conclusion is that immensity must be unextended and simple, like God. It cannot contain things that are truly extended: 'Ainsi tout concourt à prouver qu'il n'existe que des êtres simples, ou des aggrégats d'êtres simples, et que le phénomène de l'étendue et de l'espace n'est point du tout conforme à la réalité des choses' (M.180). He also sets out to discover additional proof of the existence of monads by examining the differing views of Locke and Descartes on the question of space.

For Condillac, Locke's notion of pure space as it is defended in book II of the *Essay* amounts to nothing more than an empty abstraction and he proceeds to deal with it here, we suspect, almost as part of the unfinished business already alluded to in the introduction of the *Essai* (O.P., i.5*b*). In fact, Condillac argues this particular anti-Lockean position well, both on epistemological and on ontological grounds, showing familiarity not only with the English philosopher's discussion of space in the *Essay* but also with the eighteenth century's most memorable debate on the subject – the Clarke-Leibniz correspondence – which he had been able to follow in Des Maizeaux's *Recueil*. As for the Cartesians, Condillac concedes that they are correct in denying the existence of a vacuum; however, they incorrectly and inconsistently go on to equate extension and matter. 'On ne sauroit faire le même reproche aux Leibnitiens', he comments (M.183), revealing yet another key reason for his attraction to Leibnizian monads at this time. Many years later, in *De l'art de penser*, as again in those remarks at the end of *La Logique* to

---

[13] contrast, for example, his *Eclaircissemens* addressed to Poté, *Logique* (O.P., ii.414-15) in which he adopts a much more hesitant position on this very same point. See also O.P. *Sensations*, i.305-06.

which we have already referred, he would adopt a somewhat less radical position, particularly on the question of extension. He gives no hint in such later works, however, that his original opposition to the abstractions of Locke, Newton and Descartes on the subject of space had been Leibnizian in origin, nor does he reveal, of course, that he had himself at one time, despite his avowed empiricism, adopted bold speculative views on the subject. He is content, rather, to point to the illegitimate speculations of others: 'Si l'intérêt de Descartes est que toute étendue soit solide, celui de Newton est qu'il y ait un espace vide; et c'en est assez pour que l'un fasse une abstraction que l'autre n'a pas voulu faire' (O.P. *Penser*, i.751*b*). Locke, on the other hand, is attacked with an argument that Condillac, from the day he buried his own metaphysical dissertation in anonymity nearly thirty years before, must have, in silent penitence, often directed against himself: 'Ce qui m'étonne, c'est que Locke prenne parti dans ces sortes de controverses. Ne devoit-il pas se borner à développer les idées qui en font l'objet? Dans le système des idées originaires des sens, rien n'est si frivole que de raisonner sur la nature des choses: nous ne devons étudier que les rapports qu'elles ont à nous. C'est tout ce que les sens peuvent nous apprendre' (O.P., i.751*b*).

Condillac's next chapter, 'De la durée et de l'éternité', continues along almost precisely the same lines but argues now against the Lockean-Newtonian notion of absolute duration. Seventeen pages long, it is easily the most substantial chapter in the book and, for the general reader, it is probably also the most exciting, reaching heights of imaginative speculation on the question of universal relativity which are matched only rarely, if at all, in the popular philosophical literature of the period. Although this section offers specific criticisms of Locke's views, it nevertheless clearly owes much to Locke's own discussion of the simple modes of duration contained in book II of the *Essay*. Read in this light, it provides at times a curiously different prespective on the famous English philosopher's discussion that compares favourably, nevertheless, with the corresponding Leibnizian critique found in the subsequently published *Nouveaux essais* themselves.

As with other sections of *Les Monades*, parts of this chapter reappear here and there almost word for word in Condillac's later works. There is little doubt, for example, that it forms much of the implicit metaphysical framework of the *Traité des sensations* of 1754 and important sections of it were transferred directly to the pages of *De l'art de penser*. It seems nevertheless fair to say that students of Condillac's work will probably discover here more than in any other section of *Les Monades* a number of surprisingly new perspectives on their author.

Condillac begins by affirming that the ideas of infinite space and successive eternity are parallel errors. Both are abstract notions and pure creations of the imagination. An answer (of sorts) is even provided on Leibniz's behalf to a point raised in Clarke's *Fifth reply* which the German philosopher had been prevented by death from attending to himself. Clarke, in what turned out to be the last letter of the famous exchange, had attempted to get around an important Leibnizian counter-argument[14] by stating that 'God does not exist in space, and in time; but his existence *causes* space and time.'[15] Condillac dismisses Clarke's argument as futile: 'Une fois qu'on a, comme lui, réalisé ces idées, on ne peut s'empêcher de les concevoir antérieurement à tout ce qui existe. On ne peut, par exemple, imaginer un être existant, qu'on n'ait auparavant imaginé un lieu et un tems propre à le recevoir' (M.184). Both space and time are relational, not absolute. There is no common duration for all things; each thing has its own duration which varies according to the succession of its own internal events: 'Otez la succession des êtres, il n'y a plus de durée. Variez la succession, et supposez que dix modes se succèdent dans une substance, tandis que dans une autre il n'en succède que cinq; vous aurez cinq instans d'un côté, tandis que vous en aurez dix de l'autre. Car si la succession produit la durée, il faut que la durée soit différente dans les êtres selon que la succession y varie' (M.188). Indeed, perhaps no two things have the same duration. My body's duration is different from that of my mind; which is different again from that of any other mind. My last perception before falling asleep and my first on awakening form two instants which coexist not only with the two corresponding instants of my body when it occasioned these two perceptions, but also with the thousands of instants through which my body passed while my mind slept. The mind itself can have no perception of an interval between the last perception experienced before falling asleep and the first experienced on awakening except, of course, for the perceptions experienced while dreaming. Condillac thus feels he has a precise answer (quite the opposite of that provided by Leibniz in the *Nouveaux essais*) to the old philosophical puzzle concerning whether the soul is always thinking. If, he maintains, one means by this question that

[14] see paragraph 45 of Leibniz's *Fifth paper* (H. G. Alexander, ed., *The Leibniz-Clarke correspondence* (Manchester 1956), p.68).
[15] *The Leibniz-Clarke correspondence*, p.104.

the number of perceptions which succeed each other in the soul are equal to the number of instants in the body's duration, then the answer is clear: the soul is not always thinking, since its own duration is quite different. Condillac also advances the claim that he has here a good argument against the Leibnizian doctrine of unconscious perceptions, already contested in part I: such perceptions are not possible, 'car cet état suppose que l'ame passe par autant d'instans que le corps' (M.197). His main target for attack remains, however, Locke's claim that duration is not capable of variation 'but is one common measure of all Existence whatsoever, wherein all things whilst they exist, equally partake'.[16] Nothing can be further from the truth, insists Condillac: 'Chaque chose a sa durée à part, et bien loin que les momens en égal nombre leur soient communs à toutes, un instant de la durée de l'une peut coexister, et coexiste en effet, à plusieurs instans de la durée d'une autre' (M.192). In *De l'art de penser*, Condillac chastised Locke once more on this point but again with no indication of the hidden Leibnizian overtones in his criticism (O.P., i.751*b*):

Sur quoi fonde-t-il cette assertion? Vous ne connoissez, lui dirois-je, la durée que par la succession de vos pensées. Vous n'apercevez donc pas immédiatement la durée des choses, et vous n'en jugez que par la durée même de votre être pensant. Vous appliquez votre propre durée à tout ce qui est hors de vous, et vous imaginez par ce moyen une mesure commune et commensurable, instans pour instans, à la durée de tout ce qui existe. N'est-ce donc pas là une abstraction que vous réalisez? Mais Locke oublie quelquefois ses principes.

Condillac drew additional conclusions from his analysis of duration in *Les Monades*, some of which are of major significance and would eventually enable him to establish a parallel of sorts between the notion of succession and that of *a posteriori* cognition – for him a hidden key perhaps to the Leibnizian analytic theory of judgement which, without the aid of those logical writings now available to us, Condillac may have been in the process of partially 're-inventing' at this time. I will return to this important point later but it is doubtful, in any case, whether, at the time he wrote *Les Monades*, Condillac was entirely conscious of the full implications of such a notion. He was satisfied for the moment to relate hypothetically his analysis of time and duration to a hierarchical scheme of creation, a continuum of being with temporally varying grades of cognition. We can imagine higher forms of intelligence, for

[16] *Essay*, II.xv.11 (Nidditch, p.203).

example, capable of grasping in a few moments, or even instantaneously, ideas that others might take hours, days, months or even years to understand. We arrive finally at the notion of a supreme being who experiences no succession of events, has no duration, and can grasp *a priori* all knowledge, even factual, historical knowledge, in an instant. Borrowing an idea from Malebranche which he would use again in the *Traité des sensations*,[17] Condillac goes on to illustrate the relativity of duration by suggesting that our sense of it may even be determined by the physical dimensions of the particular world we happen to inhabit (M.194):

Or si j'imagine qu'un monde composé d'autant de parties que le nôtre, ne soit pas plus grand qu'une noisette, il est certain que pour peu que les astres de ce petit monde aient de mouvement, ils se lèveront et se coucheront des milliers de fois dans une heure. Il faudra donc que les organes des intelligences qui l'habiteront, soient proportionnés à des révolutions aussi subites, afin que le mouvement de leurs astres produisent chez elles une suite de perceptions qu'il ne produiroit point, si leurs organes étoient tels que les nôtres.

Supposons encore que, pendant que la terre de ce petit monde tourne sur son axe, et autour de son soleil, ses habitans reçoivent autant d'idées à peu près, qu'il s'en succède en nous-mêmes dans le cours d'un jour ou d'une année, et nous serons en droit de conclure que les révolutions de leurs jours et de leurs années leur paroîtront aussi longues que les nôtres nous le paroissent.

Condillac then imagines a second world larger than ours by as much again as ours is larger than the tiny world just described. Millions of years in the one might be 'equivalent to' only a few short moments in the other. There could even be worlds whose inhabitants experience totally different phenomena. In our own we concern ourselves with investigating the causes of extension, motion and the effects of these: 'Cependant il se peut qu'ailleurs on n'en ait même pas d'idée, et qu'on cherche la raison de phénomènes tout différens, et sur lesquels nous ne saurions former de conjectures' (M.196). The protean universe thus manifests itself in an infinity of forms, each different from the next.

Condillac is aware that his conjectures may strike some readers as 'extraordinary' but, as we approach his final chapter devoted to the supreme monad, God, we find him employing a style of argument which almost rejoices in its lack of caution. No question now seems too challenging, no obstacle too great: 'Si on me demandoit actuellement,

---

[17] O.P., i.236-38. See Geneviève Lewis, ed., *De la recherche de la vérité* (Paris 1945), ii.32 (i.vi). The influence of Malebranche on Condillac deserves a special study.

comment le monde créé dans une éternité sans succession, pourroit être plus ou moins ancien, *il me seroit aisé d'en rendre raison*' (M.194, my italics). The 'explanation' that follows turns out to be, in fact, nothing more than the already cited imaginative excursion *à la Fontenelle* into a universe of various inhabited worlds.[18] In much the same vein, we find him on the next page giving support ('quelque fondement') to another daring conjecture by citing two or three similar conjectures regarding what might be the different types of phenomena encountered in other inhabited worlds.[19]

It is obvious, nevertheless, that Condillac felt he had progressed well beyond mere conjecture to actual proof of the substantial points in this chapter: 'Je crois avoir démontré', he states, 'que la durée n'est autre chose que la suite des changemens des créatures' (M.197). Moreover, the basic manner in which this doctrine is repeatedly applied in such works as the *Traité des sensations, De l'art de penser* and *La Logique*[20] makes it clear that the chapter on duration in *Les Monades* contains Condillac's permanent views on this important subject. As we have already noted, as much cannot perhaps be said for the views Condillac first put forward in the preceding chapter of this same dissertation regarding the purely phenomenal nature of extension. Even as early as the *Traité des sensations* of 1754 Condillac refused to commit himself on this last point (O.P. *Sensations*, i.306, note 1):

Je ne dis pas qu'il n'y a point d'étendue, je dis seulement que nous ne l'apercevons que dans nos propres sensations. D'où il s'ensuit que nous ne voyons point les corps en eux-mêmes. Peut-être sont-ils étendus, et même savoureux, sonores, colorés, odoriférans: peut-être ne sont-ils rien de tout cela. Je ne soutiens ni l'un ni l'autre; et j'attends qu'on ait prouvé qu'ils sont ce qu'ils nous paroissent, ou qu'ils sont toute autre chose.

We recall that in the later *Eclaircissemens* written for Poté, Condillac had stated once again that he was unable to decide one way or the other since his senses could tell him nothing on the subject. (Significantly, in the Poté clarification, he unhesitatingly identifies with Leibnizianism the view that extension is merely a phenomenon – just as he must have

---

[18] Condillac reproduces Leibniz's own argument on the subject, along with the geometric drawing found in the *Fifth paper* to Clarke; like Clarke, he suggests, however, that the German philosopher's solution to this particular problem is unsatisfactory (see *The Leibniz-Clarke correspondence*, pp.75-77, 107).

[19] see, for example, *Les Monades*, pp.196-97.

[20] O.P., i.336-38, 752; ii.414-16.

thirty or more years earlier when he had himself vigorously propounded this same doctrine in *Les Monades*.) But on the question of duration, even three decades later, he experienced no such qualms. Launching immediately after his comments on extension into a full-scale discussion of duration, he characteristically begins in a style still consistent with that of chapter VIII of *Les Monades*: 'Je serois plus hardi', he confides, 'à juger de la durée et de l'éternité' (O.P. *Logique*, ii.415*a*).

We come finally to Condillac's last chapter, 'De la monade première ou de Dieu', the first paragraph of which presents an important summary of what Condillac felt he had discovered with certainty up to that point (M.199):

> J'ai démontré qu'il y a des monades, qu'elles diffèrent nécessairement entre elles, et qu'elles produisent les phénomènes de l'étendue et des corps, qui n'en sont que des aggrégats. J'ai prouvé qu'elles n'agissent point les unes dans les autres, et que, par conséquent, elles ne concourent à former l'univers qu'en vertu de l'harmonie qui a été préétablie. J'ai tâché d'expliquer comment tout ce qui en résulte est renfermé dans un seul être, qui est immense, sans être étendu. Enfin j'ai fait voir que la durée n'est autre chose que la suite des changemens qui se font dans les monades ou dans les êtres composés. J'ai donc donné la raison des deux principaux phénomènes de l'univers, la durée et l'étendue. Il me reste à rechercher quel est ce premier être, cette monade première, qu'on appelle DIEU, et dont j'ai déjà eu occasion de parler.

It is obvious from this enumeration that Condillac has progressed a great distance beyond the mainly negative criticisms of Leibniz in part I. The many exploratory conjectures adopted provisionally along the way have now been somehow transformed into demonstrated certainties. Taken as a whole they form the basis of a fairly complete monadology. The author of the *Essai sur l'origine des connoissances humaines*, the prudent disciple of Locke and Newton, seems indeed to have journeyed far afield in a very short time; now, nearing the end of that journey, he seems singularly indifferent to the danger of becoming lost in the forbidden territories of 'metaphysical' speculation. The road he is on, after all, will lead him to God; if all else fails, faith will come to the rescue.

As a chapter of the *Traité des animaux* of 1755 entitled, 'Comment l'homme acquiert la connoissance de Dieu', this same composition has often struck Condillac scholars as puzzling and even somewhat ineffectual. Georges Le Roy dismisses it as little more than an elaboration of various thoughts and arguments 'qui étaient traditionnels à l'époque de

Condillac' (O.P., i.370, note 14). Isabel Knight who has described the *Traité des animaux* itself as the least impressive of Condillac's major works, charging that the last part is full of question-begging explanations, deductions from vague general principles, 'and the most banal of conventional answers to crucial questions', goes so far as to classify this and the succeeding chapter on man's discovery of morality as largely irrelevant (Knight, pp.117-24).

Read only in the context of the Condillacian psychological analyses formulated for the first time in the *Traité des sensations* of the preceding year, the chapter's apparent weaknesses probably justify some of the negative assessments made by Le Roy and Knight. In the 1755 version, Condillac's treatment of the subject begins with an attack on innate ideas and on the ontological proof of God's existence, presumably as we find these expounded by the Cartesians. We can, Condillac insists, know things only through their relationship to us. We cannot know their inner nature or essence, nor can we go from a knowledge of what things are as they relate to us, to what things are in themselves. The *Traité des sensations* had proven 'que la connoissance que nous avons de la divinité ne s'étend pas jusqu'à sa nature. Si nous connoissions l'essence de l'être infini, nous connoîtrions sans doute l'essence de tout ce qui existe. Mais, s'il ne nous est connu que par les rapports qu'il a avec nous, ces rapports prouvent invinciblement son existence' (O.P. *Animaux*, i. 366a).

At this point the new introduction ends and Condillac returns, as his note indicates, to quoting from an anonymous dissertation he had formerly composed for the Berlin Academy.

Introduced as it is in 1755 almost as an appendix to the *Traité des sensations*, rather in the style of his brief *Dissertation sur la liberté* of 1754 (O.P. *Sensations*, i.315-17), Condillac's chapter on the existence of God seems indeed to add little to the commonplaces found in various contemporary 'natural histories' of religion. He invites us to go back to being children (or perhaps animated statues?) to see how we came to acquire our notion of a first cause. By this method we can determine with certainty exactly what we do know on the subject.

The total picture becomes quite different, however, when we examine this same chapter in its original metaphysical setting. Indeed, seen in this different light, the entire *Traité des animaux* is revealed as a basically Leibnizian and anti-Cartesian work designed to combat the materialistic and mechanistic doctrines implicit in Buffon's animal psychology. For

Condillac, as for Leibniz, there can be no great gaps in nature's chain of being; everything descends in proper degree from the supreme monad, the monad of monads. Animals are not mere mechanisms, they have souls. While their inability to develop symbolic language limits the progress of their understanding, this difference is one of *degree* only, not of *nature* as the Cartesians would have it. Matter itself is spiritualised and the hidden dangers of dualism are circumvented. Thus we see that the *Traité des animaux* may represent not so much an example of Condillac timidly getting his intellectual and religious wires crossed (see Knight, p.141) as it constitutes definite proof to the contrary of the basic identity or, rather, continuity of the 'natural' and 'supernatural' in his thought.

It is possible, even, that without any knowledge of the earlier chapters in *Les Monades*, without, for example, the benefit of Condillac's analyses of the notions of infinity, immensity and, especially, duration, the more important features of the arguments presented in the chapter on God in the *Traité des animaux* can scarcely be discerned. The *Traité des animaux* itself does little to clarify the situation and Condillac's brief note of 1755 attached to this chapter reveals not even the barest minimum of information regarding the circumstances of its previous publication. Moreover, the text of the later version very cleverly and deliberately hides any clues to the precise nature of the earlier discussion or of its metaphysical context. Several paragraphs are modified or omitted entirely in order to suppress otherwise unavoidable references to points that had been raised in earlier chapters of *Les Monades*.[21] On at least one occasion, Condillac's already established practice of incorporating passages from *Les Monades* in later works afforded him an excellent opportunity to camouflage his original source-text. We recall, for example, his speculations in chapter VIII on the relativity of duration in worlds of differing dimensions (M.194). In the subsequent chapter on the supreme monad, he had referred back to this discussion: 'Que, par exemple, l'ordre de l'univers eût été tout autre, le monde, *comme nous l'avons prouvé*, compteroit des millions d'années, ou seulement quelques minutes' (M.208). Fortunately, by the time he came to write the *Traité des animaux*, Condillac had already adapted some of his analysis of duration from *Les Monades*, including the image of the two worlds of vastly differing size, for use in the *Traité des sensations* (see O.P., i.237).

---

[21] compare, for example, *Les Monades*, pp.204-205, 208, 211 and O.P. *Animaux*, i.367*b*, 369*a*, and 370*a*, respectively.

He was thus able in 1755, through the simple addition of the word *ailleurs* ('comme on l'a prouvé *ailleurs*') and a brief note referring the reader to the *Traité des sensations*, to copy once again word-for-word from his source-text while disguising it totally![22]

The significance of some of the other textual variants encountered when we compare the two parallel chapters in *Les Monades* and in the *Traité des animaux* is not always so easy to assess. In *Les Monades* Condillac makes the bold claim that the particular genetic approach he will employ to investigate 'par quels progrès et par quelle suite de réflexions' the mind acquires its ideas (presumably concerning the existence of God among other things) has never before been tried: 'Cela n'a point encore été tenté que je sache; mais si nous l'exécutons, les athées ne pourront pas nous opposer que nous raisonnons d'après des idées imaginaires, et nous verrons combien leurs efforts sont vains pour soutenir des hypothèses qui tombent d'elles-mêmes' (M.200). Curiously, that particular claim to originality is not made in the later version (see O.P. *Animaux*, i.366a), perhaps because Condillac, composing the *Traité des animaux* in an atmosphere charged with accusations of plagiarism arising from all sides, hoped that by adopting a more modest stance he would avoid adding fuel to the fire. In the midst of controversy such an assertion, even if true, might have taken on the appearance of a provocation. On the other hand, the claim may have been deleted for the simple reason that it was now untrue since precisely such an attempt had indeed been made already by a young philosopher named Condillac in an anonymous dissertation sent to Berlin in 1747.

Equally curious is the manner in which Condillac depersonalises in 1755 his earlier references to an interview he had conducted with an *aveugle-né* and here again one suspects it was to avoid further controversy and the possible accusation that now he was copying Diderot's *Lettre sur les aveugles* just as, in the preceding year, he had, supposedly, plagiarised Diderot's *Lettre sur les sourds et muets* in the *Traité des sensations*. As it turns out, we now know that Condillac's published speculations on the subject of what might be the congenitally blind person's metaphysical grounds for belief in God preceded those of Diderot by at least two years, although it seems highly probable that these two friends had actively discussed such questions from time to

[22] O.P. *Animaux*, i.369a. Worth noting as well is the degree of certainty attributed in both the *Traité des animaux* and in the last chapter of *Les Monades* to Condillac's earlier conjectures on the relativity of duration: these are now viewed as 'proven'.

time even before then. In *Les Monades,* after considering the ontological argument for God's existence and rejecting it in favour of the cosmological proof, Condillac turns his attention to the argument from design. He rejects in advance the counter-argument which would be propounded by Diderot's blind geometer Saunderson in 1749: 'Si vous voulez que je croie en Dieu, il faut que vous me le fassiez toucher.'[23] Especially interesting is the fact that in *Les Monades* Condillac mentions his own personal discussions with an *aveugle-né* on similar topics: 'J'ai vu un aveugle-né qui nioit la possibilité de la lumière' (M.203). He relates a brief exchange of questions and answers which took place on that occasion: 'Qu'imaginez-vous donc à la place de la lumière, lui demandai-je? J'imagine, répliqua-t-il, que l'œil est un organe qui touche les corps de loin' (M.203). Condillac concludes that atheists are in much the same position as the blind man he had questioned. In the *Traité des animaux,* precisely the same points are made but any mention of Condillac's own personal involvement in such matters, including the question relating to the manner in which a blind person imagines light, is, regrettably, deleted. It is even conceivable, of course, that Condillac in *Les Monades* may have been describing an experience shared with Diderot, possibly even the very one that Diderot, in the *Lettre sur les aveugles* (Niklaus, p.2), claimed to have participated in 'avec mes amis' when he had gone to see the *aveugle-né* at Puiseaux 'le jour même que le Prussien faisoit l'opération de la cataracte à la fille de Simoneau'. That would of course have been sometime in 1749,[24] long after *Les Monades* was mailed off to Berlin, but perhaps we need not be too concerned in this case with a minor chronological inconsistency of two years or more. Diderot's imaginative powers as a creative writer of both fiction and philosophy were already sufficiently developed to allow him to invent such convincing touches of realism as, for example, Saunderson's biographer 'William Inchlif' in the *Lettre sur les aveugles* or the charming and learned young lady for whom he composed an addition to the *Lettre sur les sourds et muets,* and who is many years later identified in *Ceci n'est pas*

[23] R. Niklaus, ed., *Lettre sur les aveugles* (Geneva 1951), p.40.
[24] see Pierre Clément, *Les Cinq années littéraires,* Lettre XXXIII, Paris 20 Juin 1749: 'L'Oculiste Prussien, que vous avez pu voir à Londres, est actuellement à Paris.' Condillac in a letter to Cramer of 21 August 1749 reveals his own familiarity with the Prussian oculist Hilmer: 'L'oculiste prussien a laissé à Paris une réputation assez équivoque, il n'est resté à Lyon que le tems qu'il faut pour faire des prodiges. J'apprends qu'il va à Genève. Je compte qu'il y sera mieux jugé qu'ailleurs. Si vous avés quelque aveugle-né, je vous le recommande' (*Lettres inédites,* p.54).

un conte as 'Mlle de La Chaux'.[25] It is perhaps even worth noting that Diderot describes one of the persons accompanying him on his visit to Puiseaux as a certain 'Monsieur de . . .' who, it is recorded, also interrogated the *aveugle-né,* and that the notion of sight as 'une espèce de toucher' was also discussed.[26] Of course the point is entirely conjectural if not trifling and need not delay us any further here. Such metaphysical speculations concerning the blind were fairly common in the philosophical literature of the day and Condillac had already devoted a good deal of attention to a related aspect of it in his discussion of the Molyneux problem in the *Essai* of 1746. Nevertheless, the suppression in 1755 of any trace of his personal contact *à la Diderot* with the problem of the congenitally blind person's metaphysical beliefs, one of the rare autobiographical references in the entire dissertation, remains of interest for the possible light it throws on his rapidly deteriorating relationship with the celebrated *encyclopédiste* whose increasingly aggressive materialism would have, by 1755, made him an unredeemable ideological enemy in Condillac's eyes.[27]

There are additional points of interest which arise from a comparison of the two versions we now possess of Condillac's chapter on the Supreme Monad and to some of these we shall return in our notes to the text. Obviously, the suppression of any trace of Leibnizian references in the 1755 version detracts in some measure from that work's deeper implications. One has only to compare the manner in which Condillac in the *Traité des animaux* is obliged to operate in a kind of metaphysical vacuum (in total isolation from *Les Monades*'s chapter on duration, for example, during his discussion of such critical notions as the deity's infinite, immediate, *a priori* cognition, contrasted with man's limited, 'successive', analyses), to realise that the absence of such Leibnizian resonances in the *Traité des animaux* has seriously impaired our understanding of Condillac's basic ambitions in that work. This is all the more critical in the particular instance cited since, I suspect, Condillac

[25] see my *Diderot's femme savante,* Studies on Voltaire 166 (Oxford 1977).

[26] Niklaus, pp.5-6. In the *Lettre sur les aveugles,* Condillac is referred to as 'M. de Condillac' (e.g. pp.50, 52) as well as 'M. l'abbé de Condillac'.

[27] it will be recalled that there are many flattering references to Condillac in Diderot's *Lettre sur les aveugles.* There seems little doubt, however, that Condillac was, already in 1749, uncomfortably aware of the vast ideological differences in their thought. There is obviously more than modesty involved in Condillac's remark to Cramer concerning Diderot's *Lettre sur les aveugles:* 'Je ne vous en dirai rien car j'y suis trop loué' (Grenoble, 21 August 1749, *Lettres inédites,* p.54).

was testing here for the first time various notions that he would develop eventually into his own version of an analytic theory of the proposition.[28] It is also worth noting that Georges Le Roy, whose remarkable flair (even in the absence of such direct evidence as may now be found in *Les Monades*) permitted him to detect Condillac's Leibnizian affinities, nevertheless failed to recognise the deeper significance of the chapter on God in the *Traité des animaux,* dismissing it as little more than a reworking of the commonplace apologetics of the day.

Of course it is that too. Profoundly committed as he was to spiritual values, Condillac did not scorn the assistance of such traditional arguments as the cosmological or teleological proofs. It is not, moreover, entirely certain that he himself saw the full implications, either in *Les Monades* or in the *Traité des animaux,* of what he was doing. The last paragraph of *Les Monades* (understandably omitted in the *Traité des animaux*) shows that Condillac the empiricist, even at the conclusion of his monadology, still felt, despite all appearances to the contrary, that he had kept faith with Locke and Newton throughout. This same last paragraph of *Les Monades* also makes clear once again that Condillac's primary motivation in writing the work was probably not so much to win the Berlin Academy's 50-ducat medal as it was to provide himself with a metaphysical weapon for defending religion against the growing threat of materialism. This was also to be the work's chief function in future years when it would serve as a constant source-book for his later writings (M.211):

La seule considération des phénomènes nous a conduits à la connoissance de Dieu. Avec combien plus de lumière n'y arriverions-nous pas, si notre vue pouvoit percer jusque dans les principes des phénomènes! Quoique le systême des monades nous en approche bien peu, il suppose que l'harmonie de l'univers a été préétablie par une première cause, et fournit par là une preuve de l'existence de Dieu. Si nous pouvions connoître le systême dans toutes ses parties, quelle idée ne concevrions-nous pas des ouvrages de cet être?

One can understand why the celebrated author of the *Traité des systèmes* saw fit, in 1755, to eliminate any reference to his own earlier espousal of monads and the doctrine of pre-established harmony! What remains puzzling is Condillac's obvious belief, even in 1747, that, like a good Newtonian physicist, he had somehow managed to base his investigations and his entire system of monads solely on empirical

[28] cf., for example, *Les Monades*, pp.205, 207 and O.P. *Animaux*, i.369a, lines 4-22.

observations of phenomena. On the other hand, the reader of *Les Monades* has little difficulty in detecting Condillac's equally obvious conviction that he had also managed, in spite of his empirical method-ology, to peek just a little behind the veil of phenomena and had succeeded in catching a fleeting, tiny glimpse of the spiritual reality beyond. That was in 1747-1748. By 1749, when he published the *Traité des systèmes,* he had obviously changed his mind and was experiencing unmistakable twinges of guilt on certain points. Some of his earlier conjectures now seemed meaningless. As a result, the formal Condil-lacian monadology as such was set aside forever. For the moment he would allow himself to enjoy instead his new-found reputation as the fashionable giant killer, the *philosophe* hero of the hour who, more effectively than anyone before, had been able to discredit once and for all the speculative nonsense of such notorious dreamers of the previous century as Descartes, Leibniz and Spinoza.

But two very persistent and very basic components of *Les Monades* remained and would not be put aside: first, there was his ever-present pre-occupation with the need to defend religion against materialistic and atheistic attack. His almost integral exhumation of *Les Monades*'s chapter on God for inclusion in the *Traité des animaux* of 1755 is symptomatic of that enduring concern. Secondly, and no less important, there was his equally profound commitment to an irrepressible pan-logism, a deep sense of the unity of logic and process, concealed in the innermost recesses of his thinking, unexpressed as yet but influencing profoundly, nevertheless, all of his philosophical writings as it awaited the day when it could consciously emerge as the unifying principle that would impose order and meaning on all of the earlier disparities, 'irrelevancies', and apparent inconsistencies of his thought.

6

Proteus and the logical vision of reality

LET us return then to consider for the last time this basic puzzle presented by the new Condillacian text. What must be the final explantion of the apparent contradiction implied in the fact that, (a), Condillac in 1748 published secretly and anonymously in Berlin a substantial metaphysical dissertation in the tradition of Leibniz and (b), that Condillac only one year later, to the enthusiastic applause of avant-garde Parisian intellectual circles, published what was purported to be a devastating and unanswerable attack on precisely such systems? We recall that the author of the *Traité des systèmes* was hailed by d'Alembert in the 'Discours préliminaire' of the *Encyclopédie* as one of France's best philosophers; his treatise, the *Encyclopédie*'s co-editor claimed, had destroyed, once and for all, *le goût des systèmes*:

> L'esprit d'hypothèse & de conjectures pouvoit être autrefois fort utile, & avoit même été nécessaire pour la renaissance de la Philosophie; parce qu'alors il s'agissoit encore moins de bien penser, que d'apprendre à penser par soi-même. Mais les temps sont changés, & un Ecrivain qui feroit parmi nous l'éloge des Systèmes, viendroit trop tard. Les avantages que cet esprit peut procurer maintenant sont en trop petit nombre pour balancer les inconvéniens qui en résultent.[1]

---

[1] *Mélanges de littérature, d'histoire et de philosophie*, i.159. As can be readily ascertained Condillac strikes occasionally in the *Traité des systèmes* a fashionable *philosophe* pose, rarely seen in his other writings. Indeed, the chapter entitled 'De l'origine et des progrès de la divination' was sufficiently modish in general tone to merit wholesale plundering by Diderot for the purpose of his article 'Divination' in the *Encyclopédie*. Himself influenced by Fontenelle's *Histoire des oracles*, Condillac in describing pagan oracles sounds, moreover, not unlike a good Voltairean when he explains how 'la fourberie des prêtres contenta la superstition des peuples' (O.P. *Systèmes*, i.140a). The *Traité*'s presentation of Boursier's *De l'action de Dieu sur les créatures* as the seventh example of philosophical error generated by abstract systems also strives for the same urbane tone in its attack on a long-forgotten and rather bizarre semi-theological system. Perhaps Condillac introduced it primarily for comic relief between the fairly arduous section on Leibniz and the equally abstract chapter following, devoted to Spinoza. But whatever his intentions, we

Although in marked contradiction with his own recent efforts to construct a monadology, these words could almost have been written by Condillac himself. Whereas *Les Monades*, part I, had argued almost as forcibly as the *Traité des systèmes* against the system of monads, *Les Monades*, part II, had paradoxically concluded in their favour. Much, as we have seen, had depended on the use Condillac was able to make of conjecture (the self-propagating, creeping variety) in *Les Monades*, part II. But in the *Traité des systèmes*, written only one year later, such conjectures seemed scarcely worth making. Specific Leibnizian arguments, accepted with little guilt and less caution in 1747-1748 are, in 1749, rejected categorically. The system of Leibniz, we are told, is nothing but a fanciful metaphor: 'Il ne fait donc point connoître les élémens des choses; il ne rend proprement raison de rien, et c'est à-peu-près comme s'il s'étoit borné à dire qu'il y a de l'étendue, parce qu'il y a quelque chose qui n'est pas étendu; qu'il y a des corps, parce qu'il y a quelque chose qui n'est pas corps, etc.' (O.P. *Systèmes*, i.164*b*). That indeed is precisely the argument that Condillac had earlier embraced himself even as he conceded its limitations. He had nevertheless found in it an adequate starting place for further speculation and we recall his using very similar words when, near the end of *Les Monades*, he claims to have '*donné la raison* des deux principaux phénomènes de l'univers' (M.199)! But by 1749 the pressure of anti-metaphysical fashion, of the now prevailing Newtonian orthodoxy, made venturing out on such speculative limbs too risky. Moreover, Condillac's thought in other areas was obviously undergoing rapid transformation in this period. A section of the original *Traité des systèmes*, modified in later editions, speaks, for example, of the general problem of when to abandon systems: 'Voulez-vous donc savoir si vous êtes en état de faire un sistème, essayez de décomposer toutes les parties qui le doivent former. Ne le pouvez-vous pas, parce qu'il y en a dont vous n'avez qu'une notion vague, ou qui vous sont totalement inconnues, abandonnez-en l'entreprise' (O.P. *Systèmes*, i.213, note b). Condillac might well have been thinking of his own monadology when he wrote those words; he mentions, of course, only his earlier *Essai* and we see the basic notion of the *Traité des sensations* already taking shape: 'C'est donc la perception qui doit

again hear quasi-Voltairean echoes in his criticism of Boursier's outrageous verbiage: 'Que les théologiens ne se bornent-ils à ce que la foi enseigne, et les philosophes à ce que l'expérience apprend!' (i.169*b*). For Condillac's less fashionable but probably more characteristic sentiments on this same point, see the *Lettres inédites*, p.82.

devenir successivement attention, imagination, mémoire, réflexion, et enfin l'entendement même. Mais je ne développerai point ce progrès, si je n'ai une idée nette de chaque opération; au contraire je m'embarrasserai, et je tomberai dans des méprises. Voilà, je l'avoue, ce qui m'est arrivé, lorsque j'ai traité de l'origine des connoissances humaines' (O.P., i.213, note b). The reader will not, he continues, expect him to go about correcting immediately that earlier work's errors. Nor, I suppose, should we today reproach him for avoiding, in 1749, the unnecessary embarrassment of publicly confessing metaphysical transgressions that were so well hidden as to come to light only two centuries later.

It is possible too that another reason for keeping silent was Condillac's own puzzlement concerning these two chronologically adjacent but seemingly contradictory productions. Recently discovered correspondence has made it clear that he had already nearly resolved by then the problem of how to remove the troubling vestigial traces of Lockean dualism, of an autonomous, active mind, from the epistemological system set out in the *Essai* of 1746 in which he had over-emphasised the role of *signes* and had overlooked the possibility of pre-linguistic thought. Equally important, perhaps, he had already discovered what was to become the master metaphor of his philosophy, a powerful archetypal image of reality symbolised in the legend of the sea-god Proteus whose many apparent forms disguise the all-pervading logic, the monistic spiritual structure of the universe. Reality is *one* but it takes on many appearances; everything in the mind, all of its faculties, can be reduced to sensation: 'Sens, mémoire, imagination, entendement, ne sont qu'un Protée qui passe par différentes transformations', he writes in 1750.[2] That the universe itself is protean was also a conclusion of his speculations in *Les Monades* regarding the different possible worlds: 'Peut-être que parmi tant de globes qui sont vraisemblablement habités, il n'y en a pas deux où l'univers se montre sous les mêmes phénomènes. Par là il se multiplie en quelque sorte. C'est un Protée, qui prend une infinité de formes différentes' (M.196). We must not, in short, allow ourselves to become too engrossed in the merely apparent multiplicity of things, or attribute to it a degree of reality which it does not in fact possess. Thus it is that complex ideas are reducible to simple elements, abstractions can be explained away as mere words, and behind this façade of appearance lies the only reality we can deal with, the individual

[2] letter to Gabriel Cramer, 10 June 1750 (see my article, 'A new Condillac letter[. . .]', *Jhp*, xvi.94).

psychological atoms, monads of simple sensation, discoverable by analysis but themselves not subject to further analysis or 'division'. The mind is entirely passive with regard to the production of these simple ideas. It cannot, for example, give itself the idea of a colour it has never seen (O.P. *Essai*, i.39*b*). This, moreover, is a guarantee of the validity, of the 'reality', of simple sensation. Whereas complex ideas are the work of the mind and can be erroneous, simple ideas 'ne peuvent donner lieu à aucune méprise. La cause de nos erreurs vient de ce que nous retranchons d'une idée quelque chose qui lui appartient, parce que nous n'en voyons pas toutes les parties; ou de ce que nous lui ajoutons quelque chose qui ne lui appartient pas, parce que notre imagination juge précipitamment qu'elle renferme ce qu'elle ne contient point. Or nous ne pouvons rien retrancher d'une idée simple, puisque nous n'y distinguons point de parties: et nous n'y pouvons rien ajouter' (O.P. *Essai*, i.111*b*). Simple ideas are thus the ultimate, indivisible elements of psychological reality corresponding, no doubt, to monads, their metaphysical counterpart. We see, therefore, the importance of *analysis*, of *determining* our ideas: 'l'analyse est l'unique secret des découvertes' (O.P. *Essai*, i.114*a*). Since we cannot have an 'incorrect' sensation, knowledge based on *idées bien déterminées* is, by definition, almost directly grounded in reality. Discovery and invention are thus reducible to the process of carefully sorting out our ideas.

More explicit testimony to support that interpretation of Condillac's epistemology can be found in later writings, especially in *De l'art de penser, La Logique, La langue des calculs* and even the *Dictionnaire des synonymes*. I shall come to these again but for the present I have deliberately confined my search for such evidence to Condillac's earliest writings in order to illustrate how seemingly radical departures in his later works really only confirm, develop and, especially, bring to the threshold of full awareness, well-established early tendencies of his thought.

So much for the *Essai*. As for *Les Monades*, composed in that same period, it too can be viewed as an attempt to express the same epistemological reality, but now in metaphysical terms. Admittedly, such metaphysical formulations were more suited to the philosophising of the previous century and by the mid-eighteenth century already smacked of anachronism. For Leibniz a monadology could be justified as the most accessible, if not necessarily the most popular, means of presenting a body of explanation designed to reconcile the obvious variety of appearances with the undeniable sameness of reality. The logical counterpart to this metaphysical view which states that every simple substance contains all of its future states, that monads are 'windowless', is the less accessible doctrine that every true proposition is identical. I believe that Condillac at this mid-century point has not quite consciously reached that logical conclusion although I think it is implied, as I have already suggested, in the distinction he makes in *Les Monades* between the 'instantaneous', infinite, knowledge of God versus the finite, 'successive', cognitive capabilities of man. Fashions in philosophical explanations had shifted a good deal since the previous century. Perhaps we could say that the psychological or epistemological mode of explanation for a thinker of Condillac's day corresponds more or less in terms of 'accessibility' to the metaphysical mode in Leibniz's times. My suggestion then is not so much that Condillac rejected his monadology after 1748 as that he found other more acceptable means of expressing it. His ubiquitous Proteus assumed a different appearance to manifest the same basic reality which, as we might expect, can also be reduced to a kind of identity. Simple sensation, the psychological monad, contains, in a sense, all of its future states (O.P. *Sensations*, i.239*b*):

Si nous considérons que se ressouvenir, comparer, juger, discerner, imaginer, être étonné, avoir des idées abstraites, en avoir de nombre et de durée, connoître des vérités générales et particulières, ne sont que différentes manières d'être attentif; qu'avoir des passions, aimer, haïr, espérer, craindre et vouloir, ne sont que différentes manières de désirer; et qu'enfin être attentif et désirer, ne sont dans l'origine que sentir: nous conclurons que la sensation enveloppe toutes les facultés de l'ame.

As we have already noted, the *Traité des sensations* presented its case so well that it was immediately attacked by certain religious apologists naïvely intent on mistaking its psychological monism for an expression of godless materialism. Nothing could, of course, have been further from the truth! The same metaphysical idealism of *Les Monades,* as thoroughgoing as anything to be found in Leibniz or Berkeley, is attested to frequently throughout the *Traité des sensations*. Condillac's animated statue, for example, deals handily and in much the same order (but mainly in parallel psychological terms) with the metaphysical phantoms already identified in *Les Monades* as lurking among the notions of substance, infinity, space, duration and eternity.[3] Condillac's Proteus in

---

[3] see, for example, O.P. *Sensations,* i.264-66.

metaphysical guise goes off to hide beneath the surface; it returns briefly in 1755 in the *Traité des animaux*, with justification no doubt, for in Condillac's eyes, when it came to defending God and things spiritual, metaphysics never did become unfashionable or anachronistic. 'Permettez-moi de prendre la défense de la métaphysique', was his comment to Formey on a minor point of disagreement concerning the *Traité des animaux*.[4] Moreover, the specific use made in that work of an entire chapter from *Les Monades*, along with the cryptic note vaguely referring the reader back to a previously published anonymous Berlin Academy dissertation, suggests almost that Condillac half-wanted to see his secret discovered. That too may be symptomatic of his temporary return in 1755 to the metaphysical mode of explanation.

But a complete and conscious awareness of the Proteus's full range of possible transformations did not come to Condillac until much later, no doubt around the time that he composed *De l'art de penser* which, though completed in the 1760s, was published after much delay only in 1775. Here at last, perhaps as a result of having reviewed all of his earlier works when he began composing the *Cours d'études*, but especially, no doubt, after carefully re-reading the *Essai* and *Les Monades* on which much of *De l'art de penser* is obviously based, Condillac became fully aware, I think for the first time, of the deeper patterns in his thought and of what he had already vaguely sensed as the logical structure of reality. Georges Le Roy accurately described this as a kind of *panlogisme* and (again with equal accuracy) speculated that it was somehow related much more to the thought of Leibniz than to that of Locke. Leibniz too had considered the matter of reducing all concepts to simple elements. The foundation of such a system was his doctrine that not only is every proposition of the subject-predicate form, but that every true statement contains its predicate in its subject; that is, every true statement is analytic and every analytic statement is true. Correspondingly, in metaphysics he offered the parallel doctrine that every monad contains within itself all of its own future states and that its history is the unfolding of these states according to its own internal principle of change. There are no relations between monads; they are 'windowless' (the logical counterpart again being that there are, ultimately, no relational propositions).

---

[4] letter from Paris, 25 February 1756 (O.P. *Correspondance*, ii.539*b*). See also Condillac's earlier, almost 'German', remark to Maupertuis who was busily recruiting academicians for Frederick: 'Pour à Paris vous auriez de la peine à y faire de bonnes acquisitions, on n'y aime guère que la petite métaphysique de théâtre' (12 août 1750, ii.535*a*).

Analysis is thus the all-important key to the discovery of truth, whether contingent or necessary, the propositions of the natural sciences being analytic as much as those of mathematics. God is capable of infinite analysis and is able to grasp all scientific truths as identities whereas human beings can come to know them only partially and only through sense experience. On the other hand, necessary truths are reducible to identities by finite analysis and can thus be proved by human beings. Since complex ideas are compounded out of simple ideas, analysis of their component parts, once these have been properly identified, gives us very accurate definitions – like the formulae of chemistry, for example. False statements can be immediately recognised with certainty as absurdities, like incorrect answers in simple arithmetic. An alphabet of human thoughts, a universal writing by which a fundamental knowledge of all things can be achieved, a rational grammar, a dictionary of words accurately expressing simple ideas, are all so many unrealised Leibnizian projects based on the view that all true propositions are either identical or reducible to identical propositions.[5]

As we have already seen, it is not a simple matter to determine how much of this logical doctrine was actually available to Condillac or how much of it he managed simply to 'reinvent' on his own. Condillac certainly knew of the existence of at least one of Leibniz's early logical works, the *De arte combinatoria*, first published in 1666 (see Ravier, pp.14-15) and described by its author as 'un petit Essai d'Ecolier' (*Recueil*, ii.153); it is not certain, however, that he ever looked at this work either in an early edition or in the version published by Dutens in 1768. Certainly today we would like to imagine him leaping at the opportunity to examine new writings by the famous author whom he had already studied so intensively and who had even commented at great length on a favourite philosopher, John Locke, in a work published by Raspe three years earlier in 1765. But the reality of the situation may have been quite different. In any case, it is not even certain to what extent such logical writings as were made known at that time would have been all that useful to him in shaping his own doctrine even if, for example, the *De arte combinatoria* can be said to contain in a rudimentary form the German philosopher's basic ideas on logic: namely, 'that every proposition has a subject and a predicate, that all truths are or are reducible to

[5] see, on this general question, G.H.R. Parkinson, *Logic and reality in Leibniz's metaphysics* (Oxford 1965); also Leibniz, *Logical papers*, a selection translated and edited by G.H.R. Parkinson (Oxford 1966).

identical propositions, and that the proposition is best treated intensionally'.[6] It is known that Leibniz continued to value this youthful essay because it also touched on an idea whose full importance he grasped only later, that of an 'alphabet of human thoughts'.[7] Condillac himself would later develop this notion in his unfinished treatise, *La langue des calculs*, published posthumously in 1798. It is probably worth noting too that Des Maizeaux's *Recueil* contains a second reference to Leibniz's earliest logical work and to this same notion of a universal language. At the end of his *Réplique* of 1702, composed in answer to Bayle's article 'Rorarius', Leibniz refers again, if somewhat obliquely, to the *De arte combinatoria*: 'J'ai insinué ailleurs qu'il y a un calcul plus important que ceux de l'Arithmétique & de la Géométrie, & qui dépend de l'*Analyse des Idées*. Ce seroit une Caractéristique universelle, dont la formation me paroît une des plus importantes choses qu'on pourroit entreprendre.'[8] We know too that Des Maizeaux's *Recueil* had brought the existence of the *Meditationes de cognitione, veritate et ideis* (in *Acta eruditorum*, 1684) to Condillac's attention and, more important still, this valuable collection had provided the text itself of Leibniz's brief but comprehensive *Réflexions* on Locke's *Essay*, including his comments rebutting the Lockean view of analytic propositions. Such propositions, in Leibniz's eyes, are obviously not 'trifling': 'Je ne méprise pas les Propositions identiques, & j'ai trouvé qu'elles ont un grand usage même dans l'Analyse' (*Recueil*, ii.308). The potential importance of even such a brief remark is undeniably great in the light of Condillac's own later criticism of Locke on this very point. Condillac may also have formulated some of his first arguments against the doctrine of *perceptions obscures* – a major threat to his philosophy of knowledge – in the light of the arguments Leibniz cites in its favour in this same brief but richly suggestive work.[9]

---

[6] see G. H. R. Parkinson's introduction to his edition of Leibniz's *Logical papers*, p.xii.

[7] *Logical papers*, p.xii. See also pp.10-11 of Parkinson's selection from *Of the art of combination*. In addition to this work, available in Dutens (ii.339-99), Condillac could have read such pieces as the *Historia et commendatio linguae charactericae universalis* in Raspe (p.533ff.).

[8] *Recueil*, ii.455-56. Fontenelle's *Eloge de monsieur Leibnitz* also devotes an informative page to Leibniz's project for a universal language (*Œuvres de monsieur de Fontenelle*, nouvelle édition augmentée (Paris 1742), v.543-44). Condillac could also have benefitted from Wolff's discussion of the question in, for example, *Psychologia empirica*, pp.193-235.

[9] *Recueil*, ii.303-05. According to Dan Badareu (who, however, offers no specific evidence to support his assertion) Condillac 'n'a certainement pas pu connaître les textes

Proteus and the logical vision of reality

Thanks to the marginal notations in *Les Monades* we know with certainty that such fleeting glimpses of the Leibnizian logic as did find their way into Des Maizeaux's *Recueil* came to Condillac's attention very early on in his philosophical career, and, certainly, long before the editions of Raspe and Dutens appeared. Perhaps in our speculations on the specific channel through which Leibnizian influence reached Condillac's thought we should even consider the possibility that the French abbé's keen analytical mind may have enabled him to gain from the metaphysical doctrine of the *Theodicy* or the *Monadology* itself some inkling of its logical counterpart, for example, the key principle that all true propositions are identical. Would it, for instance, have been enough for a Condillac to meditate at length on the implications of the seventh principle of the *Monadology* to conclude that every true statement contains its predicate in its subject?[10] Whether this was the case, whether Condillac worked out an analytic theory of judgement and a combinatorial theory of concepts from his early study of book IV of Locke's *Essay*,[11] of various Leibnizian fragments, of the Latin tomes of Christian Wolff – the whole blended with his own initial meditations on the monadic structure of simple sensation – or, on the other hand, whether later readings in Raspe or Dutens combined with personal insights achieved through the systematic review of his philosophical

des *Meditationes de cognitione* se rapportant à l'analyse et aux vues de Leibniz sur la caractéristique' ('Le "calcul" logique de Condillac', *Revue philosophique*, clviii.358). It is, however, in Dutens, ii.14-18.

[10] it reads as follows: 'Il n'y a pas moyen aussi d'expliquer, comment une Monade puisse être altérée ou changée dans son intérieur par quelque autre créature, puisqu'on n'y sauroit rien transposer, ni concevoir en elle aucun mouvement interne, qui puisse être excité, dirigé, augmenté ou diminué là dedans, comme cela se peut dans les composés, où il y a d[u] changement entre les parties. Les Monades n'ont point de fenêtres, par lesquelles quelque chose y puisse entrer ou sortir. Les accidens ne sauroient se détacher, ni se promener hors de[s] substances, comme faisoient autrefois les espèces sensibles de[s] scholastiques. Ainsi ni substance, ni accident [ne] peut entrer de dehors dans une Monade' (Erdmann, p.705). See also, in the same work nos.33-37 and the *Theodicy* no. 44. I have found some support for this (admittedly controversial) view in the following remark by Gottfried Martin: 'It is commonly held that the nineteenth-century logicians had to begin at the beginning and that Leibniz's logical researches were only discovered towards the end of the century, so that the newly-developed mathematical logic merely regarded his work as confirmatory. This view is all the more remarkable since the published works, particularly the *Nouveaux Essais* and the *Theodicy*, contain plenty of indications of his aims in logic' (*Leibniz, logic and metaphysics*, translated from the German by K. J. Northcott and P. G. Lucas (Manchester 1964), p.41).

[11] see, especially, chapters V-VIII.

97

writings over the years eventually helped him to recognise the developing panlogism in his thinking from the *Essai* onward, I cannot say. What is important to note, however, is that Condillac, in a highly significant chapter of *De l'art de penser*, found himself finally able to make unified sense of almost everything he had written up to then, including, no doubt, his secret work, *Les Monades*. Condillac's early metaphysics of the monad and his intermediate psychology of transformed sensation fuse, in the last stages of his philosophical career, with an all-pervading 'logic of identity', the ultimate, the most challenging and the most enduring transformation of his protean vision of reality.

It has been usual to view the works Condillac published after the *Traité des sensations* of 1754 as little more than practical applications of an already settled doctrine. Georges Le Roy states that Condillac restricted himself to only 'complementary' writings after that date: 'Il semble être alors parvenu à une expression aussi parfaite et aussi rigoureuse que possible de sa pensée; le système lentement et patiemment construit paraît achevé. Seules des circonstances extérieures peuvent donc donner occasion à de nouvelles études' (O.P. *Introduction*, i.xxi). Condillac himself made clear in notes to his later works that he had indeed drawn heavily on such early writings as the *Essai* or the *Traité des sensations*.[12] Le Roy even explains his own less intensive editorial annotation of *De l'art de penser*, for example, by pointing out that 'comme l'indique Condillac lui-même, et comme le montre la comparaison des textes, l'*Art de penser* n'est constitué, dans la plupart de ses chapitres, que par des extraits de l'*Essai sur l'Origine des Connoissances humaines*, légèrement modifiés en quelques passages par des suppressions ou des additions de faible importance' (O.P., i.715, note 1). Although Le Roy's statement is obviously true of some of the chapters of this work, we now know that it represents as well a very serious oversimplification. Understandably enough, it does not take into account, for example, the fact that much new material from *Les Monades*, part II, first appeared openly in *De l'art de penser*. Le Roy was, of course, not in a position to recognise this hidden source. But perhaps more important still, Le Roy's generalisation ignores probably the most original feature of *De l'art de penser* which is that, even though it is based on Condillac's first two philosophical treatises, the *Essai* of 1746 dealing with the origin

[12] see, for example, O.P. *Penser*, i.731*a*, note 1. Similarly, D. Badareu, ('Le "calcul" logique', p.340), with *De l'art de Penser* in mind, writes: 'ce dernier ouvrage ne [constitue] qu'un extrait, parfaitement mis au point et donc très utile à consulter, de l'*Essai*'.

of knowledge, and *Les Monades* composed shortly after and chiefly concerned with its extent or scope, this work, published as part of his *Cours d'études* in 1775, is really the first in which we find, consciously and explicitly expressed, what had been up until then no doubt the most basic but also the most hidden and elusive tendency of his thought. Not until *De l'art de penser* does Condillac's philosophical Proteus emerge fully from hiding, transformed finally into a monadic logic of identity which unifies, at the same time as it advances beyond, his previous thought. It is clear, in other words, that a work like *De l'art de penser* was intended not only to complement but, on certain critical points, to supersede the *Essai*.[13]

The vehicle of Condillac's new philosophical consciousness is primarily the tenth chapter of *De l'art de penser*, entitled, 'Des propositions identiques et des propositions instructives, ou des définitions de mots et des définitions de chose'. After launching an attack on syllogistic and synthetic reasoning, reminiscent of his discussions of those topics in the *Essai* of thirty years before, Condillac rather abruptly and explicitly makes the statement that all true propositions are identical (O.P. *Penser*, i.748a):

> Une proposition identique est celle où la même idée est affirmée d'elle-même, et par conséquent, toute vérité est une proposition identique. En effet, cette proposition, *l'or est jaune, pesant, fusible, etc.*, n'est vraie, que parce que je me suis formé de l'or une idée complexe qui renferme toutes ces qualités. Si, par conséquent, nous substituons l'idée complexe au nom de la chose, nous aurons cette proposition: *ce qui est jaune, pesant, fusible, est jaune, pesant, fusible.*

> En un mot, une proposition n'est que le développement d'une idée complexe en tout ou en partie. Elle ne fait donc qu'énoncer ce qu'on suppose déjà renfermé dans cette idée: elle se borne donc à affirmer que le même est le même.

Condillac's use of a familiar example regarding the qualities of gold, already found in Locke's chapter 'Of trifling propositions', partially masks at first the radical nature of the discussion on which he is about to embark. It will be recalled that Locke had categorically rejected the argument that identical propositions can be instructive:

---

[13] an incidental illustration of this is provided, for example, by the comparison of a note in two editions of the *Traité des animaux*. In the original edition of 1755 Condillac supports his contention that *abstractions réalisées* are a source of futile debate and bad reasoning by adding the note: 'Je l'ai prouvé, *Essai sur l'Origine des Connoissances humaines*, part. I, sect. 5.' In later editions the note reads: 'Je l'ai prouvé, *Art de penser*, part. 1, c. 8' (O.P. *Animaux*, i.378).

What is this more than trifling with Words? It is but like a Monkey shifting his Oyster from one hand to the other; and had he had but Words, might, no doubt, have said, Oyster in right hand is *Subject,* and Oyster in left hand is *Predicate*: and so might have made a self-evident Proposition of Oyster, *i.e.* *Oyster is Oyster*; and yet, with all this, not have been one whit the wiser, or more knowing: and that way of handling the matter, would much at one have satisfied the Monkey's Hunger, or a Man's Understanding; and they two would have improved in Knowledge and Bulk together.[14]

But Condillac soon reveals that he is following a line of reasoning somewhat different from that of Locke. He believes such propositions *are* instructive, whether they state what in Leibnizian terms we would describe as either necessary or contingent truths:

Cela est sur-tout sensible dans cette proposition et ses semblables: *deux et deux font quatre.* On le remarqueroit encore dans toutes les propositions de géométrie, si on les observoit dans l'ordre où elles naissent les unes des autres. La même idée est également affirmée d'elle-même dans *les trois angles d'un triangle sont égaux à deux droits,* et dans *la demi-circonférence du cercle est égale à la demi-circonférence du cercle.*[15]

So much then for statements of necessary truths, i.e., the kind Leibniz would have seen as reducible to an identical proposition in a finite number of operations. Condillac in his discussion of substance in *Les Monades,* part I (pp.115-16), had already made a similar distinction concerning the elusively 'protean' essence of unknowable substance contrasted with our complete, if merely formal, knowledge of the essence of geometric figures. His next comment in *De l'art de penser* also suggests a direct Leibnizian source for his thinking on the subject: What about contingent truths? Are the human sciences also no more than series of tautologies? They are indeed that, *for God,* is Condillac's answer, but not for men (O.P. *Penser,* i.748*b*):

Un être pensant ne formeroit point de propositions, s'il avoit toutes les connoissances, sans les avoir acquises, et si sa vue saisissoit à-la-fois et distinctement toutes les idées et tous les rapports de ce qui est. Tel est Dieu: chaque vérité est pour lui comme deux et deux font quatre, il les voit toutes dans une seule, et rien sans doute n'est si frivole à ses yeux que cette science

---

[14] *Essay,* IV. viii.3 (Nidditch, p.610).

[15] O.P. *Penser,* i.748a. It is probably significant that Condillac, in an earlier chapter of this same work, specifically discusses the two kinds of truth, *vérités contingentes* and *vérités nécessaires* in a new addition to a section taken largely from the *Essai* (see i.721-22).

dont nous enflons notre orgueil, quoiqu'elle soit bien propre à nous convaincre de notre foiblesse.

In Leibnizian terms, God alone is capable of that infinite analysis required to demonstrate that the predicate of a scientific (contingent) proposition is included in the concept of the subject. Condillac, however, is primarily interested in the kinds of truth that we must come to know through careful analysis of our sense experience. He had in fact been hammering away at that favourite theme since the time of the *Essai*. But his mention in *De l'art de penser* of the notion of God's instantaneous, *a priori* cognition, of a hierarchy of superior beings (topics already touched on in the last chapter of *Les Monades*) again marks the probable Leibnizian source of this new awareness. For Condillac, whether a proposition is identical or instructive depends on the mind involved (O.P., i.748-49):

Un enfant qui apprend à compter, croit faire une découverte, la première fois qu'il remarque que deux et deux font quatre. Il ne se trompe pas; c'en est une pour lui. Voilà ce que nous sommes.

Quoique toute proposition vraie soit en elle-même identique, elle ne doit pas le paroître à celui qui remarque, pour la première fois, le rapport des termes dont elle est formée. C'est, au contraire, une proposition instructive, une découverte.

Par conséquent, une proposition peut être identique pour vous et instructive pour moi. *Le blanc est blanc*, est identique pour tout le monde, et n'apprend rien à personne. *Les trois angles d'un triangle sont égaux à deux droits*, ne peut être identique que pour un géomètre.

Ce n'est donc point en elle-même, qu'il faut considérer une proposition, pour déterminer si elle est identique ou instructive; mais c'est par rapport à l'esprit qui en juge.

Condillac then considers the cognitive powers of a hypothetically superior yet finite mind, more analytically powerful than the minds of the greatest philosophers who would be like children in comparison. Such a being would be able, for example, to recognise instantly the self-evidence of the Pythagorean theorem. He would also be able to reduce the non-mathematical sciences to a series of identities which, in various ways, would state merely that *the same is the same*. No doubt, obscurity would remain in certain areas which this superior mind would be unable to reduce immediately to a series of identical propositions and here that superior intelligence, like ordinary mortals, would be compelled to engage in analysis in order to make 'discoveries', that is, in order to sort out and establish ultimately the identical nature of such propositions: 'Ce n'est qu'à des esprits bornés', Condillac points out, 'qu'il appartient de créer des sciences' (O.P., i.749*a*). We acquire only successively the partial ideas that go to make up our complex notions in science; moreover, even after we have acquired them, we are unable to grasp them all simultaneously. Our knowledge is absolute, that is, we can know the very nature of things, only when we can make a complete analysis. We can know the essence of a triangle, for example: it is merely a matter of knowing that it has three sides. On the other hand, our *scientific* knowledge is necessarily limited and here we cannot penetrate to the very nature of things. Analysis, however, takes us as far as is humanly possible and we are not surprised, finally, to see Condillac identifying his newly formulated panlogism with the psychological Proteus he had glimpsed in the *Traité des sensations* of 1754, itself a clouded projection of his monadic vision of 1747:

En métaphysique les idées n'échappent jamais aux esprits qui sont faits pour les saisir. C'est là que d'une seule et même idée on voit sensiblement naître tout un système. Tel est celui où nous avons démontré que la sensation devient successivement attention, mémoire, comparaison, jugement, réflexion, etc., idée simple, complexe, sensible, intellectuelle, etc.; il renferme une suite de propositions instructives par rapport à nous, mais toutes identiques en elles-mêmes; et chacun remarquera que cette maxime générale qui comprend tout ce système, *les connoissances et les facultés humaines ne sont dans le principe que sensation*, peut être rendue par une expression plus abrégée, et tout-à-fait identique; car étant bien analysée, elle ne signifie autre chose, sinon que *les sensations sont des sensations*. Si nous pouvions, dans toutes les sciences, suivre également la génération des idées, et saisir par-tout le vrai système des choses, nous verrions d'une vérité naître toutes les autres, et nous trouverions l'expression abrégée de tout ce que nous saurions dans cette proposition identique, *le même est le même*.[16]

It seems probable that we have here an example of that dissatisfaction with book IV of Locke's *Essay*, mentioned by Condillac for the first time in the introduction to the *Essai* in 1746 and to which we no doubt owe, in large part, *Les Monades*, part II. It is doubtful, however, whether his final position on identical propositions had been thought out

[16] O.P. *Penser*, i.749*b*. I have cited the edition of 1775 as given in Le Roy's variant: later editions suppress the initial reference to metaphysics and begin as follows: 'Tout un système peut n'être qu'une seule et même idée. Tel est celui dans lequel la sensation devient successivement [. . .]' (i.749, note b).

either consciously or completely at the time *Les Monades* was written (although much of it, I suspect, is implicit in the final chapter on God as the supreme monad). Condillac's later insights into the matter required preliminary transition through the intermediate psychological mutations of this protean process. Nevertheless, he must have been vaguely aware at the time he wrote *Les Monades,* just as he is explicitly conscious in his later writings, of the inadequacy of Locke's treatment of the subject.[17] We are reminded, in fact, that Locke rather missed the boat by dismissing as abusive, frivolous or aberrant two extremely valuable notions which, in contrast, form the very basis of Condillac's epistemology: that concerning, first of all, identical propositions and, secondly, the association of ideas (treated by Locke in book II of the *Essay* almost exclusively in the context of mental disorders). In the modern history section of the *Cours d'études* Condillac, while recognising his enormous debt to Locke, lists again the English philosopher's shortcomings, at least one of which, significantly, had gone un-noted nearly thirty years earlier when Condillac first broached the subject in the introduction to the *Essai*: 'Je ne puis pas dire', he states, 'comme il l'auroit pu lui-même, que personne ne m'a ouvert la route dans laquelle je suis entré: car il me l'a ouverte et même applanie dans bien des endroits.'[18] But Locke had his faults too:

[...] il laisse échapper des vérités, qu'il sembloit devoir saisir; et il devient quelquefois obscur et même peu exact. L'analyse qu'il donne de l'entendement humain est imparfaite. Il n'a pas imaginé de chercher la génération des opérations de l'âme: il n'a pas vu qu'elles viennent de la sensation, ainsi que nos idées, et qu'elles ne sont que la sensation transformée: *il n'a pas observé que l'évidence consiste uniquement dans l'identité,* et il n'a pas connu que la plus grande liaison des idées est le vrai principe de l'art de penser. Il touchoit presque à toutes ces découvertes; et il eût pu les faire, s'il eût traité son sujet avec plus de méthode.[19]

The fact that in the list of Lockean sins compiled in 1746 Condillac had not explicitly referred to the inadequacies of Locke's discussion of trifling propositions probably means that the chapter on identical propositions published many years later in *De l'art de penser* is really

[17] the chapter of *De l'art de penser* just examined is worth comparing with Leibniz's own discussion of Locke's view of trifling propositions in book IV, chapter VIII of the *Nouveaux essais.*
[18] O.P. *Histoire moderne,* ii.234a.
[19] O.P. *Histoire moderne,* ii.234a (my italics). Cf. O.P. *Essai,* introduction, i.5.

only logically rather than chronologically continuous with *Les Monades*. Of course, we cannot be absolutely certain that something like it was not composed by Condillac around the same time (1746-47), as one of several items in his general portfolio of critical commentaries on points in Locke's great work that deserved further scrutiny. Certainly it is interesting to note in this regard that the very next chapter in *De l'art de penser*, 'De notre ignorance sur les idées de substance, de corps, d'espace et de durée', sums up and brings to light, sometimes for the first time since his Berlin dissertation, sometimes word for word, the extensive discussion of these important questions in *Les Monades*, part II. All of Condillac's idealism, his early doubts regarding the validity of making distinctions between primary and secondary qualities, his attacks on the notion of absolute space and time, are once more brought forward in this chapter. The same is again true of the next chapter, 'De l'idée qu'on a cru se faire de l'infini', which takes the reader once more through some of the discussion he had presented for the first time in *Les Monades*, part II, on the question of infinite divisibility: a question which, pursued a little further thirty years earlier, had ushered Condillac into the Leibnizian world of monads.

The two important philosophical works which appeared after 1775, *La Logique* (1780) and *La langue des calculs* (1798), only confirm the newly explicit formulation of his analytic philosophy as presented first in *De l'art de penser* (a work, let us not forget, which represents a major synthesis of his two earliest basic writings, the *Essai* and *Les Monades*). His occasional piece, *La Logique*, again comes back to the point that analysis is the key to all discovery. Language is itself an analytical method and 'l'art de raisonner, réduit à sa plus grande simplicité, ne peut être qu'une langue bien faite' (O.P. *Logique*, ii.409a). Under ideal conditions, all sciences would be reducible to an algebra: 'C'est ainsi que nous avons traité la métaphysique, dans la première partie de cet ouvrage. Nous n'avons, par exemple, expliqué la génération des facultés de l'âme que parce que nous avons vu qu'elles sont toutes identiques avec la faculté de sentir; et nos raisonnemens faits avec des mots sont aussi rigoureusement démontrés que pourroient l'être des raisonnemens faits avec des lettres' (O.P. *Logique*, ii.409a). Progress in the sciences will depend on the success of our efforts to clear away the accumulations of error in language. In his last work, the unfinished *Langue des calculs*, Condillac would attempt to show how this same precision in reasoning, commonly thought to be the exclusive privilege of mathematics, could be introduced

into all the sciences – through the simple realisation that all true propositions are identical and that all new knowledge is based on the reduction
to identity: 'Car, ayant démontré que ce que nous ne savons pas est la
même chose que ce que nous savons, il est évident que nous ne pouvons
faire que des propositions identiques, lorsque nous passons de ce que
nous savons à ce que nous ne savons pas' (O.P. *Calculs,* ii.432*a*).
Whether one uses words, numbers, or some other kind of sign is of little
consequence: 'calculer c'est raisonner, et raisonner c'est calculer: si ce
sont-là deux noms, ce ne sont pas deux opérations' (ii.468*b*). 'Creating'
a new science really signifies devising a language, and 'studying' a
science is nothing more than learning *une langue bien faite* which, ideally,
would allow us to reduce by analysis all scientific truths to a series of
identical propositions. 'Un philosophe', Condillac concludes, 'seroit
bien savant s'il voyoit tout ce qui est dans les notions communes'
(ii.469*b*).

Can the claim not be made that the *Dictionnaire des synonymes,* first
edited by Le Roy in 1951, represents yet another of Condillac's late
'Leibnizian' projects? Whatever the case may be, this last composition
also clearly invokes once again the same analytic theory of judgement
and the same combinatorial theory of concepts, reminding us once more
that these 'new' notions in Condillac's philosophy are new really only in
the way they are specifically formulated and consciously recognised in
De l'art de penser and later works. In fact, they are quietly implied in what
Condillac had been constantly preaching about the sovereign virtues of
analysis from the very beginning. For, whether we look at the *Essai* or
the *Langue des calculs,* the message is much the same: all mental phenomena are ultimately reducible to simple, indivisible, 'monads' of sensation;
everything that we now know or can ever know is generated from that
source. The simple idea is a kind of psychological entelechy, containing,
in a sense, every state of change through which our mental existence
must pass. Cognition is 'windowless': reasoning, discovering, inventing,
can be nothing more than sorting out our complex ideas and determining
what is really there and has been hidden there from the start. Hence the
following entry in Condillac's dictionary (O.P. *Synonymes,* iii.345):

INVENTER. voi. *Imaginer.* (Inventer, d'*invenire*). Trouver.

Il semble que ceux qui les premiers ont fait ces mots, en aient eu des idées
peu exactes. L'étimologie le confirme souvent. En effet il n'y a jamais eu
d'inventeur et il n'y en aura jamais, à prendre ce mot dans la signification
vague qu'on lui donne. J'en demande pardon aux génies, aux créateurs; mais

tout leur mérite se borne à observer, trouver et imiter. Ce n'est qu'en observant et qu'en imitant qu'on a *inventé*, c'est à dire, trouvé le poème dramatique, et l'histoire de son origine et de ses progrès en est la preuve; il en est de même de tous les arts, il en est de même de tous les genres de philosophie; et pour ne parler que des métaphysiciens, aucun d'eux n'a rien *inventé*, à moins qu'ils n'aient déraisonné; et quoique alors ils n'aient que trouvé ce qu'on ne trouve que trop, on peut bien ne pas leur contester la gloire de l'invention [. . .] Je remarquerai que si les philosophes avaient su de tout tems, qu'*inventer* n'est que observer et trouver, les sciences auroient fait de bonne heure des progrès rapides, et on auroit dit moins d'absurdités. Ce mot seul, bien entendu, eût conduit aux découvertes: mal entendu, il a couvert la terre de ténèbres pendant des siècles.

Condillac's essential philosophical contribution has long been viewed as an effort to achieve a synthesis of the teachings of Locke and Newton. The discovery of our new text, *Les Monades*, allows us now to discern more clearly the additional complexities in his early thought which, unquestionably, was indelibly marked by the influence of Leibniz. What happened later on is not entirely clear but perhaps we may conclude that the French abbé did read through, in the late 1760s, perhaps after his retirement from Parma, some or all of the newly available Leibnizian texts. Indeed it would have been astonishing had he not done so. Was he able as a result to gain new and deeper insights into the fundamental direction and meaning of his writings up to that time, including his own unavowed but never forgotten monadology which he seems to have kept constantly at hand throughout those years? On the other hand, perhaps once he had again safely made his way past the irritating hypotheses, the tempting but fanciful metaphors, the poetry, in short, of the grand Leibnizian scheme, he may simply have found himself on ground already so familiar, so much in harmony with what he had himself been preaching for so many years, in so many different ways, that he found it unnecessary to acknowledge either to himself or to others the presence of a new reality in his philosophical life. Such realities simply do not exist, moreover, in Condillac's system. We know, after all, that *what we do not know must be the same as what we do know.* The ancient and elusive god-seer Proteus, once he has emerged from the mighty deep, can in fact be seized by the wary and forced to reveal all, even though he will first struggle and try to escape by taking on many different forms:

With the guise and visage of various wild beasts he'll keep you guessing;
Suddenly he'll turn into a bristling boar, a black tiger,

A laminated dragon or lioness tawny-necked,
Or go up in a shrill burst of flame and thus from his fetters
Escape, or give you the slip gliding off in a trickle of water.
But the more he transforms himself,
The tighter, my son, you must strain the shackles that bind his body,
Until at last it changes back to the first likeness
You saw at the start when his eyes were closing down in sleep.[20]

We know now that the pressures of anti-metaphysical fashion had, for a time, compelled Condillac to loosen his grip on the fettered god. It was so easy in the age of the salon and of the *Encyclopédie* to convince French thinkers like himself that 'deeper' metaphysical commitments were best left to the dreamers and pedants beyond the Rhine. But *Les Monades* has presented us now with concrete evidence of what some have long suspected: eighteenth-century France had, as well as its popular reforming *philosophes* and lively Lockean echoes, its own major metaphysician.

[20] Virgil, *Georgics*, iv.406-14 (translated by C. Day Lewis (London 1940), p.90).

Les Monades
Dissertation

Quam bellum est velle confiteri potius nescire
quod nescias, quam ista effutientem nauseare,
atque ipsum sibi displicere![1]

---

[1] see above, pp.50-51 and note 2. Cf. the epigraph selected by mlle Ferrand for the *Traité des sensations*: 'Ut potero, explicabo: nec tamen, ut Pythius Apollo, certa ut sint et fixa, quae dixero: sed, ut homunculus, probabilia conjectura sequens.' Cicero, *Tusc.*, i.9 (O.P. *Sensations*, i.219, 221 note 1).

AVANT-PROPOS

Le meilleur moyen de découvrir le vrai ou le faux d'un systême, c'est de rechercher par quelle suite d'idées les principales parties en ont été trouvées et assemblées. En analysant les premières notions d'où part un auteur et les principes qu'il en forme, on voit s'il a eu la précaution de ne rien établir que sur des idées bien déterminées. Si à ce sujet on n'a point 5 de reproches à lui faire, on ne sauroit être fondé à rejeter les paradoxes qu'il avance: mais le surprend-on en faux, son systême est aussitôt détruit.[2]

Je crois apercevoir du vrai et du faux dans le systême des monades. Mon dessein est de discerner l'un de l'autre, et pour cet effet je diviserai 10 cette dissertation en deux parties. Dans la première j'observerai de près la conduite des Leibnitiens, afin de découvrir les erreurs de ces philosophes et d'en pénétrer en même tems la cause. Par là je me précautionnerai contre les écueils où ils me paroissent avoir échoué, et je pourrai tenter de faire un nouveau systême sur les monades; ce qui sera l'objet de 15 la seconde partie.

---

[2] Condillac's opening paragraph presents his characteristic analytical approach. Cf. O.P. *Essai*, i.104-106, the chapter: 'De la première cause de nos erreurs et de l'origine de la vérité'; also O.P. *Systèmes*, i.206*b*, lines 17-28.

PREMIERE PARTIE

DANS LAQUELLE ON REJETTE CE QUE LE SYSTEME RENFERME DE FAUX OU DE MAL PROUVE

Leibnitz a, ce me semble, exposé trop sommairement son systême. Le célèbre M. Wolf y a suppléé, et ses ouvrages contribuent beaucoup à l'intelligence de ceux de ce philosophe; quoiqu'il n'adopte pas toujours les mêmes principes, je ne refuserai pas les secours que j'en pourrai tirer.[3]

Pour remonter au premier principe des monades, il faut absolument commencer par les notions que les Leibnitiens se sont faites de l'être et de la substance; de là nous passerons à la force attribuée à chaque monade, à leurs perceptions, à leur état représentatif de l'univers; et nous terminerons cette première partie par l'examen de ce que les Leibnitiens ont dit sur la nature universelle. Voilà les points qui me paroissent mériter plus particulièrement d'être critiqués.

---

[3] contrast O.P. *Systèmes*, i.151b, lines 26-32 where Condillac is much less generous to Wolff, implying that little can be gained by studying the German academician's long-winded, pedantic abstractions. Condillac's overall debt to Wolff was no doubt greater than the French anti-metaphysical fashion of the mid-eighteenth century would have allowed him to acknowledge.

CHAPITRE I

DES NOTIONS DE L'ETRE ET DE LA SUBSTANCE SELON LES LEIBNITIENS

L'être, selon la définition qu'en donne M. Wolf, est ce qui peut exister. Il y distingue deux sortes de déterminations: les unes constantes, ou qui se conservent toujours et sans altération dans un même sujet; les autres variables, ou qui souffrent divers changemens, jusque-là qu'elles peuvent cesser d'appartenir à leur sujet.   5

Parmi les déterminations constantes, il y en a qu'aucune autre ne détermine, et il y en a qui sont déterminées. Les trois angles d'un triangle sont déterminés par les trois côtés que rien ne détermine. Les déterminations qui n'en supposent point qui les détermine sont ce qu'il y a de premier dans l'être; on les appelle *essentielles* ou *l'essence*; les autres sont   10
ce qu'on nomme *attribut*.

Quant aux déterminations variables, leur possibilité est déterminée par l'essence, mais non leur actualité. Il est possible par l'essence du triangle qu'on abaisse une ligne de son sommet sur sa base; mais l'actualité de cette détermination a sa raison suffisante dans toute autre   15
cause. Ces sortes de déterminations s'appellent *modes*.

De tout cela M. Wolf infère que l'être a une essence qui en détermine les attributs et la possibilité des modes. En tant que les modes varient, l'être est modifiable, et en tant qu'il a des déterminations constantes qui coexistent à la succession de ses modes, il est durable. L'être ainsi conçu   20
donne, selon ce philosophe, l'idée de la substance; c'est à dire, que la substance est ce qui conserve des déterminations essentielles et des attributs constans, tandis que les modes y varient et se succèdent. En un mot, c'est un sujet durable et modifiable.[4]

Il paroît par les explications qu'ajoute M. Wolf: 1° que le sujet de la   25
substance est constitué par les déterminations constantes qui ne

---

[4] cf. O.P. *Systèmes*, i.171*a*, lines 2-5 and Christian Wolff, *Philosophia prima sive ontologia* (Frankfurt and Leipzig 1730 [actually 1729]), §769: 'Substantia est subjectum determinationum intrinsecarum constantium & variabilium.'

présupposent rien dans l'être par où on puisse rendre raison de leur existence; en sorte que le sujet et les déterminations ne sont qu'une même chose; 2° qu'en conséquence, ces déterminations sont le soutien de toutes les autres, parce qu'elles renferment la raison par où l'on peut comprendre pourquoi les déterminations qui présupposent quelque chose sont inhérentes à la substance; 3° que rien ne seroit donc plus imaginaire que le sujet qu'on voudroit donner aux déterminations essentielles, puisqu'elles sont ce qu'il y a de premier dans la substance. Trois côtés déterminent tous les attributs du triangle, et si l'on vouloit quelque chose d'antérieur à ces trois côtés, on le chercheroit inutilement. Les trois côtés sont donc le sujet de tout ce qui peut convenir à cette figure. Il en est de même de la substance. Il y a en elle une première détermination essentielle: voilà son *substratum*. Demander quelque chose d'antérieur, c'est véritablement se contredire.[5] Locke, remarquet-on, se faisoit de la substance une notion imaginaire, lorsqu'il nioit qu'on en eût l'idée[6]; il en vouloit trouver le sujet dans quelque chose d'antérieur à l'essence, et il le cherchoit où il n'étoit pas.

Je remarque d'abord que lorsque les Leibnitiens définissent la substance par *ce qui conserve,* etc., ces mots *ce qui* paroissent se rapporter à un sujet inconnu qui soutient ou, si l'on veut, qui conserve les déterminations essentielles et les attributs constans, et qui leur est antérieur. Les voilà donc, malgré toutes leurs précautions, tombés dans la notion imaginaire qu'ils reprochent à Locke. Et comment cela peut-il leur arriver, s'ils ont une idée si exacte de la substance?

Ils ont beau dire que les essentielles ou l'essence sont le sujet de tout ce qui peut convenir à la substance. Ce langage ne me paroît point clair, et je ne crois pas qu'il le paroisse à personne. Qui dit *essence,* entend nécessairement l'essence de quelque chose. C'est là un terme abstrait, et dans toutes les langues ces sortes de termes supposent toujours quelqu' autre idée qu'on exprime, ou qu'on exprimeroit, si on l'avoit, par un terme concret. Or où est le terme concret qui indique le sujet de la substance? Par quelle fatalité faut-il qu'aucune langue ne le fournisse, et pourquoi n'en peut-on parler qu'en termes vagues, ou qu'avec des expressions tout à fait contraires à l'analogie du langage?

Si Locke cherche le sujet de la substance dans quelque chose d'antérieur à l'essence, il y a été engagé par l'analogie même de toutes les

---

[5] M.I.i.32-40 almost verbatim in O.P. *Systèmes,* i.171a, lines 15-28, relating to Condillac's critique of Spinoza.

[6] Locke, *Essay,* I.iv.18 (Nidditch, p.95).

langues, ou, pour remonter plus haut, par la manière imparfaite dont nous nous représentons les objets, quand nous n'en avons point d'idée. Son ignorance à cet égard est donc l'ignorance de tous les hommes.   65

Ce philosophe n'a jamais nié qu'il n'y ait dans chaque substance une essence qui la constitue ce qu'elle est, et qui en détermine toutes les propriétés. Si même quelqu'un lui avoit dit que le sujet n'en est autre chose que l'essence, peut-être ne se seroit-il pas exposé[7] à ce langage: mais il auroit remarqué, comme il l'a toujours fait, que cette essence n'est   70 pas mieux connue. J'en dis autant, pour éviter toute dispute de mot. Par là les questions: *si nous avons*[8] *une idée du sujet de la substance,* ou, *si nous en avons de son essence,* se réduisent à une seule: *si nous en connoissons l'essence.* Sur quoi je ne balance point à défier les métaphysiciens de montrer l'essence de telle substance qu'ils peuvent prendre à leur choix.   75

Mais, pour être juge de ce défi, il faut se faire une idée des essences que nous sommes capables de connoître, sur celles que nous fournit la géométrie. Comme nous sommes bien assurés d'avoir la connoissance de ces dernières, nous ne saurions prendre de modèle plus sûr.

Trois côtés, par exemple, forment l'essence du triangle, et non   80 seulement on voit que cette essence détermine toutes les propriétés du triangle, on voit encore comment elle les détermine.[9] Qu'on montre donc dans une substance une essence qui se conçoive comme celle du triangle; qu'on montre qu'elle en détermine toutes les propriétés, et comment elle les détermine. Voilà l'état de la question. Il faudra surtout prendre garde   85 de ne s'en pas écarter, pour se perdre dans des généralités et des abstractions qui ne pourroient rien expliquer.

Mais qui pourra assez bien analyser une substance pour remonter jusqu'à son essence, pour en découvrir en quelque sorte la génération, en montrant les propriétés qui sont déterminées, et comment elles le sont?   90 S'il n'y a point de substance particulière sur laquelle il soit possible de faire cette opération, comment la fera-t-on sur la substance en général? Peut-on avoir d'autres notions de la substance que celle qu'on se forme en considérant ce qu'il y a de commun entre chaque substance? Non sans doute. Car toutes les notions générales et abstraites tirent leur origine de   95 quelque idée particulière; elles en sont des idées partielles, et par conséquent elles n'ont rien qui n'y soit contenu. Si nous ignorons l'essence des substances en particulier, nous ignorons donc à plus forte raison l'essence de la substance en général.

---

[7] read: 'opposé'?   [8] text reads: 'si nous en avons une idée du sujet'.
[9] text reads: 'elles les déterminent'.

Je conviens qu'il y a dans chaque substance une première détermina-　ı
tion essentielle, mais c'est là un Protée qui prend plaisir à se présenter à
moi sous mille formes différentes, et qui me défie de le saisir sous aucune.
Je m'explique. On peut dire des figures, comme des substances, qu'elles
sont *ce qui conserve des déterminations essentielles, des attributs constans,*
etc., notion si vague que quelqu'un qui n'en auroit point d'autre, n'auroit　ı
dans le vrai l'idée d'aucune figure. Cette notion varie. Ici c'est une détermination; là une autre; et le Protée prend partout différentes formes.
Néanmoins, il ne m'échappe jamais, et je puis toujours saisir la détermination essentielle de chaque figure. Mais il est si subtil et si adroit
quand il se joue parmi les substances, qu'il disparoît toujours au moment　ı
que je crois le tenir. Les Leibnitiens eux-mêmes ne sauroient le fixer et
montrer la détermination essentielle d'une substance quelconque. C'est
ainsi qu'un homme qui ne connoîtroit les figures que par la notion vague
que je viens d'en donner, seroit hors d'état d'indiquer la détermination
essentielle d'une seule.[10]　　　　　　　　　　　　　　　　　　　　ı

Ne seroit-ce point les essences qu'on détermine si bien en géométrie
qui auroient donné lieu à celles des métaphysiciens? Ne seroit-ce point
parce qu'on trouve dans une figure une propriété d'où toutes les autres
découlent, qu'on a cru en pouvoir trouver de pareilles dans les substances? Ma conjecture est d'autant plus vraisemblable, que lorsque les　ı
philosophes veulent exprimer leurs essences, embarrassés d'en tirer les
exemples de la métaphysique, ils les empruntent de la géométrie. Mais je
leur conseille de rapprocher les idées des substances de celles des figures.
Cette seule comparaison leur fera voir qu'ils sont aussi loin de connoître
l'essence des premières qu'ils sont à portée de connoître celle des autres.[11]　ı

Pourquoi en effet sort-on de la métaphysique, et va-t-on chercher
dans la géométrie des exemples d'une nature toute différente? Que ne
nous mène-t-on à cette première détermination par des analyses exactes
de la notion de la substance? Les efforts seroient superflus. On ne nous
conduira jamais qu'à quelque chose qu'on ne connoît point, et à quoi on　ı

---

[10] M.I.i.100-115 nearly verbatim in O.P. *Systèmes*, i.171*a*, line 33-171*b*, line 15.
Significant variants: (1.i.109) '& si adroit' is omitted; (1.i.111) 'Les Leibnitiens eux-
mêmes ne sauroient le fixer' / / 'Aucun philosophe ne le sauroit fixer' (see also above, p.55).
[11] M.I.i.120-125 nearly verbatim in O.P. *Systèmes*, i.143*b*, lines 21-31. Significant
variants: (1.i.123) 'les idées des substances de celles des figures' / / 'leurs idées de celles que
se font les géomètres'. Cf. also, O.P. *Essai*, i.91*b*, lines 9-15. This last passage provides a
good illustration of how *Les Monades* does not copy from the *Essai* (it is, rather, an
extension of it) whereas the *Traité des systèmes* frequently plunders *Les Monades*.

donne les noms d'*essence,* de *détermination essentielle,* de *support,* de *soutien,* ou de *substance.* Mais ce n'est là que faire des mots.[12]

A juger des choses par la méthode de M. Wolf, on diroit que les idées abstraites sont les premières qui viennent à notre connoissance. Mais ce seroit renverser entièrement l'ordre de la génération de nos idées, et 135 mettre l'effet à la place de la cause.

C'est aux idées plus faciles à préparer l'intelligence de celles qui le sont moins. Or chacun peut connoître par sa propre expérience que les idées sont plus faciles à proportion qu'elles sont moins abstraites, et qu'elles se rapprochent davantage des sens; qu'au contraire, elles sont plus 140 difficiles à proportion qu'elles s'éloignent des sens et qu'elles deviennent plus abstraites. La raison de cette expérience, c'est que toutes nos connoissances viennent des sens. Locke l'a prouvé, et les Leibnitiens le reconnoissent.[a] Une idée abstraite veut donc être expliquée par une idée moins abstraite, et ainsi successivement jusqu'à ce qu'on arrive à une 145 idée particulière et sensible.

D'ailleurs, le premier objet d'un philosophe doit être de déterminer entièrement ses idées. Les idées particulières sont déterminées par elles-mêmes, et il n'y a qu'elles qui le soient; les notions abstraites sont, au contraire, naturellement vagues et elles n'offrent rien de fixe qu'elles 150 n'aient été déterminées par d'autres. Mais sera-ce à des notions encore plus abstraites à les déterminer? Non sans doute; car ces notions auroient elles-mêmes besoin de l'être. Ce sera donc à des idées particulières. En effet, rien n'est plus propre à expliquer une notion que celle qui l'a engendrée.[13] Tout prouve donc qu'on doit commencer par les idées 155

[a] Wolf, Psych. Rat. §64.[14]

[12] M.I.i.126-132 nearly verbatim in O.P. *Systèmes,* i.171b, lines 16-27. Significant variants: (I.i.128-129) 'analyses exactes de la notion de la substance' / / 'analyses exactes de la substance'; (I.i.130-131) 'on donne' / / 'on donnera'. Condillac later returns to these considerations in the context of his analysis of contingent and necessary propositions (see O.P. *Penser,* i.721b-722b). Cf. also, Locke, *Essay,* II.xxxi.11 (Nidditch, p.382).

[13] M.I.i.137-155 almost verbatim in O.P. *Systèmes,* i.124b, lines 12-41. Significant variants: (I.i.143-144) 'Locke l'a prouvé, et les Leibnitiens le reconnoissent', entire sentence omitted; (I.i.148) 'entierement' / / 'exactement'; additional stylistic variants in editions of *Systèmes* published after 1749.

As we can see from notes 12, 13 above, an almost continuous passage drawn from *Les Monades* (I.i.100-155) has been skilfully fitted, *verbatim et literatim,* into several widely scattered sections of the *Traité des systèmes.* For further discussion of this curious illustration of Condillac's method of composition, see above, pp.54-56.

[14] Wolff's *Psychologia rationalis* (Frankfurt and Leipzig 1734), §64, begins as follows: 'Omnes mutationes animae a sensatione originem ducunt.' This important remark,

sensibles. Suivre une autre méthode, c'est rendre raison de ce qui est plus facile par ce qui l'est moins, et c'est se fonder sur des notions vagues où l'imagination voit toujours plus qu'elles ne renferment. Aussi les philosophes qui pensent connoître le sujet ou l'essence de la substance ont-ils tous tenu cette conduite. M. Wolf en est un exemple. Il n'arrive à la notion de la substance que par celle de l'être; et il n'est venu à cette dernière que par celle du possible et de l'impossible, qui sont les plus abstraites de toutes. Quant à ce qui regarde les substances particulières, il n'en dira rien qui ne s'explique par ce qu'il a dit de la substance en général. Ainsi il s'est fait une loi de commencer aux idées abstraites pour descendre aux idées particulières, comme si elles étoient les plus faciles et les premières connues. Je me propose de suivre une méthode toute différente dans la seconde partie de cet ouvrage.

J'ai, ce me semble, non seulement démontré que nous n'avons point d'idée du sujet ou de l'essence de la substance, mais j'ai encore fait voir quelle est[15] la cause de l'erreur des philosophes que je combats.[16]

conferring on Condillac's view of Leibnizianism an unqualified empirical respectability, was, not surprisingly, omitted from the *Traité des systèmes* (see preceding note).

[15] text reads: 'qu'elle est'.

[16] Condillac's opening chapter, while more technical and specialised in its treatment of abstractions than either the *Essai* or the *Traité des sensations*, restates many of the methodological positions adopted in those two works (see, for example, O.P. *Essai*, i.53).

CHAPITRE II

DE LA FORCE QUE LES LEIBNITIENS
ATTRIBUENT A LA SUBSTANCE
ET DE SES EFFETS

J'accorde aux Leibnitiens qu'ils ont une idée du sujet de la substance, et je vais voir où cela pourra les conduire. Mais afin d'abréger, je les ferai parler; ensuite j'exposerai mes observations.

LES LEIBNITIENS[a]

"Puisque la substance est modifiable, elle peut avoir successivement 5
"différentes déterminations, et changer d'état. Ainsi, la possibilité des
"changemens a sa raison suffisante dans l'essence de l'être. Mais de ce
"qu'un changement est possible, il n'est pas actuel. L'essence qui en
"détermine la possibilité ne suffit donc pas pour en déterminer l'existence.
"Il faut donc admettre dans chaque substance une autre raison par où on 10
"puisse comprendre pourquoi et comment tel changement devient
"actuel plutôt que tout autre. Or cette raison c'est ce qu'on appelle
"*force.*"[b]

OBSERVATIONS

Il ne faut souvent que consulter les noms que nous donnons aux choses, pour juger si nous en avons des idées. Le nom d'une cause connue 15 la désigne toujours directement; tels sont les mots de *balancier, roue,* etc. Mais quand une cause est inconnue, la dénomination qu'on lui donne n'indique jamais qu'une cause quelconque avec un rapport à l'effet produit, et elle se forme toujours des noms qui marquent l'effet. C'est ainsi qu'on a imaginé les termes de *force centrifuge, centripète, vive, morte,* 20

[a] Ce n'est ici qu'un extrait.   [b] Ontol.[17]

[17] as Condillac's preceding note suggests, he is summarising here various sections of Wolff's *Philosophia prima sive ontologia.* In O.P. *Systèmes,* i.155*a*, lines 11-18, much of this passage is repeated verbatim but without quotation marks, the reader being given to understand that the direct source is Leibniz rather than Wolff. Significant variant: (1.ii.12) 'on appelle' / / 'j'appelle'.

repoussante, de gravitation, d'attraction, etc. Ces mots sont fort commodes; mais, pour s'apercevoir combien[18] ils sont peu propres à donner une vraie idée des causes qu'on recherche, il n'y a qu'à les comparer avec les noms des causes connues.

Si je disois: la possibilité du mouvement de l'aiguille d'une montre a sa raison suffisante dans l'essence de l'aiguille; mais, de ce que ce mouvement est possible, il n'est pas actuel; il faut donc qu'il y ait dans la montre une raison de son actualité: or, cette raison, je l'appelle *roue, balancier;* si, dis-je, je m'expliquois de la sorte, donnerois-je une idée des ressorts qui font mouvoir l'aiguille?

Une substance change. Il y a donc en elle une raison de ses changemens. J'en conviens: je consens qu'on appelle encore ce quelque chose du nom de *force,* pourvu qu'avec ce langage on ne s'imagine pas m'en donner la notion.

Je sais ce que c'est que ma propre force quand j'agis, je la connois par conscience. Mais lorsque j'emploie ce mot pour expliquer les changemens qui arrivent aux autres substances, ce n'est plus qu'un nom que je donne à une cause inconnue d'un effet connu. Ce langage nous fera connoître l'essence des choses, quand les notions imparfaites que j'ai données des *roues, balanciers,* etc., formeront des horloges.[19] La suite démontrera de plus en plus combien cette observation est solide.

De ce qu'aucune cause extérieure ne peut agir dans l'intérieur d'une substance simple, Leibnitz infère que les changemens d'une substance viennent d'un principe interne, et il ajoute que la force n'est autre chose que ce principe.

Je remarque que nous n'avons aucune idée de ce principe. Mais souvent c'est assez de donner à une chose que nous ne connoissons point le nom d'une chose connue, pour nous imaginer les connoître également. Rien ne nous est plus familier que la force que nous éprouvons en nousmêmes; c'est pourquoi les Leibnitiens ont cru se faire une idée du principe des changemens de chaque substance, en lui donnant le nom de force.[20] Il faudra nous tenir en garde contre ces sortes de méprises.

---

[18] text reads: 'combien peu ils sont peu propres' (cf. O.P. *Systèmes,* i.161*a*, line 22).

[19] M.I.ii.14-40 nearly verbatim in O.P. *Systèmes,* i.161*a*, lines 8-52. Significant variants: (I.ii.21) 'repoussante', omitted; 'd'impulsion', added; (I.ii.23) 'qu'on recherche' / / 'qu'on cherche'; (I.ii.32) 'ce quelque chose' / / 'cette raison'; (I.ii.35) 'Je sais ce que c'est que ma propre force' / / 'J'ai quelque sorte d'idée de ma propre force'; (I.ii.35-36) 'je la connois par conscience' / / 'je la connois au moins par conscience'; (I.ii.40) 'formeront des horloges' / / 'formeront des horlogers'.

[20] M.I.ii.46-51 verbatim in O.P. *Systèmes,* i.161*b*, lines 7-15.

I.ii

LES LEIBNITIENS

"Il y a des composés: donc, il y a des êtres simples; car il n'y a rien sans
"raison suffisante. Or la raison de la composition d'un être ne peut pas se 55
"trouver dans d'autres êtres composés, parce qu'on demanderoit encore
"d'où vient la composition de ceux-ci. Cette raison se trouve donc
"ailleurs, et par conséquent dans des êtres simples.[a]

"Les êtres simples forment donc les composés par leur réunion. Or
"cette réunion n'est qu'un accident, une manière dont plusieurs êtres 60
"coexistent. Ainsi les êtres simples sont proprement les seules substances,
"et les composés ne sont que des aggrégats des substances.

"Les êtres simples sont ce qu'on nomme *monades*.[b] Les monades sont
"donc proprement les seules substances.

"Or on ne conçoit pas qu'une monade puisse être altérée, ou éprouver 65
"dans l'intérieur de sa substance quelques changemens par l'action d'une
"autre créature. Car, étant simple, rien ne peut s'échapper de sa substance
"pour agir au-dehors, et rien n'y peut entrer pour la faire pâtir. Les
"monades n'agissent donc point les unes sur les autres, et il n'y a point
"entre elles d'action ni de passion réciproques. Par conséquent, les 70
"changemens qui arrivent dans chaque monade viennent uniquement
"du principe qui leur est interne[21]; c'est à dire, de la force, qui est le
"principe de chaque substance. Ainsi on pourroit dire que la substance
"est ce qui a en soi le principe de ses changemens."[22]

OBSERVATIONS   75

Cette nouvelle définition ne me paroît pas meilleure que la première,
puisqu'elle la suppose.

[a] Wolf, Ontol.[23]   [b] Leibnitz.[24]

[21] M.1.ii.65-72 verbatim in O.P. *Systèmes*, i.154*b*, line 51-155*a*, line 4. Principal variant:
(1.ii.71-72) 'viennent uniquement du principe qui leur est interne' // 'n'ont pas pour
principe quelque chose qui soit au-dehors'.

[22] O.P. *Systèmes*, i.155*a*, lines 21-22: 'et on peut définir la substance, ce qui a en soi le
principe de ses changemens'.

[23] M.1.ii.54-58 verbatim in O.P. *Systèmes*, i.152*a*, lines 8-16 except (1.ii.58) 'elle ne peut
être que', added after 'conséquent'. This first paragraph, summarised from Wolff, is
transferred to the *Traité des systèmes* without quotation marks and is there represented as
a first statement of Leibniz's principles.

[24] Condillac introduces here a mixture of Wolff's *Ontologia* and the *Monadology*, a
work he could have known only in the Latin translation of Michaël Gottlieb Hansch, first
published in the *Acta eruditorum* (1721) under the title: *Principia philosophiae*. This
translation was also included in Hansch's collection: Godefridi Guilielmi Leibnitii,
Principia philosophiae, more geometrica demonstrata (Frankfurt and Leipzig 1728), pp.1-
19.

Le mot de *force,* employé à l'occasion des êtres simples, devient encore plus inintelligible. La seule force dont nous avons proprement une idée, c'est celle que nous éprouvons en nous-mêmes. Or, cette force, nous ne la sentons point comme appartenant à un être simple, mais comme étant répandue dans un tout composé. Elle ne peut donc nous servir de modèle pour nous représenter celle qu'on accorde à chaque monade. 80

Si notre ame agissoit quelquefois sans le corps, peut-être nous ferions- nous une idée de la force d'une monade; mais, toute simple qu'elle est, elle dépend si fort du corps, que son action est en quelque sorte con- fondue avec celle de cette substance.[25] 85

Les Leibnitiens ont senti combien il étoit nécessaire d'attacher quelque idée à la force qu'ils attribuent à chaque substance. Voici comment ils raisonnent à ce sujet: 90

LES LEIBNITIENS

"Chacun peut remarquer en[26] lui-même un effort continuel, toutes "les fois qu'il veut agir. Si, par exemple, je veux écrire, et que quelqu'un "me retienne la main, je fais continuellement effort, et cet effort produit 95 "l'action dès qu'on rend la liberté à ma main; en sorte que, tant que "l'effort continue, je continue d'écrire, et sitôt qu'il cesse, je cesse "d'écrire. La force consiste donc dans un effort continuel pour[27] "agir."[a28]

OBSERVATIONS 100

Il est vrai que par ce moyen nous attachons au mot de *force* une idée fort nette, puisque nous l'établissons signe de ce que nous sentons en nous-mêmes. Il est encore vrai que nous conserverons à ce mot une signification exacte, quand nous supposerons de la force dans les êtres que nous jugeons capables des mêmes impressions que nous. Par 105 exemple, nous nous entendrons bien, lorsque nous dirons qu'un cheval a de la force; mais si je veux faire usage de ce terme, en parlant des choses

[a] Ontol. §729.[29]

[25] M.I.ii.79-88 nearly verbatim in O.P. *Systèmes,* i.161*a,* line 53-161*b,* line 6, except that the order of the two paragraphs is inverted.

[26] text reads: 'de lui-même' (cf. O.P. *Systèmes,* i.155*a,* line 27).

[27] text reads: 'pour l'agir'.

[28] M.I.ii.93-99 verbatim in O.P. *Systèmes,* i.155*a,* lines 26-36, but again without quotation marks and ostensibly drawn from Leibniz rather than Wolff.

[29] in fact, §724 not §729 of Wolff's *Ontologia.*

inanimées, on sera en droit de m'en demander une nouvelle explication. L'effort, me dira-t-on, que nous faisons pour agir, n'est en nous qu'un sentiment vif que chacun éprouve, mais que personne ne peut définir, 110 parce qu'il est du nombre des idées simples. Or, ou vous voulez, par exemple, qu'en parlant de la force d'un boulet de canon, on attribue à ce boulet un sentiment vif pareil au nôtre, ou non. Vous ne prendrez pas le premier parti; par conséquent, vous ôterez au terme de force la première et l'unique idée que vous lui avez donnée. Quelle est donc celle que vous 115 y prétendez substituer?

LES LEIBNITIENS

"Puisque chaque être simple est un, sa force est une également. Elle ne "trouve donc rien qui résiste ou qui fasse obstacle à l'effort continuel pour "agir. Elle doit, par conséquent, produire sans cesse de nouveaux change- 120 "mens. L'état des êtres simples ou des monades change donc continuel- "lement."[30]

OBSERVATIONS

On diroit qu'il suffit de donner à la raison des changemens d'une substance le nom de *force,* pour être en droit de lui attribuer tous les 125 caractères que ce mot signifie lorsque nous nous en servons avec connoissance. Cependant, ce n'est là que donner différens noms à quelque chose qu'on ne connoît point. Nous n'avons, encore un coup, une idée du mot de *force,* que lorsque nous en faisons usage pour désigner quelque chose de semblable à ce que nous éprouvons en nous- 130 mêmes toutes les fois que nous agissons. Dans toute autre occasion il n'indique qu'une cause vague d'un effet connu.

D'ailleurs ce qu'on dit ici des êtres simples ne s'accorde point avec l'idée qu'on a donnée de la force. Car on ne fait effort que contre un obstacle, et l'effort est inutile là où il n'y a point de résistance à vaincre. 135 Ainsi, par le principe de la raison suffisante, s'il y a une force dans les êtres simples, il y a aussi résistance; et s'il n'y a point de résistance, il n'y a point de force.[31]

De tout cela il faut conclure que les Leibnitiens ne sont pas plus avancés de reconnoître une force dans les êtres simples, que s'ils s'étoient bornés 140

[30] M.I.ii.118-122 nearly verbatim in O.P. *Systèmes,* i.155a, lines 46-52. Significant variants: (I.ii.119) 'ou qui fasse obstacle', omitted; (I.ii.121) 'des êtres simples ou' omitted, reflecting perhaps a tendency in *Systèmes* to shift from Wolffian to more characteristic Leibnizian terminology. Quotation marks for this passage are again omitted in *Systèmes.*
[31] M.I.ii.127-138 closely paralleled in O.P. *Systèmes,* i.161a, lines 10-27.

à dire qu'il y a en eux une raison des changemens qui leur arrivent,[32] quelle que soit cette raison. Car, ou le mot de force n'emporte pas d'autre idée que celle d'une raison quelconque, ou, si on lui fait signifier quelque chose de plus, c'est par un abus visible des termes, et les idées qu'on lui attache ne peuvent convenir aux êtres simples.[33]

145

[32] text reads: 'leur arrive'.

[33] M.I.ii.139-145 nearly verbatim in O.P. *Systèmes*, i.161*b*, lines 28-38. Significant variants: (1.ii.139) 'les Leibnitiens' / / 'Leibnitz'; (1.ii.143) 'si on lui fait signifier' / / 'si on lui veut faire signifier'; (1.ii.144-145) 'et les idées qu'on lui attache ne peuvent convenir aux êtres simples' / / 'et on ne sauroit faire connoître les idées qu'on y attache'.

The change in reference from 'les Leibnitiens' to 'Leibnitz', noted with respect to this passage, presents another good illustration of Condillac's systematic efforts in the *Traité des systèmes* to conceal his Wolffian sources.

CHAPITRE III

DES PERCEPTIONS QUE LES LEIBNITIENS
ATTRIBUENT A CHAQUE MONADE

Selon les principes des Leibnitiens, il y a une force dans chaque substance, on a une idée de cette force, et elle est le principe des changemens de chaque monade. De là ils infèrent que les actions d'une substance consistent à produire les divers changemens qu'elle éprouve, que puisqu'il est de la nature d'une substance de changer continuellement, il est 5 encore de sa nature d'agir sans cesse, en sorte que qui dit une substance, dit un être qui est toujours en action. J'accorde encore tout cela aux Leibnitiens; on voit que je ne suis pas bien difficile.

Les changemens qui arrivent dans différentes monades sont relatifs les uns aux autres. Cela est nécessaire à l'harmonie de l'univers et à la 10 conservation de chaque être. De là Leibnitz conclut que l'état actuel d'une monade exprime et représente les rapports mutuels qui sont entre elle et les autres monades; et, puisque la substance change continuellement, elle passe continuellement par de nouveaux rapports. Or les états passagers qui représentent toujours quelque chose, c'est ce qu'on appelle *percep-* 15 *tions*. Chaque substance éprouve donc sans cesse de nouvelles percep-tions, et l'on n'y peut remarquer autre chose que des perceptions qui se succèdent.

Leibnitz appelle *entéléchies* les monades qui n'ont que des perceptions. Il en parle avec des termes vagues et figurés qui ne vont point du tout 20 dans la bouche d'un philosophe qui doit toujours avoir des idées nettes et précises de ce qu'il dit. *Habent*, dit-il, *certam quandam perfectionem; datur quaedam in iis sufficientia, vi cujus sunt actionum suarum internarum fontes, quasi automata in corpore.* Qu'est-ce que *certa quaedam perfectio, quaedam sufficientia, automata in corpore?*[34] 25

---

[34] Condillac is quoting here from §XVIII of Hansch's translation of the *Monadology* which reads as follows: 'Nomen Entelechiarum imponi posset omnibus substantiis simplicibus seu monadibus creatis. Habent enim in se certam quandam perfectionem (ἔχουσι τὸ ἐντελές) datur quaedam in iis sufficientia, (αὐτάρκεια) vi cujus sunt actionum suarum internarum fontes, quasi automata incorporea' (*Principia philosophiae*, p.4).

Ce philosophe appelle *ames* les monades qui ont conscience de leurs perceptions, et *ames raisonnables* celles qui à cette conscience joignent la connoissance des vérités nécessaires:[35] car, selon lui, la raison n'est que la liaison de ces sortes de vérités. Peut-être auroit-il été plus exact de la faire consister dans la faculté de connoître cette liaison.   30

Nos ames dans leur origine ont été de pures entéléchies qui se sont par degrés élevées à l'état d'ame raisonnable. Il se peut que dans l'encre dont je me sers il y a une monade, une entéléchie qui deviendra un jour une ame raisonnable.[a] Peut-être seroit-il à souhaiter que nos ames devinssent encore quelque chose de mieux.   35

Tout cela est fort ingénieux, mais on demande comment une substance peut avoir des perceptions, c'est à dire, agir, et produire en elle des changemens qui lui représentent quelque chose, sans avoir conscience de son action, ni de ce qu'elle se représente. On répond que cela provient de ce que ses perceptions sont totalement obscures; et voici comment on   40 tâche d'éclaircir cette réponse.[36]

Nous avons, dit-on, une perception claire d'un objet quand nous pouvons le distinguer de tout autre; et nous en avons une perception obscure quand nous ne le pouvons pas.[b] Par exemple, nous voyons

---

[a] Gottlieb Hanschius rapporte dans un commentaire qu'il a fait sur les principes de Leibnitz, que ce philosophe lui avoit dit, en prenant du café, qu'il y avoit peut-être dans sa tasse une monade qui deviendroit un jour une ame raisonnable.[37]
[b] Psych. Emp. §31, 32.[38]

Note incorrect variant, 'in corpore' (1.iii.24-25) for 'incorporea'. The French original of §18 reads: 'On pourroit donner le nom d'Entéléchies à toutes les substances simples ou Monades créées, car elles ont en elles une certaine perfection (ἔχουσι τὸ ἐντελές), il y a une suffisance (αὐτάρκεια) qui les rend sources de leurs actions internes et pour ainsi dire des Automates incorporels' (Erdmann, p.706).

[35] see *Monadology*, §19 and 29.

[36] M.1.iii.36-40 nearly verbatim in O.P. *Systèmes*, i.157*b*, lines 38-45. Principal variant: (1.iii.39) 'de son action' / / 'de ses perceptions'.

[37] Condillac had been able to read in Hansch's *Principia philosophiae, more geometrica demonstrata* (theorema LXXXVI, scholion III, p.135) the following: 'Ita memini Leibnitium, cum Lipsiae me conveniret & potu *Caffee* cum lacte, quo quam maxime delectabatur, uteremur ambo, in discursu de hoc argumento inter alia dixisse: *se determinare non posse, annon in hocce vasculum, e quo potum hauriebat calidum, Monades ingrederentur, quae suo tempore futurae sint animae humanae.*' Condillac's note, repeated verbatim in the *Traité des systèmes* (O.P. i.159*b* note 1), constitutes there the only specific bibliographical reference in the entire section devoted to Leibnizianism – an illustration of the degree to which the general apparatus of erudition is systematically eliminated in the more popular *Traité*.

[38] see also, especially, §33 of Wolff's *Psychologia empirica* (Frankfurt and Leipzig 1732) which deals with our confused perception of snow. In the *Traité des systèmes* (O.P. i.157*b*-158*a*) Condillac presents instead Leibniz's example of 'le bruit de la mer' which he could

obscurément la neige lorsqu'elle est à une distance où nous la confondons 45
avec les objets de la même blancheur; mais si nous la regardons d'assez
près pour la distinguer, nous la voyons clairement.

Si dans l'objet que nous apercevons clairement nous distinguons
plusieurs choses, la perception est distincte; mais si nous ne distinguons
pas plusieurs choses, elle est confuse. Telle est, à ce que prétendent les 50
Leibnitiens, une sensation de couleur.

Ces philosophes distinguent encore les perceptions en totales et en
partielles. Une perception totale est celle qui embrasse toutes les perceptions qu'on a en même tems, et une perception partielle est celle qui
entre dans la totale. 55

Après ces définitions on remarque que si les perceptions partielles sont
claires, la totale est distincte, puisqu'alors nous y distinguons autant de
choses que nous avons de perceptions partielles. L'ame est en ce cas,
ajoute-t-on, dans un état de perceptions distinctes.

Si au contraire les perceptions partielles sont obscures, la perception 60
totale est également obscure, car elle ne pourroit avoir de clarté que celle
qui lui viendroit des perceptions partielles dont elle est composée. Alors
l'ame est dans un état de perceptions obscures.

Or, continuent les Leibnitiens, quand l'ame distingue ses perceptions,
ou qu'elle est dans un état de perceptions distinctes, elle a conscience 65
d'elle-même et des choses qu'elle aperçoit, comme on l'éprouve lorsqu'on
veille. Mais si les perceptions partielles et totales sont obscures, l'ame n'a
plus conscience d'elle ni d'aucune chose: c'est ce qui arrive dans le
sommeil. Cet état de l'homme représente celui des pures entéléchies, ou
des monades qui n'ont pas conscience de leurs perceptions.[a] 70

L'observation la plus naturelle au sujet de cet éclaircissement, c'est
que nous n'avons point d'idée de cet état où l'ame auroit des perceptions
sans en avoir conscience. En effet nous n'avons d'idées que celles que
nous tenons de l'expérience, et l'expérience ne peut prouver l'actualité
de cet état. Or que peut-on attendre des efforts qu'on fait pour parler 75
d'une chose dont on n'a point d'idée?[39] Ne doit-on pas craindre de

[a] Psych. Emp. §38-39; 43; 44-45; 46-47.[40]
have noted, for example, in the *Réflexions de mr Leibniz sur l'Essai de l'entendement
humain de mr Locke* or in the *Principes de la nature & de la grace, fondés en raison* (Des
Maizeaux, *Recueil de diverses pièces*, ii.304, 499).

[39] it may be noted that Condillac's basic philosophical position here remains the same
as that established in the *Essai* of 1746 and reaffirmed through later works such as *De l'art
de penser* (see, for example, the chapter: 'De la connoissance que nous avons de nos
perceptions', O.P. i.722*b*-724*b*).

[40] see also, the *Monadology*, §19 and 20 and *Theodicy*, §64.

tomber dans des explications embarrassées, inintelligibles ou même contradictoires?

Une perception est confuse, disent les Leibnitiens, quand nous ne distinguons pas plusieurs choses dans un objet, et ils en donnent pour 80 exemple une sensation de couleur.

Mais s'il n'y avoit rien à distinguer dans une pareille sensation, ce seroit sans fondement qu'on la diroit confuse. Le nom de simple ou d'irrésoluble lui conviendroit beaucoup mieux.

Oui, répliqueront ces philosophes; mais cela n'est pas. La sensation 85 d'une couleur, (il faut raisonner de même sur toutes les autres) résulte des perceptions qui représentent les mouvemens et les figures qui sont les causes physiques de cette couleur. Les perceptions qui représentent ces mouvemens et ces figures résultent encore chacune des perceptions qui représentent les déterminations qui sont le principe des mouvemens 90 et des figures, et ainsi de suite; en sorte que ces perceptions se réunissent et se confondent toutes dans une seule; ce qui produit le phénomène des couleurs. Bien loin donc qu'il y ait des sensations simples et irrésolubles, il n'en est point qui ne soit le résultat d'un nombre innombrable de perceptions. Si nous pouvions successivement distinguer toutes les 95 perceptions qui se confondent dans une couleur, d'abord la couleur disparoîtroit, et nous ne verrions plus que certaines parties de lumière figurées et mues diversement. Bientôt après, les phénomènes du mouvement et des figures disparoîtroient à leur tour, et il ne resteroit plus que les différentes déterminations des êtres simples. C'est ainsi qu'une couleur 100 s'éclipse, quand le microscope nous fait apercevoir les couleurs dont le mélange l'a formée.[a]

Voilà des idées également subtiles et ingénieuses. Elles demandent d'être discutées avec soin, car elles font partie des fondemens du système que j'examine.[41] 105

[a] Psych. Rat. §98.[42]

[41] for Condillac the question of unconscious perceptions was indeed fundamental and presented possibly his major objection to Leibnizianism. The detailed discussion here no doubt elaborates points on the question which, for various reasons, Condillac had not developed in the *Essai* (see *Lettres inédites*, pp.90-101).

[42] the discussion here relates rather more to §96 and 97. Part of M.1.iii.85-102 is closely paralleled in O.P. *Systèmes*, i.158a, lines 31-45; the remainder is repeated nearly verbatim, lines 46-56. Variants include: (1.iii.97-98) 'certaines parties de lumière figurées' / / 'certaines parties d'étendue figurées'; (I.iii.99) 'disparoîtroient' / / 's'évanouiroient'; (1.iii.100-101) 'une couleur s'éclipse' / / 'une couleur s'évanouit'.

Je remarque que nos sensations sont claires, puisque nous les distinguons les unes des autres. Or, ou les perceptions qui se confondent sont claires, ou une seule, ou elles sont obscures. Elles ne sont pas claires, puisqu'alors on les distingueroit. Mais si elles sont obscures, comment peuvent-elles produire une sensation claire? L'obscurité qui appartient 110 à chacune en particulier se changera-t-elle par leur réunion en clarté? N'est-il pas plus vraisemblable que de plusieurs perceptions obscures il n'en naisse qu'une perception totale également obscure? M. Wolf paroît en convenir lui-même.[a]

Mais que conçoit-on par plusieurs perceptions, confondues en une 115 seule? Quand j'ai plusieurs perceptions, mon ame est en même tems modifiée de plusieurs manières, et elle ne l'est que d'une seule quand je n'éprouve qu'une seule perception. Dire donc que plusieurs perceptions se confondent en une seule, c'est dire que mon ame n'est modifiée que d'une manière dans le moment qu'elle l'est de plusieurs.   120

Mais, dira-t-on, regardez séparément deux poudres de différentes couleurs, vous éprouverez deux perceptions distinctes. Mêlez ensuite ces poudres, et vous apercevrez une couleur différente des deux premières. Voilà donc deux perceptions qui sont confondues en une seule.

Je réponds que quand je vois deux poudres séparées, les rayons qu'elles 125 réfléchissent n'agissent pas sur les mêmes fibres de l'oeil, ni ne les ébranlent pas de la même manière. Ainsi il en doit naître deux perceptions différentes. Mais si je mêle ces deux poudres les rayons s'unissent, l'action des uns tempère l'action des autres, ils frappent en même tems les mêmes fibres, et l'impression qui y est produite est différente des deux premières. 130 Je reçois donc une nouvelle perception. Par conséquent, si j'éprouve différentes perceptions quand on sépare les poudres, ou que j'en écarte les rayons avec un microscope, ce n'est pas qu'aucune perception de mon ame soit pour cela décomposée; mais c'est que les rayons agissant séparément, et avec différens degrés de force, les uns ébranlent d'une 135 manière quelques-unes des fibres de l'oeil, tandis que d'autres ébranlent d'autres fibres d'une manière différente. Voilà à peu près tout ce qu'on peut imaginer sur cette matière, lorsqu'on se bornera à ne parler que des choses dont on peut se faire des idées.[43]

On me demandera peut-être si la sensation produite par la réunion des 140 deux poudres représente l'impression qui se fait sur l'organe. Si cela est,

[a] Psych. Rat. §46.[44]

[43] cf. O.P. *Systèmes*, i.158a, note 1.   [44] see, rather, §97.

ajoutera-t-on, cette impression résulte de deux mouvemens réunis, la sensation représente donc les mouvemens, et les mouvemens étant également le résultat de plusieurs autres déterminations, la même sensation représente encore ces déterminations, et ainsi de suite jusqu'aux 14 déterminations mêmes des êtres simples qui sont les élémens de ces poudres. Or une sensation ne peut représenter autant de déterminations que parce qu'elle est composée de tout autant de perceptions.

Je réponds que je ne remarque rien de semblable dans mes sensations, et que je n'ai aucune idée de toutes ces choses. Il ne reste plus qu'à savoir 15 sur quel principe les Leibnitiens les avancent.

M. Wolf définit la perception: l'acte par lequel l'ame se représente un objet quelconque.

Cette perception considérée en tant qu'on en peut rendre raison par les changemens qui se font dans les organes, c'est ce qu'il nomme 15 *sensation*.

Il dit ensuite que les idées qui viennent des sens sont des *images*.[a]

De tout cela il est naturel de conclure que les sensations sont conformes aux objets. C'est aussi ce que fait M. Wolf. Mais il est évident que cette manière de raisonner suppose ce qui est en question. 16

Si je disois avec Locke que la perception est l'impression qui se fait dans l'ame à la présence des objets, je n'avancerois rien dont chacun ne soit assuré par ce qu'il éprouve; mais il resteroit à décider si cette impression est conforme aux objets.[45] Sur quel fondement prendroit-on l'affirmative? Sur ce qu'il doit y avoir une raison suffisante de ce qui se 16 passe dans l'ame? Mais pourquoi cette raison ne se trouveroit-elle que dans cette conformité? Pour assurer pareille chose connoît-on assez la nature des êtres? Si c'étoit une suite de l'imperfection de notre ame de ne voir les objets que par les rapports qu'ils ont à nous, et tout autrement qu'ils ne sont, sa manière de voir en seroit-elle moins fondée en raison? 17

Je demande s'il est démontré que chaque substance ait des perceptions, ou produise de ces actes par lesquels notre ame se représente les objets? Non, répondra M. Wolf, qui n'adopte pas cette hypothèse de Leibnitz.[b] Mais je dis qu'en suivant ses principes, toutes les substances ont de ces

[a] Psych. Emp. §24; 6[46]; 86; 91.   [b] Psych. Rat. §712.

[45] as will become even more apparent later (see II.v below), Condillac rejects in *Les Monades* the Lockean distinction between primary and secondary qualities. The influence of Leibnizian idealism on his thought, despite certain appearances to the contrary, is very strong at this time.
[46] a misprint for §65.

sortes de perceptions, ou que l'ame même n'en a point, ou du moins n'en 175
a pas toujours.

Les perceptions de l'ame ne consistent selon lui que dans les différens
états par où elle passe, et les états ne sont représentatifs des objets
extérieurs, que parce qu'on en peut rendre raison par l'état même de ces
objets.ᵃ Or il y a dans chaque substance une suite de changemens. 180
Chacun de ces changemens peut s'expliquer par l'état des objets extérieurs; ils en sont donc représentatifs. Chaque substance a donc des
perceptions, et elle est, comme le dit Leibnitz, un miroir vivant de
l'univers.[47] Cela sera d'autant plus vrai que c'est le même principe qui
produit les perceptions de l'ame et les changemens des autres êtres. 185
C'est cette force qu'on dit être le propre de chaque substance.

Les mêmes raisons prouvent donc que si tous les changemens de l'ame
sont, comme le veut M. Wolf, des perceptions, ceux des autres êtres en
sont également. Si malgré ces raisons il y a des substances qui puissent
passer par différens états sans avoir des perceptions, ou sans se rien 190
représenter, ces raisons ne seront pluᵴ suffisantes pour prouver que l'ame
a toujours des perceptions. Que deviendra donc l'état des perceptions
obscures? Ne sera-t-il pas aussi peu fondé en raison qu'en expérience?

C'est en vain que M. Wolf dira que l'ame a une force qui tend continuellement à en changer l'état, et que cette force ne trouvant point 195
d'obstacle doit en effet le changer sans cesse.ᵇ Je réponds que cela est
également vrai des autres substances. Or pourquoi l'ame n'auroit-elle
pas encore cela de commun avec elles de se trouver dans des états qui
seroient sans perceptions? En un mot, ou il est d'une substance d'avoir
des perceptions, auquel cas toutes en ont, ou il ne lui est point essentiel 200
d'en avoir, auquel cas il se peut que l'ame n'en ait pas toujours.[48]

Avant de finir ce chapitre, il est à propos de faire voir comment
Leibnitz s'est engagé dans l'hypothèse que je combats.

Ayant vu qu'une masse étendue ne suffit pas pour rendre raison des
lois de la nature, il conclut qu'il falloit encore employer la notion de la 205
force, qui est très intelligible, dit-il, quoiqu'elle soit du ressort de la
métaphysique.ᶜ Il ne s'attache pas au reste à faire voir qu'elle soit

ᵃ Ibid., §58-59. ᵇ Cosmol. §197.[49] ᶜ Journal des Savans, Juin 1695.[50]

[47] *Monadology*, §56.
[48] essentially the same argument is repeated in O.P. *Systèmes*, i.164*a*, line 33-164*b*, line 4.
[49] Wolff, *Cosmologia generalis* (Frankfurt and Leipzig 1731).
[50] Condillac could have read the *Système nouveau de la nature et de la communication des
substances*, from which he is quoting here, either in Des Maizeaux's *Recueil* (ii.367-87) or
in the original version published in *Le Journal des sçavans* of 27 June and 4 July 1695.

intelligible, ainsi toutes les difficultés que j'ai faites contre cette notion subsistent.

Il considère ensuite qu'on ne peut trouver l'unité proprement dite que dans les êtres simples, et il juge que la nature de ces unités consiste dans la force. De là il infère qu'il y a en elles quelque chose d'analogique au sentiment et à l'appétit, et qu'il faut les concevoir à l'imitation de la notion que nous avons de nos ames. Il les appelle *forces primitives*, et il ajoute qu'elles ne contiennent pas seulement *l'acte ou le complément de la possibilité*, mais encore une *activité originale*. Je crains bien que ce ne soient là que des sons auxquels Leibnitz eût été bien embarrassé d'attacher des idées précises.

Etant obligé, dit ce philosophe, d'accorder qu'il n'est pas possible que l'ame ou quelque autre véritable substance puisse recevoir quelque chose par dehors, si ce n'est par la toute-puissance divine, je fus conduit insensiblement à un sentiment qui me surprit, mais qui paroît inévitable.[a] C'est qu'il faut dire que Dieu a d'abord créé l'ame, ou toute autre unité réelle, en sorte que tout lui naisse de son propre fonds, par une parfaite *spontanéité* à l'égard d'elle-même, et pourtant avec une parfaite *conformité* aux choses de dehors; et qu'ainsi nos sentimens intérieurs, c'est à dire, qui sont dans l'ame, et non dans le cerveau, ni dans les parties subtiles du corps, n'étant que des phénomènes suivis sur les êtres extérieurs, ou bien des apparences véritables ou comme des songes bien réglés, il faut que les perceptions internes dans l'ame même lui arrivent par sa propre constitution originale, c'est à dire, par la nature représentative (capable d'exprimer les êtres hors d'elle par rapport à ses organes) qui lui a été donnée dès sa création, et qui fait son caractère individuel. Et c'est ce qui fait que chacune de ces substances, représentant exacte-

[a] Journal des Savans, Juillet 1697.[51]

Since he seems to be aware of the precise division between the two instalments and since Des Maizeaux ran the two sections together without any indication of where the June instalment ended and that for July began (see *Recueil*, ii.379), it seems likely that Condillac consulted this critically essential Leibnizian work in the original journal edition.

Condillac follows Leibniz's text closely: see, for example, M.I.iii.204-207 (*Recueil*, ii.369; Erdmann, p.124); I.iii.214-216 (*Recueil*, ii.371; Erdmann, p.125).

[51] a misprint for 1695. M.I.iii.219-240 is almost a verbatim quotation from the second instalment of the *Système nouveau* (*Recueil*, ii.381-82; Erdmann, p.127). Significant variants: (I.iii.222) after 'inévitable', omission of 'et qui en effet a des avantages très grands et des beautés très considérables'; (I.iii.229) 'extérieurs' is substituted for 'externes'; (I.iii.229) 'ou comme des songes' replaces 'et comme des songes'; (I.iii.235) 'l'univers' is substituted for 'tout l'univers'; (I.iii.240) after 'espèces' omission of: 'ou des qualités que le vulgaire des Philosophes imagine'.

ment l'univers à sa manière et suivant un certain point de vue, et les 235
perceptions ou expressions des choses externes arrivant à l'ame à point
nommé en vertu de ses propres lois, comme dans le monde à part, et
comme s'il n'existoit rien que Dieu et elle ... il y aura un parfait accord
entre toutes les substances, qui fait le même effet qu'on remarqueroit si
elles communiquoient ensemble par une transmission des espèces.   240

On voit par ce passage que Leibnitz n'a admis des perceptions
représentatives dans chaque substance, que parce qu'il n'a pas pu
imaginer d'autre hypothèse pour expliquer la liaison des êtres. Il est donc
bien éloigné d'avoir prouvé l'existence de ces sortes de perceptions. La
définition qu'il donne de la substance, en conséquence de cette hypothèse, 245
me paroît tout à fait inintelligible.ᵃ Les unités de substance, dit-il, ne sont
que différentes concentrations de l'univers, représenté selon les differens
points de vue qui les distinguent. Enfin, pour soutenir cette hypothèse,
il est obligé de supposer qu'il n'est point de perception dans une substance qui n'enveloppe une multitude véritablement infinie de petits 250
sentimens indistinguables. Mais une multitude d'unités qu'on ne peut
distinguer sont plusieurs par supposition et ne sont qu'une dans le vrai.

Cependant Leibnitz prétend que cette hypothèse est très possible. Car
pourquoi, dit-il, Dieu ne pourroit-il pas donner à la substance une nature
ou force interne qui lui puisse produire par ordre tout ce qui lui arrivera? 255
Je réponds que je n'en sais rien, et Leibnitz ne savoit pas davantage
pourquoi Dieu le pourroit. Avant de décider si une chose est possible il
faut en avoir une idée.

Ce philosophe va encore plus loin: car, après avoir exposé les avantages qui rendent, selon lui, son hypothèse recommandable, il dit que 260
c'est quelque chose de plus qu'une hypothèse, et il se fonde sur ce qu'il
ne paroît pas possible d'expliquer les choses d'une autre manière
intelligible, et que plusieurs grandes difficultés qui ont exercé les esprits
jusqu'à lui, semblent disparoître d'elles-mêmes, quand on a bien compris
son hypothèse.ᵇ Mais que gagne-t-on à faire disparoître les difficultés par 265
des principes qui en souffrent de plus grandes, puisqu'on ne sauroit les
concevoir?

ᵃ Histoire des Ouvrages des Savans, Juillet 1698.[52]
ᵇ Journal des Savans, Juillet 1695.[53]

[52] *Lettre à l'auteur de l'Histoire des ouvrages des scavans: contenant un éclaircissement des
difficultés que mr Bayle a trouvées dans le Système nouveau de l'union de l'ame & du corps*, in
Histoire des ouvrages des scavans, July 1698 (*Recueil*, ii.406-407; Erdmann, p.151).
[53] *Système nouveau* (*Recueil*, ii.383-86; Erdmann, pp.127-28).

Je crois que tous ces détails démontrent suffisamment que les Leibnitiens ne sont point fondés à admettre des perceptions dans chaque substance.

CHAPITRE IV

⚜

SI CHAQUE MONADE EST REPRESENTATIVE
DE L'UNIVERS

Les Leibnitiens prétendent que chaque substance a des perceptions qui lui représentent l'univers. Voici par quelle suite d'idées Leibnitz tâche d'établir ce paradoxe.

Il remarque d'un côté que toutes les parties de l'univers sont liées, soit parce que Dieu a accommodé les monades les unes aux autres, en sorte 5 que ce qui arrive à l'une peut servir à rendre raison de ce qui arrive à l'autre, soit parce que tout est plein.[a] Or dans le plein le moindre mouvement doit se communiquer à toute distance, et l'action d'un corps sur un de nos organes ne peut pas se borner à être seulement une impression de ce corps, elle doit encore [être][54] une impression de tous les corps de 10 l'univers. Par là toutes les parties du monde coexistent et se succèdent, de manière que l'existence et les modifications de chaque être sont déterminées par le monde entier; c'est à dire, qu'aucun être n'existe et n'est modifié d'une façon plutôt que d'une autre, que parce qu'il s'en trouve une raison suffisante dans tous les états de l'univers. Sans cette 15 raison, un être ne seroit pas lié avec les autres, et ne feroit pas partie du monde.

De là on infère que l'état présent d'une monade a un tel rapport avec celui de toutes les autres, qu'une intelligence qui le connoîtroit, y verroit l'état présent de tous les êtres[b]; et parce que cet état est lié avec l'état passé 20 de cet être dont il est l'effet, et avec l'avenir dont il est *gros,* cette même intelligence verroit encore dans une seule monade l'état passé et à venir de tout l'univers.

[a] Wolf, Cosmol. Sect.I, Cap.I.[55]   [b] Ibid., §124.[56]

---

[54] word supplied.

[55] *Cosmologia generalis,* pp.9-57: 'De rerum nexu & quomodo inde resultet universum'.

[56] see, rather, §200. Condillac would have noted this characterisation of the present as *gros de l'avenir,* in several readily available Leibnizian texts, for example, *Monadology,* §22; *Theodicy,* §360; *Principes de la nature et de la grace (Recueil,* ii.498).

D'un autre côté, chaque substance, par les principes de Leibnitz, a des perceptions, et se trouve par sa nature, représentative. Or tout étant lié, 25 il n'y a pas de raison pour borner cette représentation à quelques-unes des parties de l'univers. Cette représentation embrasse donc tout, et tend à l'infini. Quand, par exemple, j'ai une sensation, mon ame se représente un objet. Or cet objet par une mutuelle dépendance est lié à toutes les parties de l'univers. Ma sensation doit donc envelopper toute cette 30 dépendance, et en même tems tous les êtres qui dépendent les uns des autres. Elle doit donc représenter leur état passé, présent et à venir. Il en est de même des perceptions des autres monades.[57]

1°. Ce raisonnement suppose que chaque sensation résulte de plusieurs perceptions, qui se confondent et qui sont conformes aux objets. Mais 35 j'ai fait voir que cette supposition est sans fondement.

2°. Quand je vois un objet, il suffiroit que ma sensation me représentât la dépendance où il est de moi, et celle où je suis de lui. Elle seroit par là suffisamment fondée en raison.

3°. Chaque substance fût-elle de sa nature représentative, c'est bien 40 gratuitement que Leibnitz suppose que, tout étant lié, il n'y ait pas de raison pour borner cette représentation à quelques parties de l'univers. La limitation de chaque monade ne sera-t-elle pas une raison suffisante? Comment peut-il donc leur attribuer une infinité de perceptions? Il est vrai qu'il les dit *obscures*. Mais un infini plutôt qu'un autre ne sauroit 45 s'allier avec un être essentiellement fini.

4°. Accordons à une intelligence une connoissance parfaite de l'état actuel d'une monade. Ou les monades agissent réellement les unes sur les autres, en sorte qu'il y a entre elles des actions et des passions réciproques, ou elles paroissent seulement agir de la sorte, et les actions et les passions 50 ne sont qu'apparentes.

Dans le premier cas l'intelligence que j'ai supposée voit dans A toute la force active qui lui appartient, et tout ce qu'elle peut produire, en supposant qu'elle ne trouve point d'obstacle. Elle voit encore toute la résistance qu'oppose A à toute action qui viendroit d'un principe 55 externe; mais elle ne peut voir dans cette seule monade l'état et la liaison de toutes les autres. Ces états et cette liaison consistent dans des rapports d'action et de passion. La force d'A ne produit pas dans B, C, D, tout l'effet dont elle seroit capable; elle n'y produit qu'un effet proportionné à la résistance qu'elle y trouve. Afin de connoître comment A, par la 60 force avec laquelle il agit sur B, C, D, est lié avec eux, il ne suffit donc pas

[57] cf. O.P. *Systèmes*, i.157a, lines 39-50.

de l'apercevoir, il faut encore apercevoir toutes les autres substances. On ne peut donc voir dans une seule monade l'état et la liaison de toutes les monades, supposé qu'elles agissent et pâtissent réciproquement.

On ne le peut pas davantage, si, comme le pense Leibnitz, les actions 65 et les passions ne sont qu'apparentes. Dans cette supposition, A ne dépend point de B, C, D. Il est par lui-même, et par un effet de sa propre force, tout ce qu'il est, et renferme en lui le principe de tous ses changemens. Celui qui ne verroit qu'A, y trouveroit donc la raison suffisante de son état actuel. Par conséquent, bien loin de voir dans A l'état du reste 70 des substances, il n'auroit pas seulement lieu de soupçonner que Dieu en eût créé d'autres.

Ajoutons à la connoissance de l'état d'A celle de l'harmonie générale de l'univers. Alors l'intelligence que j'ai supposée auroit assez de *données* pour juger de l'état de toutes les monades: mais elle en jugeroit seulement 75 en conséquence de la comparaison qu'elle feroit de l'état d'A avec l'harmonie du tout. Voilà, je pense, tout ce qu'on peut inférer de la liaison des parties de l'univers.[58]

Dieu a voulu créer tel monde: en conséquence, tous les êtres ont été subordonnés à cette fin, et l'état de chacun a été déterminé. Il en est de 80 même si je forme le dessein d'écrire un nombre, celui, par exemple, de 125678; le choix et la situation des caractères sont aussitôt déterminés. Dieu a donc eu des raisons pour disposer les élémens, comme j'en ai pour arranger mes chiffres. Mes raisons sont subordonnées au dessein d'écrire tel nombre; et quelqu'un qui ignoreroit ce dessein, et qui ne verroit que 85 le chiffre 2, ne connoîtroit aucune des autres parties. Les raisons de Dieu sont aussi subordonnées au dessein de créer tel monde, et celui qui ignoreroit ce décret, ne pourroit jamais avec la connoissance parfaite d'une substance, découvrir surement, je ne dirai pas l'état du monde entier, mais de la moindre de ses parties.[59] 90

---

[58] M.I.iv.48-78 is redrafted but essentially repeated in O.P. *Systèmes*, I.163*a*, line 57-164*a*, line 12. Significant variants: (I.iv.48) 'Ou les monades agissent réellement' / / 'Ou les monades agissent réciproquement'; (I.iv.49) after 'réciproques' addition in parentheses and footnote: 'supposition que quelques Leibnitiens ne rejettent pas [1] ([1] M. Wolf entre autres)'.
Condillac redrafted this passage for the *Traité des systèmes* in a much less geometrical or Wolffian style, replacing the notations A, B, etc., by more general references to monads. See for example (I.iv.58-59): 'la force d,A ne produit pas dans B, C, D, tout l'effet dont elle seroit capable' becomes (O.P. 163*b*, lines 13-15): 'la force d'une monade ne produit pas au-dehors tout l'effet dont elle seroit capable'.
[59] M.I.iv.79-90 copied word for word in O.P. *Systèmes*, i.164*a*, lines 13-32, with only minor variants. Curiously, the arbitrary number '125678' is changed to '123489'; (I.iv.87) 'aussi' is omitted; (I.iv.89) 'je ne dirai pas' / / 'je ne dis pas'.

M. Wolf ne reconnoît point, comme nous l'avons vu, que chaque monade ait des perceptions; et néanmoins il prétend avec Leibnitz[60] qu'on pourroit voir dans une monade l'état de tout l'univers. Ces deux choses ne paroissent pas s'accorder.

Ou une substance simple est représentative de l'univers, ou elle ne l'est 95 pas. Si elle ne l'est pas, on ne sauroit voir en elle l'univers. Si elle l'est, c'est parce que la force qui agit en elle y produit cette représentation. Il y a donc en elle un acte par lequel elle se représente l'univers. Il y a donc perception.[a]

Il est vrai qu'à ce sujet M. Wolf ne s'exprime pas absolument comme 100 Leibnitz: *ex statu praesente elementi cujuscunque dati colligi potest.* Leibnitz dit, au contraire, *in unoquoque legere posset. Legere* suppose une véritable représentation; *colligi* ne suppose pas une représentation; il signifie seulement qu'on juge en conséquence; mais j'ai fait voir que pour juger de la sorte, la connoissance d'un seul élément ne suffit pas. 105

D'ailleurs on pourroit, en pressant M. Wolf, le contraindre à s'exprimer comme Leibnitz. L'ame, lui diroit-on, se représente selon vous tout l'univers, conformément à la situation de son corps et aux changemens qui arrivent dans les organes.[b] Elle ne voit donc l'univers que parce qu'elle voit son corps; son corps le représente donc; on y pourroit donc 110 lire l'état de tous les élémens: ou, si son corps ne représente pas l'univers, elle ne le représente pas elle-même davantage. On ne voit pas sur quel fondement M. Wolf borne cette force représentative à être uniquement le propre de l'ame.

---

[a] Cela est conforme à la définition que M. Wolf donne de la perception dans sa Psych. Emp., Cosmol. §214., The. §63.[61]   [b] Psych. Rat. §62.[62]

[60] Condillac employs a more cavalier tone in the *Traité des systèmes* when referring to Wolff; for example, (1.iv.91-92) 'M. Wolf ne reconnoît point [. . .] que chaque monade ait des perceptions; et néanmoins il prétend avec Leibnitz', emerges in O.P. *Systèmes*, i.164a, lines 33-40 as: 'M. Wolf n'a pas jugé à propos d'accorder des perceptions à toutes les monades [. . .] D'un côté, le disciple convient avec son maître [. . .]'.

[61] all such traces of scholastic erudition are banned from the *Traité des systèmes*. The Latin quotation from Wolff, 'ex statu praesente elementi cujuscunque dati colligi potest', is the opening line of §214 of the *Cosmologia generalis*. The quotation from Leibniz, 'in unoquoque legere posset (possit)', is taken from p.12 of Hansch's translation of the *Monadology*. The somewhat confusing reference 'The. §63' was no doubt intended to indicate 'theorema LXIII' which in the French original of the *Monadology* as published by Erdmann in 1840 is, in fact, §61. Hansch's translation recasts several paragraphs (beginning with §8) and ends with a total of 93 rather than 90 articles.

[62] *Psychologia rationalis*, §62, begins: 'Anima sibi repraesentat hoc universum pro situ corporis organici in universo, convenienter mutationibus, quae in organis sensoriis contingunt'.

Leibnitz raisonnant, ce me semble, plus conséquemment, admet des 115
perceptions jusque dans les corps: *Quodam modo percipit,* dit-il. Il est
vrai qu'il paroît avoir été embarrassé de cette conséquence, et l'avoir
voulu adoucir par un *quodam modo.* Mais cette expression ne signifie rien.
Car, [ou][63] la force motrice qui agit dans le corps y produit des changemens représentatifs de l'univers, ou non. Dans le premier cas, les per- 120
ceptions ont lieu; dans le second, il n'y en a point.[64]

Pour trouver cette représentation dans le corps, il ne faut pas moins
que supposer chaque portion de matière actuellement divisée à l'infini.
C'est ce que Leibnitz dit lui-même.[a] M. Wolf n'a pas décidé si le nombre
des monades qui entrent dans un corps est infini, ou non; il étoit difficile 125
de prendre un parti. S'il est fini, comment le corps peut-il représenter à
l'homme l'univers entier, et si on le dit infini, a-t-on quelque idée de ce
qu'on avance? Je traiterai de l'infini dans ma seconde partie, et par là je
porterai de nouveaux coups au systême que je réfute.[65]

Leibnitz prétend encore, et c'est une suite de ses principes, qu'il n'y a 130
point de corps organisé qui ne soit composé de corps organisés, en sorte
que jusqu'à l'infini les moindres parties en sont de véritables machines.[66]

[a] The. §68.[67]

[63] word supplied.
[64] M.I.iv.115-121 copied nearly verbatim in O.P. *Systèmes,* i.164*b*, lines 5-14. The
later work illustrates, however, a number of characteristic modifications. It is, for example,
considerably less reserved in its statements of disagreement with Wolff, and all erudite
Latin references are suppressed: 'Leibniz, plus conséquent, admet des perceptions jusques
dans le corps. Il a, en quelque sorte, des perceptions, dit-il. L'*en quelque sorte,* qu'il ajoute
pour adoucir la conséquence, ne signifie rien.' The relevant lines in Hansch are as follows:
'Quoniam enim omnia plena sunt & per consequens omnis materia connexa, & quemad-
modum in pleno omnis motus effectum quendam sortitur in corporibus distantibus pro
ratione distantiae, ita ut unumquodque corpus non modo afficiatur ab iis, quae ipsum
tangunt, & quodammodo percipiat, quod ipsis accidit, verum etiam, mediantibus ipsis,
adhuc percipiat ea, quae prima tangunt, a quibus ipsum immediate tangitur.' The French
original has: 'de sorte que chaque corps est affecté non seulement pas ceux qui le touchent,
et se ressent en quelque façon de tout ce qui leur arrive, mais aussi par leur moyen se ressent
de ceux qui touchent les premiers dont il est touché immédiatement' (Erdmann, p.710).
[65] we shall see, in fact, that Condillac's analysis of the notion of infinity in chapters III
and IV of part II seems intended to *defend* rather than refute a monadic system (albeit his
own perhaps more than that of Leibniz). As these words stand here in part I, however, it is
difficult not to accept them at their wholly negative face value. Both the *pro* and the *anti*
monad camps in Berlin must have been puzzled at this point and we cannot really be
surprised that Condillac did not win the prize!
[66] see *Monadology,* §64.
[67] that is, §68 of Hansch's translation, the *Principia philosophiae,* pp.13-14 (*Monadology,*
§65).

Mais ne pourroit-on pas raisonner comme il a fait à l'occasion des êtres composés? S'il y a des corps organisés, dirai-je, j'en cherche la raison, et où la trouver, sinon dans des corps qui ne le soient pas? 135

Quoi qu'il en soit, il n'est point, selon Leibnitz, de corps organisé, qui n'ait sa monade dominante ou son entéléchie.[68] Mais n'est-ce pas se contredire? Les monades qui entrent dans les corps qui sont les moins composés, peuvent-elles être entéléchies dominantes d'aucun autre corps? On ne se sauve de cette contradiction qu'à l'abri de l'infini où il 140 est aisé de se perdre.

De ce que chaque monade a un corps, il s'ensuit qu'il n'y a proprement dans l'univers que des métamorphoses ou des transformations. Ainsi, par la conception ou par la mort un animal ne fait que passer d'une espèce à une autre. C'est de la sorte à peu près qu'on voit une chenille devenir 145 papillon. Il n'y a donc proprement ni génération, ni destruction totale. Quoi qu'il arrive, les mêmes monades demeurent toujours unies à des corps dont elles sont les entéléchies dominantes, et les animaux subsistent ainsi que les ames, et sont indestructibles comme elles. Par là on conçoit que rien n'est mort dans la nature: tout y est sensible, animé; et chaque 150 portion de matière est un monde de créatures, d'ames, d'entéléchies, et d'animaux de bien des espèces. Parmi tant d'êtres vivans, il en est peu qui soient destinés à paroître sur ce grand théâtre où nous jouons tant de rôles différens; mais partout la scène est la même: ils naissent, se multi-plient et périssent comme nous.[69] 155

Ces idées sont trop belles pour n'être pas goûtées par l'imagination; mais un philosophe ne les peut mettre qu'au nombre des choses ingé-nieuses.

[68] *Monadology*, §70.   [69] *Monadology*, §73-75.

CHAPITRE V

DE LA NATURE UNIVERSELLE SELON
LES LEIBNITIENS[70]

La *nature*, selon la définition qu'en ont donnée quelques Péripatéticiens, est un principe interne d'actions et de changemens. Les Cartésiens, qui n'avoient pas une idée plus nette du mot de *principe* que de celui de nature, jugèrent que chez les sectateurs d'Aristote la nature n'étoit qu'un vain son, dont les philosophes ne devoient point autoriser l'usage. 5 Aujourd'hui les Leibnitiens prétendent rétablir la définition des Péripatéticiens et en donner une notion exacte. Tout ce qu'ils disent à ce sujet dépend entièrement des principes que j'ai déjà réfutés; c'est pourquoi je pourrois peut-être me dispenser d'entrer dans aucun nouveau détail à ce sujet. Je serai au moins le plus court qu'il me sera possible. 10

La nature, disent les Leibnitiens,[a] n'est pas un être distinct de l'univers; elle lui est interne. C'est un principe sans lequel il ne peut être conçu, et qui renferme la raison de tous les changemens qui lui arrivent. Or les corps ne peuvent changer que par rapport à la figure, la grandeur, la situation des parties et le lieu qu'elles occupent. Ces changemens ne se 15 font que par le mouvement, dont la force motrice est le seul principe. La nature n'est donc que la force motrice, ou que l'aggrégat de toutes les forces motrices inhérentes aux corps qui forment l'univers.

Mais en quoi, demanderai-je, consiste cette force motrice? Dans un effort qui tend continuellement à changer le mobile de lieu. Cet effort? 20 Dans la réunion des forces des monades qui sont les élémens de la nature. Les forces des élémens? Dans les efforts qu'ils font sans cesse pour changer leur état. Qu'est-ce enfin que ces efforts? On n'en a point d'idée;

[a] Cosmol. §503 *et seq.*[71]

---

[70] what Condillac understands to be the Leibnizian view of *la nature universelle* is summed up in O.P. *Systèmes*, i.156*b*, lines 53-56: 'Enfin considérons la réunion de toutes les forces motrices, et nous aurons la nature universelle, c'est à dire le principe de tous les phénomènes de l'univers.'

[71] *Cosmologia generalis*, sectio III, caput I, 'De natura universi in genere, itemque naturali & supernaturali'. See, especially, §503-507.

141

je l'ai prouvé. On n'en a donc pas davantage de la force motrice, et on n'en sauroit rendre raison. Cette conséquence me paroît juste. Car pour 25 se faire la vraie notion d'une chose, ou pour en rendre raison, il faut avoir une idée de son principe.

Nous ferions mieux de nous abstenir de parler de la nature, que d'en parler, n'en ayant aucune notion. Ou nous adopterons l'opinion des Cartésiens qui donnent tout à l'action de Dieu, pour ôter tout à la nature, 30 ou nous tomberons dans l'erreur des philosophes qui donnent tout à la nature, pour rendre l'action de Dieu inutile. C'est en vain que les Leibnitiens veulent prendre un milieu et établir un partage entre Dieu et la nature.

M. Wolf distingue deux choses dans les créatures: les substances qui 35 ne sauroient exister sans une force, et les modifications des substances.[a] L'action de Dieu, selon lui, se borne à la création et à la conservation des substances, et la nature a pour objet de les modifier. Elle est à peu près comme un ouvrier qui travaille sur la matière qu'il trouve toute créée. Dieu conserve donc le monde, en ce qu'il donne sans cesse l'actualité aux 40 êtres simples, qui sont les seules substances proprement dites. Son action ne s'étend pas plus loin. Quant aux corps, ce ne sont que des accidens. C'est donc à la nature, c'est à dire, aux forces réunies des substances, à les produire, à les conserver et tous les phénomènes qui en dépendent.[72]

Je conviens qu'on peut par des abstractions distinguer les accidens des 45 substances, mais je ne conçois pas qu'on puisse appliquer cette distinction à la réalité des choses, ni reconnoître deux causes, dont l'une produise la substance, et l'autre les accidens. Dans le premier instant Dieu ne sauroit créer la substance qu'il ne la crée modifiée de quelque manière. Dans cet instant l'existence de la substance ne sauroit donc être séparée 50 de celle des modes, et qui donne l'une donne l'autre. Dans le second et les suivans, c'est encore la même chose, soit de la part de la substance dont l'existence est toujours inséparable d'un mode quelconque, ou même de plusieurs, soit de la part de Dieu qui, répétant l'action du premier instant, ne peut conserver un être, ou le créer de nouveau, sans le modifier par le 55

[a] Theol. Nat. Part.I, §848, 854, 869.[73]

[72] cf. O.P. *Systèmes*, i.157*a*, lines 1-16. Despite occasional parallels, the substance of this last chapter of *Les Monades*, part I, is not dealt with systematically in the *Traité des systèmes*. It is once again obvious, nevertheless, that much of the 'Leibnizianism' described in the *Traité* is derived directly from Wolff.

[73] *Theologia naturalis* (Frankfurt and Leipzig 1736), pars I, caput V, 'De creatione & providentia divina'.

même acte. Pour faire saisir à la nature le moment d'agir, il faudroit qu'il y eût des instans où l'action de Dieu cessât, et où, cependant, une substance continuât d'exister. En ce cas la nature auroit non seulement la puissance de modifier les substances, elle auroit encore celle de les conserver.   60

Leibnitz croit que pour distinguer ce qui est à Dieu de ce qui est à la nature, il n'est point nécessaire de supposer une priorité de tems, et qu'il suffit d'une priorité de nature. C'est assez, selon lui, de concevoir que la nature d'une substance est antérieure à ses opérations, et que Dieu en produit la nature et les accidens suivant cette priorité, pour comprendre 65 que les accidens sont une suite de la nature, et que l'action appartient à la créature. Mais ce ne sont encore là que des abstractions.[74]

L'essence du triangle est antérieure de nature à l'égalité des trois angles de cette figure à deux droits, et Dieu ne peut produire un triangle que suivant cette priorité. Diroit-on, en conséquence, que l'essence du 70 triangle est active, et que son action a pour terme l'égalité des trois angles à deux droits? Cela seroit trop ridicule. Le raisonnement de Leibnitz n'est donc pas convaincant.

J'ai fait voir que les Leibnitiens n'ont point d'idée de la substance, qu'ils n'en ont point de la force qu'ils lui attribuent, ni des perceptions 75 représentatives de l'univers qu'ils disent être l'effet de cette force, et que, par conséquent, ils n'en ont pas davantage de la nature universelle.[75] Il me reste à établir l'existence des monades, et à rendre raison de toutes les choses dont je pourrai me former des idées. C'est l'objet de la seconde partie.   80

[74] cf. *Theodicy*, §388-395.

[75] the systematically negative critique of Leibnizianism in *Les Monades*, part I, and in the *Traité des systèmes* stops pretty much at this point with no hint in the latter work of the positive positions adopted in *Les Monades*, part II, which deals with such major questions as substance, infinity, space, duration, and the supreme monad, God. As already noted in the Introduction, *Les Monades*, part II, may perhaps best be seen as an appendix to the *Essai* of 1746, being concerned with 'l'étendue de nos connoissances' (O.P. *Essai*, i.4*b*, lines 52-53) and other important matters which had been excluded for methodological reasons from Condillac's first major work.

SECONDE PARTIE

DANS LAQUELLE ON TENTE DE MONTRER CE QU'IL Y A DE CERTAIN DANS LE SYSTEME DES MONADES.

Dans le dessein où je suis de faire un nouveau systême sur les monades, je donnerai tous mes soins pour ne pas tomber dans les défauts que j'ai reprochés aux Leibnitiens. Cela m'engagera à prendre les choses d'aussi haut qu'il me sera possible.[76] Ainsi je traiterai d'abord de la substance et de l'infini; car les fausses notions qu'on se fait de ces choses répandent 5 une grande confusion sur tout le système de Leibnitz. J'établirai ensuite l'existence des monades, et j'aurai la précaution de ne rien avancer dont auparavant je ne me sois fait des idées exactes. Si je hasarde quelques conjectures, ce sera en ne leur attribuant jamais que le degré de certitude qui leur peut convenir. 10

[76] a line perhaps significantly (see preceding note) reminiscent of a similar statement in the 'Introduction' of the *Essai* (O.P., i.4*b*, lines 27-29): 'Dans le dessein de remplir ce double objet, j'ai pris les choses d'aussi haut qu'il m'a été possible.'

CHAPITRE I

DES IDEES DE LA SUBSTANCE[77]

L'union de l'ame avec le corps est telle que nous n'avons conscience de nous-mêmes qu'autant que nous sentons le poids de notre corps. Debout, couchés, en repos ou en mouvement, nous sentons toujours qu'une partie de notre corps porte sur l'autre, et quand dans le sommeil les sensations cessent, la perception ou la conscience de notre être cesse également.[78] Quiconque cherchera à se surprendre un instant avec cette seule perception verra qu'il lui est impossible d'y réussir, et qu'il n'aperçoit jamais son être qu'à travers les différentes sensations qu'il éprouve.

La conscience que nous avons de ce que nous appelons *nous,* le représente d'abord comme revêtu de certaines qualités, et comme modifié d'une certaine manière. Voilà proprement ce que nous nommons notre *substance.*

Nous considérons ensuite qu'il n'y a aucune de nos modifications, lorsque nous les prenons séparément, dont nous ne puissions être dépouillés. En conséquence, nous nous dépouillons successivement des unes et des autres, et nous tâchons de considérer notre *nous* en faisant abstraction de tout ce qui peut lui appartenir. Telle est la notion de notre *être.*

L'opération par laquelle nous formons cette idée n'est pas conséquente. De ce qu'il n'est point de modifications qui ne puissent nous être enlevées, lorsqu'on les considère à part, il ne s'ensuit pas que nous puissions être privés de toutes ensemble. Aussi ce qui nous reste après cette abstraction violente, ce n'est pas proprement une idée, ce n'est qu'un nom que nous donnons à quelque chose que nous ne connoissons point, et que pour cela nous ne pouvons désigner que d'une manière fort vague.

---

[77] this chapter should be compared with O.P. *Essai*, i.48-53: 'Des abstractions' and Locke, *Essay*, II.xxiii: 'Of our complex ideas of substances' (Nidditch, pp.295-317). See also O.P. *Penser*, 1.750.

[78] cf. O.P. *Essai*, i.15*b*, lines 26-30; but again, typically, *Les Monades* does not copy from the *Essai.*

Notre être, disons-nous, c'est le sujet, le *substratum* de notre substance, c'est ce qui en soutient les qualités, ce qui en conserve les déterminations, etc. On feroit de vains efforts pour en avoir une notion plus exacte. Nous ne connoissons notre être qu'autant que nous le sentons, nous ne le 30 sentons qu'autant que nous avons des sensations. Par conséquent, si nous lui enlevons toutes ses sensations, il ne peut nous en rester d'idée.

Si nous passons aux objets extérieurs, nous nous en ferons une idée sur le modèle de ce que nous apercevons en nous-mêmes. Quand nous les regarderons comme revêtus des qualités avec lesquelles ils frappent 35 nos sens, nous les nommerons *substances*, et quand nous les considérerons sans avoir égard à ces mêmes qualités, nous les nommerons *êtres*. Ainsi nous nous formons les dernières idées en réfléchissant que, comme il y a en nous quelque chose capable de sensation, il faut qu'il y ait aussi dans les objets extérieurs quelque chose à quoi appartiennent les qualités 40 que nous y apercevons: idée qui nous fait connoître que les qualités ont un sujet, mais la nature de ce sujet demeure inconnue.

La première idée que nous avons de l'être et de la substance est donc tirée de ce que chacun sent en soi, et qu'il regarde comme le sujet de ses propres qualités. En effet nous sommes la première chose que nous 45 apercevons,[79] et nous ne voyons même les autres qu'autant que nous avons conscience de nous-mêmes quand nous parlons de leur être et de leur substance. Que pourrions-nous donc nous représenter, sinon quelque chose de semblable à ce que nous remarquons en nous?

Voilà le sujet de la substance distingué de ses qualités. On distingue 50 encore celles-ci entre elles, selon qu'elles lui conviennent constamment, ou qu'elles varient. Au premier égard, on les nomme *propriétés*; au second, elles prennent le nom de *modes*, ou celui de *modifications*.

Je ne sache qu'une manière de se faire l'idée de plusieurs sortes de substances. C'est de remarquer dans les choses des qualités si différentes 55 qu'on ne puisse pas comprendre comment elles auroient un seul et même sujet. C'est ainsi qu'observant en nous la pensée et l'étendue, nous leur supposons à chacune un sujet différent: l'un que nous nommons *substance spirituelle* ou *esprit*, et l'autre que nous appelons *substance corporelle* ou *corps*. Ce n'est pas le lieu d'examiner si cette distinction est 60 suffisamment fondée; il n'est encore question que des idées que nous nous formons de ces deux substances.

Enfin si nous cessons de penser aux différentes qualités par où nous distinguons les êtres et les substances, nous ne nous représenterons

[79] cf. O.P. *Sensations*, i.224a, lines 17-29.

partout qu'une même idée d'être et de substance; ce qui nous en donnera 65
les notions les plus générales.

Il ne faut que rentrer en soi-même pour reconnoître que c'est là
l'unique voie par où nous acquérons toutes ces idées; sur quoi il reste à
faire quelques remarques essentielles.

La première, c'est que nous ne connoissons point en lui-même l'objet 70
de la substance, et que nous ne nous en faisons une idée, d'ailleurs fort
vague, qu'après que la connoissance des qualités nous a engagés à
imaginer quelque chose qui puisse les soutenir. Les idées d'étendue et de
figure sont préalables à celle de leur sujet, et la perception de notre être
dépend absolument, comme nous l'avons fait voir, des sensations dont 75
il est capable.

Je remarque, en second lieu, que quand nous pensons à des êtres ou à
des substances étrangères, ce n'est jamais proprement que notre être ou
notre substance que nous apercevons.[80] Quelque effort qu'on fasse, ce
n'est que par comparaison avec ce qu'on sent en soi-même qu'on se fait 80
une idée de ce qui est au-dehors. En un mot, ce n'est qu'en cessant de
penser à notre être, ou à notre substance, comme étant *nôtre,* que nous
nous formons les idées d'êtres et de substances qui ne sont pas *nous.*

C'est une conséquence de ces deux observations que la substance des
corps ne soit pas mieux connue que celle des esprits, quoiqu'on suppose 85
communément le contraire.[81]

Il est évident, et c'est ma troisième remarque, que la perception de
notre substance ne nous en fait pas connoître la nature. Nous ignorons
donc également la nature des autres substances; je l'ai suffisamment
prouvé dans la première partie. 90

J'observe, en quatrième lieu, que le penchant que nous avons à
supposer dans tout ce qui existe un certain fonds qui est constamment le
même, en sorte que nous appliquons dans le même sens le nom de
substance à Dieu et à toutes les créatures, vient uniquement de ce que,
n'ayant fait cette notion abstraite que sur le modèle de ce que nous 95
apercevons en nous-mêmes, nous ne pouvons voir partout que quelque
chose d'absolument semblable. Cette explication suffit pour nous faire
connoître que cette manière de voir les choses ne doit pas nous servir de
règle. En effet, pour être assuré[82] que deux objets se ressemblent, ce n'est

---

[80] compare the famous opening paragraph of the *Essai,* O.P., 1.6a, lines 10-15.
[81] this particular supposition is examined in detail by Locke (*Essay,* II.xxiii.22-32).
[82] text reads: 'assurés'.

pas assez de se représenter l'un par l'autre; il faut encore avoir des idées ıc
de tous les deux, et en apercevoir particulièrement la ressemblance.

Voilà ce qui me fait croire que les jugemens des philosophes en cette
occasion sont au moins trop précipités, quoiqu'il leur soit ordinaire de
les faire avec beaucoup de confiance. Les Cartésiens, par exemple, supposent comme évident que la matière est similaire dans toutes ses parties; ıc
ils ne soupçonnent pas qu'elle ne leur paroît telle, que parce qu'ils ne
peuvent s'en représenter les élémens que sous la notion générale d'être,
laquelle ne peut varier puisqu'elle n'offre jamais que l'idée même de
notre être, d'où elle tire son origine. Mais si l'on pouvoit pénétrer dans
la nature des êtres, peut-être ne trouveroit-on pas deux substances sem- ıı
blables. Ce que je ne donne ici que comme une conjecture sera démontré
dans la suite de cette dissertation. C'est déjà beaucoup d'avoir prouvé
que le sentiment contraire n'a point de fondement.

Nous avons encore un exemple de ces assertions gratuites dans
l'opinion où l'on est que toutes les ames ont une parfaite ressemblance. ıı
Comment, en effet, connoissons-nous l'ame des autres? C'est que
voyant qu'ils parlent, et qu'ils agissent, nous inférons qu'il y a en eux
quelque chose qui pense. C'est à dire que cette idée n'est que la réflexion
qui nous fait supposer dans les autres quelque chose de semblable à ce
que nous apercevons en nous-mêmes; mais elle ne prouve pas qu'il y ait ı2
de part et d'autre une entière ressemblance. Si les philosophes vouloient
remonter à l'origine de leurs connoissances, ils reconnoîtroient bientôt
combien la plupart de leurs assertions sont mal affermies, et combien des
notions qui leur ont toujours paru claires et distinctes représentent les
choses peu exactement.[83]   ı2

---

[83] Condillac's chapter is intended to question precisely such general assumptions
regarding substance as he prepares the foundations on which to build his own modest
monadology. Like his friend d'Alembert (see above, pp.23-24), Condillac no doubt saw
Leibniz's solution, at least in some of its too ingenious details, as totally unsatisfactory. But
Leibniz's solution had at least accorded full recognition to the fact that the problem exists,
that we cannot, indeed, form a clear idea of substance. Locke's chapter on 'Our ideas of
substance', which Condillac most certainly had open in front of him as he composed this
section of *Les Monades*, expresses much the same notion: 'For I would fain have instanced
any thing in our notion of Spirit more perplexed, or nearer a Contradiction, than the very
notion of Body includes in it; the divisibility *in infinitum* of any finite Extension, involving
us, whether we grant or deny it, in consequences impossible to be explicated, or made in our
apprehensions consistent; Consequences that carry greater difficulty, and more apparent
absurdity, than any thing can follow from the Notion of an immaterial knowing substance'
(Essay, ıı.xxiii.3ı; Nidditch, p.3ı3). It is thus not surprising that in the next three chapters
of *Les Monades*, part II, Condillac will address the problem of infinite divisibility.

Ma cinquième observation, c'est que ne connoissant pas l'essence des êtres, il ne nous reste d'autre manière pour connoître une substance que de réfléchir sur les qualités qui vont constamment ensemble, afin d'en réunir les idées dans notre esprit, comme elles sont hors de nous réunies dans des sujets. L'expérience peut seule nous en découvrir successive- 130 ment des propriétés, et nous apprendre à réduire les substances en différentes classes, selon que nous verrons que la collection de leurs qualités souffrira différentes variations. Encore enfans, comme le re- marque Locke dans bien des endroits, nous appellerons *or* tout ce qui nous paroîtra jaune.[84] Ainsi le tombac et le cuivre seront de l'or à notre 135 égard. Mieux instruits nous saurons un jour que ce qu'on nomme *or*, a un certain degré de pesanteur; nous joindrons par conséquent cette idée à la première; enfin nous nous ferons de ce métal une notion de plus en plus complexe, en réunissant de la sorte toutes les idées que l'expérience nous fournira. Mais avec quelque sagacité que nous fassions cette 140 recherche, nous n'acquerrons jamais la notion complette d'aucune substance. Car il n'en est point qui ne renferme plus de qualités que nous ne sommes capables d'en découvrir.[85]

Pour conclusion, je dis que nous ne pouvons dire autre chose de la substance en général, sinon que c'est un *je ne sais quoi qui est le soutien des* 145 *qualités qui viennent à notre connoissance par voie de sensation et de réflexion.*[86]

[84] like Locke, Condillac frequently makes use of this example.

[85] cf. O.P. *Essai*, i.40a, lines 24-35.

[86] a formulation of the question surprisingly Lockean in tone even for this early stage of Condillac's philosophical development. Cf. Locke, *Essay*, I.iv.18 and II.xxiii.29 (Nidditch pp.95, 312).

CHAPITRE II

DES IDEES DES NOMBRES[87]

C'est aux idées des nombres à préparer ce que j'ai à dire sur l'infini. Je suis donc obligé d'en rechercher la génération, afin de ne pas m'écarter de la loi que je me suis faite[88] de ne raisonner que d'après des idées exactement déterminées.

On tire ordinairement l'idée de l'unité des objets extérieurs, sans doute 5 parce que les hommes sont naturellement portés à chercher hors d'eux ce qu'ils ne trouvent dans le vrai qu'en eux-mêmes. Puisque les objets sensibles ne nous sont présens que par les impressions qu'ils font sur nous, il ne faut pas chercher l'idée de l'unité ailleurs que dans ce qui se passe dans notre ame. Or nous ne saurions réfléchir sur nos propres pensées 10 sans remarquer que chacune est distinguée de toute autre. Voilà dans son origine l'idée de l'unité: c'est la réflexion qui distingue une perception et la considère à part. On pourroit encore acquérir cette idée en réfléchissant sur le *nous*, qui est le sujet de toutes nos pensées. L'identité qu'il conserve malgré les révolutions continuelles de ses modes est si bien 15 l'image de l'unité, que nous ne saurions le considérer comme étant constamment le même, sans le regarder comme un sujet qui est un et unique.

Faisons de cette idée une notion abstraite afin de pouvoir l'appliquer à toute autre chose qu'à nous; ajoutons-la ensuite plusieurs fois à elle- 20 même, en fixant successivement chaque addition par des signes, et nous aurons les nombres de 2, 3, 4, 5, etc. Par cette voie nos idées s'étendront sur cette matière aussi loin que nous aurons répété de fois l'unité, et que nous aurons imaginé de mots pour fixer chaque collection.

Quelqu'un qui n'auroit donc répété que vingt fois l'unité, et qui 25 n'auroit inventé que vingt signes, n'auroit aucune idée des nombres cent ou mille. Pour avoir ces idées, il faudroit avoir ajouté l'unité beaucoup plus souvent à elle-même, et avoir donné des signes à chaque collection,

---

[87] cf. Locke, *Essay*, II.xvi 'Of number'; O.P. *Essai*, i.40b-43a; O.P. *Sensations*, i.234b-235a; O.P. *Calculs*, ii.429a-430b. This chapter launches Condillac's attack on the notion of infinity and infinite divisibility.   [88] text reads: 'fait'.

en sorte qu'à la dernière on peut dire: voilà cent, voilà mille.[89] Autrement, les idées qu'on s'imagineroit avoir de ces collections n'en seroient pas plus 30 les idées que de dix mille ou de cent mille.

Nous n'avons point d'idée des nombres un peu composés, en ce sens que notre réflexion en embrasse tout à la fois toutes les unités simples; mais nous en avons des idées en ce sens qu'elle en peut parcourir successivement toutes les parties. Si je réfléchis sur deux figures, l'une de 35 deux cents côtés, l'autre de cent quatre-vingt-dix-neuf, mon imagination les confond et je n'ai d'autre moyen pour les distinguer que de les considérer parties par parties, en comptant leurs angles un à un. Mais je n'ai pas besoin de la même précaution lorsqu'il s'agit de deux figures fort simples, telles que seroient une figure de trois côtés et une de quatre. 40 C'est que je puis facilement réfléchir sur trois ou quatre perceptions qui me représentent les trois ou quatre côtés de ces dernières; les autres, au contraire, viennent à ma connoissance par un si grand nombre de perceptions que ma réflexion ne sauroit les embrasser toutes ensemble.

Si je ne répète donc que peu l'unité, je n'y trouve ni obscurité, ni 45 confusion; j'ai une véritable idée; mais l'obscurité et la confusion augmentant, je n'ai plus d'idée lorsque je la répète davantage. Voilà pourquoi nous sommes obligés de rappeler les nombres à l'unité, en les considérant comme des unités de dixaine, de centaine, de mille, etc. C'est ce qu'on voit sensiblement en arithmétique. 50

Remarquez bien que je dis que nous n'avons point d'idée d'un grand nombre, en ce sens que notre réflexion ne peut pas s'étendre en même tems à toutes les unités simples qu'il renferme. Mais remarquez aussi qu'à mesure que nous composons les grands nombres, l'art avec lequel nous les rappelons sans cesse à l'unité nous donne des idées des plus com- 55 posés. Nous avons une idée de mille considéré comme une unité par rapport à dix ou à trois mille, ou bien encore comme ne renfermant que dix[90] unités de centaine. Nous avons une idée de cent pris pour une unité par rapport à deux ou à trois cents, ou pris comme ne contenant que dix unités de dixaine. Enfin nous avons une idée de dix, quand nous le 60 regardons comme une unité par rapport à deux ou à trois fois dix, ou quand nous le regardons comme composé de dix unités simples. En un mot nous n'avons des idées des nombres qu'autant que nous pouvons descendre par des degrés successifs des plus composés aux unités simples, d'où ils se sont tous formés. 65

[89] see Locke, *Essay*, ii.xvi.6 (Nidditch, p.207) and O.P. *Essai*, i.41*a*, lines 39-45.
[90] text reads: 'deux'.

Nos idées ne sont donc pas sur cette matière aussi étendues qu'on se l'imagine. Elles se bornent proprement à un petit nombre de collections. Au delà, nous n'avons que des signes qui ne nous tiennent lieu d'idées qu'autant qu'ils ont été imaginés avec ordre.

Quoique je nie en un sens que nous ayons des idées des grands nombres, il ne faut pas craindre que l'arithmétique en devienne moins certaine. Pour fonder la certitude de cette science, il suffit que les nombres sur lesquels on opère nous soient clairement connus, et que les signes des autres aient été imaginés avec assez d'ordre, afin qu'on puisse descendre successivement des collections les plus composées aux plus simples. Or nous n'opérons pas sur de grands nombres entiers, mais sur leur parties les plus simples: 1, 2, 3, jusqu'à 9, et les plus composés étant avec art rappelés à l'unité, les signes que nous leur donnons conservent entre eux l'ordre le plus exact.

La justesse des calculs dépend donc entièrement des signes dont nous nous servons. C'est une vérité que l'arithmétique démontre, et que l'algèbre met dans tout son jour.

Je n'entreprends pas de déterminer le nombre d'unités simples que notre réflexion peut comprendre d'une manière distincte. La chose peut varier selon les différentes étendues d'esprit, et selon l'habitude qu'on s'est faite de réfléchir sur ces sortes d'idées. Mais il n'est personne qui puisse éviter d'arriver enfin à un point où, au lieu d'idées, il n'aura plus que des signes. On peut, par exemple, assurer que le commun des hommes n'est pas capable d'embrasser toutes les unités du nombre dix, quoique la coutume presque généralement établie de compter par dixaines, paroisse prouver le contraire. Mais il est vraisemblable que cette coutume ne vient que de ce que les doigts des mains nous fournissent un moyen assez commode pour mettre dix unités sous nos yeux.[91] Une preuve que nous n'embrassons pas toutes les idées partielles d'une notion aussi composée, c'est que si nous voyons dix objets rangés dans un ordre différent de celui de nos doigts, tels que seroient des hommes autour d'une table, nous n'en pouvons connoître le nombre qu'après les avoir comptés. Il n'en seroit pas de même s'ils n'étoient que deux, trois ou quatre.

On trouvera peut-être que je m'explique d'une manière bien particulière; mais je l'ai fait pour plus de précision. Il me semble que ceux qui avancent sans restriction que nous avons des idées des nombres les plus

---

[91] cf. O.P. *Essai*, i.15*b*, line 49-16*a*, line 7; O.P. *Calculs*, ii.426, 464-65.

composés, ou que même nous concevons clairement et distinctement une figure de mille côtés, parlent au moins avec peu d'exactitude. Je sais qu'ils se fondent sur ce qu'on démontre des propriétés de ces nombres et de ces figures:[a] que, par exemple, les angles d'un polygone de mille côtés équivalent à 1996 angles droits. Mais je réponds que ce n'est pas que nous concevions cette figure aussi parfaitement qu'ils paroissent le supposer, et qu'il suffit pour toutes les démonstrations que nous ne fassions nos opérations que sur les parties les plus simples de nos notions complettes. C'est assez, par exemple, de trois ou quatre idées; des signes imaginés avec ordre suppléent au reste. J'en donnerois un exemple, si je n'étois pas persuadé qu'il sera facile à chacun d'en trouver.

[a] C'est la raison qu'on en donne dans la Logique de Port-Royal.[92]

[92] Antoine Arnauld and Pierre Nicole, *La Logique ou l'art de penser: contenant, outre les règles communes, plusieurs observations nouvelles propres à former le jugement* (Paris 1662). Arnauld and Nicole make a distinction between *imagining* and *conceiving*: we cannot imagine a 1000-sided figure but we can arrive at a clear and distinct conception of it. See *La Logique ou l'art de penser*, édition critique par Pierre Clair et François Girbal (Paris 1965), pp.40-41: 'Je ne puis donc proprement m'imaginer une figure de mille angles, puisque l'image que j'en voudrois peindre dans mon imagination, me représenteroit tout autre figure d'un grand nombre d'angles aussi tôt que celle de mille angles, & néanmoins je la puis concevoir très-clairement & très-distinctement; puisque j'en puis démontrer toutes les propriétés, comme, que tous ses angles ensemble sont égaux à 1996 angles droits: & par conséquent c'est autre chose de s'imaginer, & autre chose de concevoir.' Condillac would also have been familiar with the discussion of this question in Descartes's *Méditation sixième*; see *Œuvres et lettres de Descartes*, textes présentés par André Bridoux (Bibliothèque de la Pléiade), pp.318-19; also, in Locke, *Essay*, II.xxix ('Of clear and obscure, distinct and confused ideas'), §13-14 (Nidditch, pp.368-69).

CHAPITRE III

DE L'INFINI[93]

Poursuivons nos considérations sur les nombres, et nous connoîtrons bientôt quelles idées nous pouvons avoir sur cette matière. Ce sont des recherches par où il faut passer si l'on veut parler des monades avec des idées mieux déterminées qu'on n'a encore fait.

Quand on a multiplié l'unité un certain nombre de fois on y attache le 5 signe 10. On regarde ce signe comme une unité, on multiplie cette nouvelle unité autant de fois que la première, et on désigne le total par le signe 100. On continue de la sorte, et on forme les signes 1 000, 10 000, 100 000, et ainsi des autres. Jusque là il n'y a rien que de clair dans la manière de concevoir les autres, parce qu'en réduisant les plus composés 10 à l'unité, notre réflexion n'a jamais qu'une unité pour objet, ou tout au plus dix. Mais si, parce que nous voyons qu'on peut[94] toujours ajouter au dernier nombre, nous jugeons que nous avons l'idée d'un nombre inépuisable et infini, voilà où nous n'apercevons plus rien que de confus, ou plutôt, voilà où nous manquons tout à fait d'idées. 15

Cependant l'imagination est si prompte qu'elle nous trompe par la vivacité avec laquelle elle agit. Nous avons plus tôt[95] porté un jugement qui n'est fondé que sur les efforts que nous faisons pour imaginer, que nous ne nous sommes aperçus que le jugement n'est qu'un effet de la facilité avec laquelle nous imaginons: nous ne nous en apercevrons même 20 jamais si nous ne savons décomposer nos pensées. C'est pourquoi, quand nous jugeons que nous apercevons l'infini, notre jugement suit de si près et si naturellement les idées que nous avons de certains nombres déterminés,

[93] in the section on Leibniz of the *Traité des systèmes*, Condillac limits his consideration of the notion of infinity to the following brief statement: 'Il y auroit bien des remarques à faire sur l'infini: pour abréger, je me bornerai à dire que c'est un nom donné à une idée que nous n'avons pas, mais que nous jugeons différente de celle que nous avons. Il n'offre donc rien de positif, et ne sert qu'à rendre le système de Leibnitz plus inintelligible' (O.P., i.163a, lines 37-43). In *Les Monades*, part II, however, his purpose is rather different and he goes much further in his analysis, part of which is later reproduced in *De l'art de penser* (O.P., i.753a-754b). Cf. also, Locke, *Essay*, II.xvii, 'Of infinity'.

[94] text reads: 'veut'.

[95] awkward construction. Text reads: 'nous avons plutôt porté'.

et des unités que nous pouvons sans cesse leur ajouter, que nous ne doutons pas qu'il ne nous représente l'infini même.   25

Ensuite, soit parce que nous pouvons apercevoir positivement dans cette prétendue idée quelque nombre déterminé que ce puisse être, soit parce que ce seroit se contredire trop visiblement que d'avouer que cette idée n'est rien, nous la réalisons, et nous concluons que nous apercevons positivement la réalité de l'infini. Enfin nous réfléchissons que le fini 30 manque de quelque chose, nous le prenons pour un néant, et nous nous persuadons que nous ne l'apercevons que dans son positif, c'est à dire, que nous ne voyons qu'un bâton a[96] deux bouts, qu'une heure a un commencement et une fin, que parce que la réalité de l'infini est toujours présente à l'esprit, afin que nous en retranchions ce qu'il faut pour faire 35 un bâton, ou une heure.[a]

Nous avons vu dans le chapitre précédent que nous ne nous formons les idées des nombres qu'autant qu'ajoutant successivement l'unité à elle-même, nous fixons chaque addition par un nouveau signe, et que nous n'avons point d'idée des nombres auxquels nous ne sommes pas 40 encore arrivés, et auxquels, par conséquent, nous n'avons point donné de nom. Qu'on ajoute donc sans cesse des unités les unes aux autres, qu'on invente des signes, parviendra-t-on jamais à pouvoir dire: voilà le nombre infini, comme on parvient à dire: voilà celui de mille? Non sans

---

[a] Bien des philosophes ont cru que nous ne connoissons l'infini que par le fini. Descartes, entre autres, raisonne sur ce principe lorsqu'il demande (Med.3. n.27.) comment il seroit possible qu'il pût connoître qu'il doute, ou qu'il désire, c'est à dire, qu'il lui manque quelque chose, et qu'il n'est pas tout parfait, s'il n'avoit une idée d'un être plus parfait que le sien, avec lequel il pût se comparer, pour connoître ses propres défauts. Comme si le sentiment de notre propre doute, ou de notre propre désir, ne nous étoit pas assez connu par lui-même.[97]

[96] text reads: 'qu'un baton à deux bouts'.

[97] see *Méditation sixième* (*Œuvres et lettres*, ed. Bridoux, p.294): 'Et je ne me dois pas imaginer que je ne conçois pas l'infini par une véritable idée, mais seulement par la négation de ce qui est fini, de même que je comprends le repos et les ténèbres par la négation du mouvement et de la lumière: puisqu'au contraire je vois manifestement qu'il se rencontre plus de réalité dans la substance infinie que dans la substance finie, et partant que j'ai en quelque façon premièrement en moi la notion de l'infini, que du fini, c'est-à-dire de Dieu, que de moi-même. Car comment serait-il possible que je pusse connaître que je doute et que je désire, c'est-à-dire qu'il me manque quelque chose et que je ne suis pas tout parfait, si je n'avais en moi aucune idée d'un être plus parfait que le mien, par la comparaison duquel je connaîtrais les défauts de ma nature?'

As empiricists, Locke and Condillac felt obliged, of course, to reject the notion that our idea of infinity is positive and is gained independently of all sense experience. Locke does allow for a negative idea of infinity drawn from sensation and reflection (*Essay*, II.xvii. 13-22; also II.xxix.16) but Condillac refuses to go even that far (see M.II.iii.69).

doute; quelque multiplication que nous puissions faire, la somme sera 45
toujours finie.

De deux conditions nécessaires pour se former les idées des nombres
nous ne remplissons que la dernière lorsque nous croyons nous faire
celle de l'infini. Je veux dire que n'ayant pas ajouté successivement les
unes aux autres toutes les unités qu'il devroit renfermer parce que la 50
chose étoit impossible, nous lui avons seulement donné un nom. Mais
par là nous sommes dans le même cas qu'un homme qui, n'ayant encore
appris à compter que jusqu'à vingt, inventeroit le signe mille. Cet
homme ne pourroit avoir dans le moment la véritable idée de ce mot.[98]

Cependant ce nom donné de la sorte, quoiqu'à une chose dont nous 55
n'avons point d'idée, suffit pour persuader à bien des gens que nous
apercevons en effet l'infini. Ils ne pensent pas qu'en pareil cas on pût
faire des mots si on n'avoit réellement point d'idée; comme si c'étoit une
chose bien rare.

Enfin, si l'on fait attention que nous ne connoissons le nombre mille 60
que très imparfaitement, que notre réflexion ne sauroit embrasser toutes
les unités simples qu'il renferme, que nous sommes obligés pour en
avoir quelque notion de le considérer comme une unité relativement à
deux ou trois mille, ou du moins comme composé d'un petit nombre tel
que dix, et qu'enfin nous ne parvenons à nous en faire cette idée qu'après 65
avoir donné des noms à toutes les collections qui les précèdent, comment
pourra-t-on s'imaginer que nous ayons quelque idée de l'infini?[99]

---

[98] that Condillac kept *Les Monades* open in front of him even when composing his
later works is made clear by a passage such as O.P. *Penser*, i.753*b*, line 38-754*a*, line 2,
drawn almost word for word from M.II.iii.42-54. Significant variants: (II.iii.42-43)
omitted after 'autres': 'qu'on invente des signes'; (II.iii.44-46) omitted after 'mille?': 'Non
sans doute; quelque multiplication que nous puissions faire, la somme sera toujours
finie'; (II.iii.48-49) 'nous ne remplissons que la dernière lorsque nous croyons nous
faire celle de l'infini' / / 'nous n'en remplissons qu'une pour nous faire l'idée prétendue de
l'infini'; (II.iii.50-51) 'la chose étoit impossible' / / 'la chose est impossible'; (II.iii.53)
'inventeroit' / / 'répéteroit d'après nous'; (II.iii.53-54) concluding sentence and entire
paragraph following omitted.

[99] M.II.iii.60-67 essentially copied in O.P. *Penser*, i.754*a*, lines 3-15 but revised,
nevertheless, in a manner which illustrates perhaps a greater concern for precision and
simplicity in Condillac's more mature philosophical style: 'Si l'on fait attention que nous
ne nous représentons les grands nombres que très-imparfaitement; que notre réflexion
n'en sauroit embrasser distinctement toutes les parties, que nous sommes obligés de les
rappeler chacun à l'unité; et que nous ne parvenons à nous en faire une idée même vague,
qu'après avoir donné des noms à toutes les collections qui les précèdent, comment
s'imaginera-t-on qu'il nous soit possible d'avoir une idée de l'infini?'

Mais ne pourroit-on pas, en se représentant que l'infini n'est pas fini, s'en faire du moins une idée négative[100]; comme on s'en fait une de Dieu, en considérant, qu'il n'est rien de ce que nous voyons, que, par 70 exemple, il n'est pas le soleil? Non. Pour concevoir que Dieu n'est pas le soleil, il n'est pas nécessaire d'ajouter quelque chose à l'idée du soleil, comme si de cette réunion devoit se former la notion de Dieu. Cela seroit ridicule, mais le fini et l'infini étant contradictoires, on ne sauroit sur le fini se faire une idée de l'infini, qu'autant qu'on seroit en état de lui 75 ajouter ce qui lui manque pour cesser d'être fini. Par conséquent il faudroit déjà apercevoir positivement l'infini.

Quand je dis, *Dieu n'est pas le soleil*, je ne me fais une idée négative de cet être que parce que je vois positivement que les idées simples qui composent la notion du soleil n'entrent pas dans celle de Dieu. De 80 même, pour me faire une idée négative de l'infini, il me faudroit apercevoir positivement que l'idée de limitation qui détermine le fini ne lui appartient point. Mais comment apercevoir pareille chose si je ne vois positivement la grandeur qui peut seule exclure cette limitation? Ce n'est donc point ici le cas de se faire une idée négative. Si quelques philosophes 85 ont supposé le contraire, ce n'a été que pour échapper aux difficultés. J'en appelle à l'usage même qu'ils font de l'infini dans leurs systèmes; les conséquences qu'ils en tirent démontrent, ce me semble, qu'ils le prennent toujours pour quelque chose de positif et de réel.

Concluons que la notion prétendue de l'infini n'est dans son origine 90 qu'un jugement précipité, par lequel on croit apercevoir un nombre infini, parce qu'on en voit un auquel on peut toujours ajouter, ce qui fait imaginer un fonds où l'esprit va puiser sans fin. Mais l'erreur est grossière. Quand une fois j'ai acquis l'idée de l'unité, je n'ai qu'à en faire l'objet de ma réflexion pour reconnoître que je puis la répéter. Je la 95 répète donc, et je fixe cette collection par un signe. Ce que je viens de faire, je le refais encore, et j'ai les collections 3, 4, 5, 6, etc. Il est évident que pour me former les idées de ces premiers nombres je n'ai pas eu besoin d'aller puiser dans un fonds infini: il ne m'a fallu autre chose que réfléchir sur l'unité, et sur le pouvoir que j'ai de l'ajouter à elle-même en 100 imaginant un signe pour chaque collection.[101]

Cependant mes idées sur les nombres ne se bornent pas absolument à celles que j'ai fixées de la sorte. Car si repassant sur ce que je viens de faire, je remarque que je puis continuer, et que néanmoins je ne continue pas, je me fais l'idée d'un nombre que je puis déterminer, quoique je ne 105

[100] see above, note 97.   [101] cf. O.P. *Penser*, i.753*a*, lines 1-19.

le détermine point encore. Je l'appellerai pour cela *indéterminé*. Si ensuite je continue d'ajouter l'unité à elle-même, ou un nombre fini quelconque à un nombre fini, je vois en réfléchissant sur ce que je fais que je puis le refaire sans cesse. Par là je me forme l'idée d'un nombre que je ne déterminerai jamais, et que pour cette raison je nommerai *indéter-* 110 *minable*. Tel est le progrès de mes idées sur les nombres; par la manière dont la génération s'en est faite, on voit qu'elles ne sont pas imaginaires. Si l'on pouvoit s'en former d'autres, on en pourroit montrer également la génération.

Le mot d'infini devient donc inutile si l'on en veut faire le même usage 115 que les philosophes qui l'ont employé, car alors on ne sait quelle idée y attacher. Mais on peut continuer à s'en servir dans les occasions où, pour exprimer combien une chose est parfaite, on veut donner à entendre qu'on n'y peut rien ajouter, ou du moins rien qui ne lui soit inutile et superflu. En ce sens ce terme n'est applicable qu'à Dieu, parce qu'il est 120 le seul être dont on ne peut augmenter le nombre des perfections.

Pour achever d'éclaircir cette matière, il est à propos d'examiner ce que d'autres ont dit sur l'infini. Ce sera le sujet du chapitre suivant.[102]

---

[102] although Condillac does not repeat in subsequent works *Les Monades*'s criticism of Fontenelle, he no doubt alludes to it many years later in the concluding paragraph of the chapter, 'De l'idée qu'on a cru se faire de l'infini' (O.P. *Penser*, i.754*b*, lines 3-9): 'Qu'on ne m'oppose pas les démonstrations des géomètres sur la divisibilité de la matière à l'infini : car ce n'est pas la matière qui est l'objet de la géométrie, c'est une grandeur tout à fait imaginaire, et la géométrie de l'infini se ressent souvent des erreurs de la métaphysique.'

CONTINUATION DE LA MEME MATIERE

"Nous avons naturellement, dit M. de Fontenelle,[a] une certaine idée "de l'infini, comme d'une grandeur sans bornes en tous sens, qui "comprend tout, hors de laquelle il n'y a rien. On peut appeler cet infini, "métaphysique. Mais l'infini géométrique, c'est à dire, celui que la "géométrie considère, et dont elle a besoin dans ses recherches, est fort 5 "différent. C'est seulement une grandeur plus grande que toute grandeur "finie, mais non pas [plus grande][103] que toute grandeur."[104]

[a] Elém. de la Géom. de l'infini. Préf.

[103] words added from original text.

[104] *Elémens de la géométrie de l'infini, suite des Mémoires de l'Académie royale des sciences* (Paris 1727), 'Préface', (p.xiii). Fontenelle's 21-page preface begins with a brief historical account of the concept of infinity in mathematics from ancient times to the eighteenth century. He concedes that the notion is still puzzling for some and that 'quelques-uns de ceux qui embrassent les idées de l'Infini, ne les prennent pourtant que pour des idées de pure supposition sans réalité, dont on ne se sert que pour arriver à des solutions difficiles, qu'on abandonne dès qu'on y est arrivé, & qui ressemblent à des Echaffaudages qu'on abat, aussi-tôt que l'Edifice est construit. C'est là une façon de penser mitigée, qui rassure un peu contre la frayeur que l'Infini cause toujours' (*Elémens*, pp.ix-x). Fontenelle's conclusion, nevertheless, is that the infinite in geometry is as real as the finite, and that this can be demonstrated with unassailable logic. In the passage cited, Fontenelle anticipates, in a sense, Condillac's objections: the formal reality of geometric infinity is unquestionable but, 'si la certitude est entière, il semble que l'évidence ne le soit pas; par exemple, un Infini moindre qu'un autre a beau être démontré, il paroît toujours enfermer une contradiction. Cet Infini moindre est nécessairement limité par rapport au plus grand, & dès qu'il est limité, il n'est plus infini: mais il faut prendre garde que cette contradiction apparente vient de l'idée d'un autre Infini que celui qu'on a posé' (p.xiii). Fontenelle then goes on to make the distinction between geometric and metaphysical infinity cited in M.II.iv.1-7, pointing out at the same time that this definition of geometric infinity allows for the existence 'des Infinis plus petits ou plus grands que d'autres Infinis, & que celle de l'Infini Métaphysique ne le permettroit pas. On n'est donc pas en droit de tirer de l'Infini Métaphysique des objections contre le Géométrique, qui n'est comptable que de ce qu'il renferme dans son idée, & nullement de ce qui n'appartient qu'à l'autre' (*Elémens*, pp.xiii-xiv). The notion of metaphysical infinity, he concludes, cannot be applied to numbers or to extension: 'il y devient un pur Etre de raison, dont la fausse idée ne sert qu'à nous troubler & à nous égarer' (p.xiv). Whether Condillac has attacked Fontenelle on his own ground remains somewhat problematic.

S'il y a un infini, c'est à la métaphysique à en former l'idée pour l'abandonner ensuite à la géométrie, afin qu'elle la considère par rapport à son objet. Je ne vois pas pourquoi on condamneroit la métaphysique à ne présenter l'infini que sous l'idée d'une grandeur sans bornes. Mais passons à celui que M. de Fontenelle appelle géométrique, et commençons par la première définition de ses *Elémens*.

"La grandeur, dit-il, est ce qui est susceptible d'augmentation et de "diminution."[a]

Je remarque: 1. Que quand on définit une chose, c'est pour en donner l'idée, et non pour la supposer. Cette définition me paroît faire le contraire. Une augmentation est une grandeur qu'on ajoute, une diminution est une grandeur qu'on retranche. La définition se réduit donc à ceci: *Une grandeur est ce à quoi on peut ajouter une grandeur, et ce dont on peut retrancher une grandeur.*

2. Si une grandeur est ce qui est susceptible d'augmentation et de diminution, une grandeur plus grande est celle qui en est plus susceptible. Ainsi *l'infini étant une grandeur plus grande que toute grandeur finie,* il est une grandeur plus susceptible d'augmentation et de diminution que toute grandeur finie.

3. Un des principaux objets des *Elémens* de M. de Fontenelle, c'est de prouver qu'il y a des infinis plus grands les uns que les autres. Or sa définition de la grandeur a ce défaut qu'elle suppose la chose prouvée dès l'entrée de l'ouvrage. Car si la grandeur est susceptible d'augmentation et de diminution, il est évident que l'infini en est également susceptible, puisqu'il est une grandeur. Il y en a donc de plus grands et de plus petits.

J'ai cru devoir m'arrêter sur cette première définition parce qu'elle est le pivot sur lequel roule tout le systême que M. de Fontenelle s'est fait. Je vais continuer de rapporter ses propres paroles; je ne me réserve que la liberté de l'interrompre de tems en tems.

"Ce qui par son essence est, dit-il, susceptible de plus et de moins, ne "perd rien de son essence en recevant ce plus ou ce moins dont il étoit "susceptible. Or la grandeur est par son essence susceptible de plus et de "moins. Donc elle ne perd rien de son essence en recevant ce plus ou ce "moins. Donc elle est encore grandeur; donc encore également sus-

[a] Art.1.[105]

[105] *Elémens*, p.1. This definition is found in the opening line of Fontenelle's text.

"ceptible de plus et de moins. Donc elle en est toujours susceptible. Donc "elle l'est sans fin, ou à l'infini."[a]

Je remarque que puisqu'elle n'augmente et ne diminue que par degrés, et que chaque degré est fini, elle n'arrivera jamais à un terme d'accrois- 45 sement ou de diminution où elle puisse se trouver infinie. Chaque degré qui survient étant fini, comme ceux qui l'ont précédé, il y auroit contradiction que la somme devînt infinie.

"Examinons, continue M. de Fontenelle, la grandeur, en tant qu'elle "est[106] susceptible d'augmentation. 50

"Puisque la grandeur est susceptible d'augmentation sans fin, on la "peut concevoir ou supposer augmentée une infinité de fois, c'est à dire, "qu'elle sera devenue infinie."

Je ne vois pas pourquoi cette augmentation est une grandeur infinie;[107] autrement ce seroit supposer ce qui est en question. Il me semble donc 55 que, de ce qu'à une grandeur finie on peut ajouter sans fin d'autres grandeurs finies, c'est une conséquence qu'elle ne devienne jamais infinie, puisqu'elle n'augmente jamais que de grandeurs finies.

M. de Fontenelle adoucit le mot de *concevoir* par celui de *supposer*. N'est-ce pas un aveu tacite du peu d'idées que nous avons sur cette 60 matière?

"Et en effet il est impossible que la grandeur susceptible d'augmenta- "tion sans fin soit dans le même cas que si elle n'en étoit pas susceptible "sans fin. Or si elle ne l'étoit pas, elle demeureroit toujours finie. Donc "étant susceptible d'augmentation sans fin, elle peut ne demeurer pas 65 "toujours finie, ou, ce qui est le même, devenir infinie."[108]

Je conviens qu'il est impossible que la grandeur susceptible d'augmentation sans fin soit dans le même cas que si elle n'en étoit pas susceptible sans fin. Mais pour n'être pas dans le même cas il n'est pas nécessaire qu'elle devienne infinie; il suffit qu'elle devienne toujours plus grande 70 qu'elle ne l'auroit été si, passé un certain point, elle n'eût pu augmenter davantage. Un homme qui croîtroit tous les jours de quelque chose, ne seroit jamais infiniment grand. Seroit-il pour cela dans le cas d'un nain?

[a] Art.82.[109]

[106] original text of *Elémens*, p.29, reads: 'entant que susceptible'.

[107] text reads: 'finie'.

[108] the two quotations, M.II.iv.51-53 and II.iv.62-66, together make up the whole of article 83 (*Elémens*, p.29).

[109] *Elémens*, p.29. *Les Monades* incorrectly transcribes Fontenelle's text as follows: (M.II.iv.38-39) 'en recevant le plus ou le moins dont il est susceptible'; also (II.iv.40-41) 'en recevant le plus et le moins'.

"Pour mieux concevoir l'infini,[a] je considère la suite naturelle des "nombres, dont l'origine est *o* ou *1*. Chaque terme [110] croît toujours 75 "d'une unité, et je vois que cette augmentation est sans fin, et que quelque "grand que soit le nombre où je serai arrivé, je n'en suis pas plus proche "de la fin de la suite, ce qui est un caractère qui ne peut convenir à une "suite dont le nombre des termes seroit fini.[111] Donc la suite naturelle a "un nombre de termes infini."[112] 80

Ce caractère peut convenir à une suite de termes que vous formez, pour n'en pas apercevoir la fin il n'est pas nécessaire qu'elle soit infinie: il suffit que vous remarquiez que vous pouvez toujours l'augmenter. C'est ce qui arrivera toutes les fois que, réfléchissant sur les collections que vous avez faites, vous jugerez que vous en pouvez toujours imaginer 85 de nouvelles. Cela ne prouve donc pas qu'il y ait des nombres infinis, cela prouve seulement qu'il y en a d'indéterminables.[113] Le défaut des raisonnemens de M. de Fontenelle, c'est de supposer qu'on ne peut apercevoir qu'un nombre est susceptible d'augmentation sans fin, qu'autant qu'il y a hors de nous une suite infinie de termes: ce qui est tout 90 à fait contraire à la génération des idées des nombres. On ne dira pas que pour ajouter deux ou trois termes à un nombre, il soit nécessaire qu'il en existe quelque part une suite infinie. On ne le doit pas dire davantage quand il s'agit de considérer qu'on peut augmenter un nombre sans fin; car il suffit alors d'observer qu'on peut faire sans cesse ce qu'on a fait une 95 fois ou deux.

"En vain diroit-on que le nombre des termes[114] qui la composent (la "suite naturelle) est toujours actuellement fini, mais que je le puis tou- "jours augmenter. Il est bien vrai que le nombre des termes que je puis "actuellement parcourir, ou arranger selon leur ordre, est toujours fini; 100 "mais le nombre des termes dont la suite est composée en elle-même, est "autre chose. Les termes dont elle est composée en elle-même existent

[a] Art.84.

[110] corrected from original of M.II.iv.75 which reads: 'dont l'origine est o, où chaque terme' (see *Elémens*, p.29, article 84). In Fontenelle's text the words 'chaque terme' are, in fact, indented at the beginning of the paragraph following and we are left to wonder whether Condillac or the Berlin printer was responsible for such a serious error in transcription.

[111] corrected from original of M.II.iv.78-79 which reads: 'qui ne peut convenir à celui dont le nombre de termes seroit fini'.

[112] *Elémens*, p.29.

[113] in his 'Préface', Fontenelle had commented on the possible substitution of the word *indéfini* for *infini*: 'terme plus doux en apparence, mais qui, bien entendu, ou ne signifie que la même chose, ou ne signifie rien' (*Elémens*, p.iv).

[114] text reads: 'de termes'.

"tous également,[115] et si je la conçois poussée seulement jusqu'à 100, je
"ne donne pas à ces 100 termes une existence dont soient privés [tous][116]
"ceux qui sont par delà. Donc tous les termes de la suite, quoiqu'ils ne 105
"puissent pas être tous[117] embrassés ou considérés ensemble par mon
"esprit, sont également réels. Or le nombre en est infini, comme on vient
"de le prouver. Donc un nombre infini existe aussi réellement que les
"nombres finis."[a]

La suite naturelle des nombres est quelque chose d'abstrait, et elle an' 110
de réalité qu'autant qu'on la considère comme déterminée dans notre
esprit par des signes imaginés avec ordre, ou comme attachée à la suite des
êtres qui existent. Dans le premier cas elle n'est pas infinie, cela est
évident, et nous donnons véritablement l'existence à chacun des termes
qui les composent. Dans le second, il est vrai que si je pense à 100, je 115
ne donne pas à ces termes une existence dont soient privés ceux qui sont
par delà; les uns et les autres existent suffisamment par la suite des êtres;
mais rien ne prouve encore que le nombre en soit infini. Si l'on prend
cette suite, abstraction faite des signes qui la déterminent dans notre
esprit, et de la suite des êtres auxquels elle est liée, je ne sais plus ce que 120
c'est que sa réalité.

"Dans la suite naturelle chaque terme est égal au nombre des termes
"qui sont depuis *1* jusqu'à lui inclusivement. Donc, puisque le nombre
"de tous ses termes est infini (84), elle a un dernier terme qui est ce même
"infini. On l'exprime par ce caractère ∞;[b] . . . ∞ est un nombre inex- 125
"primable, car il s'en faut bien que ce caractère ∞ nous en donne
"une idée claire . . ."[118]

Ce n'étoit pas non plus à ce caractère, ni à aucun autre, à nous en
donner l'idée; mais il falloit avoir l'idée de l'infini, avant de lui donner un
caractère. 130

"Il est inconcevable, (*on pourroit dire évidemment impossible*)[119] com-
"ment la suite naturelle passe du fini à l'infini, c'est à dire, comment après
"avoir eu des termes finis, elle vient à en avoir un infini. Cependant cela
"doit être, ou bien il faut absolument abandonner toute idée de l'infini,

[a] Ibid.　　[b] Art.85.

[115] text reads: 'actuellement'.　　[116] word added: see *Elémens*, p.30.
[117] text reads: 'tous être'.
[118] M.II.iv.125-127 constitutes the beginning, in a new paragraph, of article 86 (*Elémens*,
p.30). The ellipsis points in line 125 mark the omission of the final paragraph of article 85.
[119] this is the first of five similar parenthetical remarks (not italicised in the original text)
inserted by Condillac in the passage M.II.iv.131-143 which is drawn from article 86 of the
Elémens, pp.30-31.

"(*il n'y auroit rien à perdre, si comme je le crois, nous n'en avons point*) et 13
"n'en prononcer jamais le nom, (*il nous devient inutile, si nous n'y attachons
"point d'idée*) ce qui feroit périr la plus grande et la plus noble partie des
"mathématiques (*peut-être y pourroit-on suppléer par quelque chose de
"mieux?*). Je suppose donc que c'est là un fait certain, quoiqu'incom-
"préhensible, (*l'utilité qu'on peut retirer d'un fait n'en prouve pas la vérité*) 14
"et je prends la grandeur qui doit être infinie, non comme étant dans ce
"passage obscur du fini à l'infini, mais comme l'ayant franchi entière-
"ment, et ayant passé par les degrés nécessaires, quels qu'ils soient. . ."[120]
Quels pourroient-être ces degrés? En conçoit-on d'autres que de finis?
La grandeur qui les aura franchis sera donc finie comme auparavant. Le 14
quels qu'ils soient par où finit M. de Fontenelle signifie qu'on ne veut pas
décider si les degrés sont finis ou infinis. Cependant il faut bien que ce
soit l'un ou l'autre.

"Il y a bien de la différence entre le fini *fixe*, pour ainsi dire, et le fini
"*en mouvement*, ou, comme disent nos habiles voisins, *en fluxion*, pour 15
"devenir infini. Tous les finis ne sont, dès que nous les pouvons déter-
"miner, qu'au commencement de la suite, quelque grands qu'ils soient;
"et à cause qu'elle est d'une étendue infinie, ils ne sont pas plus avancés
"vers son extrémité que le premier terme de la suite. Ils sont fixes, parce
"qu'ils ne sont encore en aucun mouvement pour devenir infinis, ou du 15
"moins dans un si petit mouvement, qu'il n'est à compter pour rien par
"rapport à celui qu'ils ont encore à faire. Mais quand ils ont déjà fait une
"partie infinie de ce mouvement, là commencent les degrés inconnus par
"lesquels ils doivent passer et s'élever à l'infini; là ils deviennent d'une
"nature moyenne, qui les rend propres à se changer en infinis, par des 16
"changemens légers qui n'auroient pas suffi auparavant."[121]
Rien, ce me semble, ne prouve mieux que le fini ne peut devenir infini
que les efforts qu'on fait pour démontrer le contraire. 1. A-t-on une idée
bien nette de cette expression figurée, *le fini en mouvement pour devenir*

[120] text reads: 'quelqu'ils soient'. The ellipsis points mark the omission of the last two
lines of article 86 as follows: 'si ce n'est que je puisse quelquefois entrevoir quelque lumière
sur la nature de ces degrés' (*Elémens*, p.31).
[121] this quotation is derived from article 197 of Fontenelle's *Elémens* (p.65). Certain
changes are introduced to compensate no doubt for the lack of immediate context; M.II.iv.
151-154 reads, for example, in Fontenelle's original as follows: 'Tous les Finis ne sont, dès
que nous les pouvons déterminer, qu'au commencement de la Suite *A*, quelque grands
qu'ils soient; & à cause qu'elle est d'une étendue infinie, ils ne sont pas plus avancés vers
son extrémité que 1, premier terme de *A*.' On the other hand, 'deviennent' in M.II.iv.159,
which reads as 'diminuent' in Condillac's original text, is an obvious, albeit puzzling,
misprint.

infini? 2. On suppose ici que les degrés inconnus ne viennent qu'après 165
que les finis ont fait une partie infinie du mouvement qui les élève à
l'infini. Ils devroient cependant arriver plus tôt.[122] Comment sans eux les
finis ont-ils pu faire une partie infinie du mouvement? 3. On veut qu'il y
ait un point où les finis deviennent d'une nature moyenne; mais cela se
peut-il? Ou ils deviennent infinis brusquement, ou ils ne le deviennent 170
point du tout. Il n'y a point de milieu.

En effet, M. de Fontenelle avance lui-même que des carrés de termes
finis peuvent être infinis, c'est à dire, qu'une grandeur finie, étant multi-
pliée par elle-même, le produit sera ∞.[123] Il ne faut donc plus dire que le
passage du fini à l'infini est obscur et incompréhensible: il est évidemment 175
contradictoire.

Enfin si l'addition des grandeurs finies a formé l'infini, la soustraction
dont le caractère est de défaire ce que l'addition a fait, pourra détruire
l'infini. Il n'y a qu'à supposer dans l'infini un mouvement rétrograde, et
le faire passer par ces degrés merveilleux par où le fini s'est élevé jusqu'à 180
lui. Si ceux que je combats rejettent ce raisonnement, c'est qu'il est assez
ordinaire aux philosophes de n'admettre les conséquences de leurs
principes, qu'autant qu'elles leur sont commodes.

Je ne suivrai pas M. de Fontenelle lorsqu'il tâche de donner la génération des infinis de différens ordres; je remarquerai seulement que le 185
passage des uns aux autres souffre les mêmes difficultés que le passage du
fini à l'infini. Peut-être demandera-t-on comment les géomètres peuvent
faire des calculs sur l'infini, s'ils n'en ont point d'idée? La chose est
simple: c'est qu'ils ne les font que sur le signe ∞, signe qui est tout aussi
propre qu'un autre à désigner une unité quelconque, et qui dès là peut 190
être l'objet de toutes les opérations qu'on fait sur les nombres. Plusieurs
géomètres ne regardent au reste l'infini que comme une supposition.[124]

[122] text reads: 'plutôt'.
[123] on this point see the first two paragraphs of article 197 (Elémens, p.64).
[124] as I have already noted in the introduction (see above, pp.68-69), d'Alembert in 1767
commented on Fontenelle's work in a manner that suggests the possibility of earlier
discussions with Condillac on this whole question. Two chapters of the *Eclaircissemens
sur différens endroits des Elémens de philosophie* are of special interest in this regard: chapter
XIV, 'Sur les principes métaphysiques du calcul infinitésimal', and chapter XV, 'Sur
l'usage & sur l'abus de la métaphysique en géométrie, & en général dans les sciences
mathématiques' (see *Mélanges de littérature, d'histoire et de philosophie,* nouvelle édition,
(Amsterdam 1773), v.239-44 and 253-67). Though considerably more elaborated in
mathematical terms, parts of d'Alembert's analysis sound entirely Condillacian in tone:
'Pour peu qu'on y réfléchisse, on verra clairement que cette idée n'est qu'une notion
abstraite. Nous concevons une étendue finie quelconque, nous faisons ensuite abstraction
des bornes de cette étendue, & nous avons l'idée de l'étendue infinie. C'est de la même

maniere, & même de cette maniere seule, que nous pouvons concevoir un nombre infini, une durée infinie, & ainsi du reste.

Par cette définition, ou plutôt cette analyse, on voit d'abord à quel point la notion de l'*infini* est, pour ainsi dire, vague & imparfaite en nous; on voit qu'elle n'est proprement que la notion d'*indéfini*, pourvu qu'on entende par ce mot une quantité vague à laquelle on n'assigne point de bornes, & non pas, comme on le peut supposer dans un autre sens, une quantité à laquelle on conçoit des bornes, sans pourtant les fixer d'une maniere précise' (*Mélanges*, v.239-40). D'Alembert also appears to have been in complete agreement with Condillac's views on Fontenelle's *Elémens*, a work which the French mathematician even describes as 'dangerous' for young geometers: 'La grande source des erreurs de M. de Fontenelle est d'avoir voulu réaliser l'infini, & conséquemment en faire la base réelle de ses calculs; au lieu de le regarder, ainsi que nous l'avons fait, comme *la limite* à laquelle le fini ne peut jamais atteindre' (*Mélanges*, v.264-65). Like Condillac, he too rejects Fontenelle's distinction between metaphysical and geometrical infinity – 'aussi chimériques l'un que l'autre, quand on voudra leur attribuer une existence réelle' (*Mélanges*, v.266).

CHAPITRE V

⚜⚜⚜

DES MONADES ET DES CORPS

Considérons les êtres composés; c'est le seul moyen d'arriver aux monades si elles existent.

Je prends une grandeur quelconque, mais telle cependant qu'elle soit sensible. Je la divise et soudivise, jusqu'à ce qu'enfin ses parties échappent à mes sens. Il est certain qu'elles échapperoient également à ma réflexion, 5 si je ne suppléois au défaut des sens par quelque moyen propre à en conserver les idées. Ce moyen ne peut m'être fourni que par l'imagination qui me représente les parties que je ne vois pas sur le modèle de celle que je voyois, et me les fait juger également étendues et divisibles.

Si je réfléchis ensuite sur les parties que je viens d'imaginer, je juge 10 qu'elles peuvent encore se diviser, puisque je les ai imaginées[125] étendues et divisibles. Je les divise donc. Mais parce que je ne saurois me représenter les parties qui résultent de cette nouvelle division, que par les idées que j'ai des premières, je les juge encore étendues et divisibles. Et parce qu'enfin, quelque division que je fasse, je ne saurois imaginer les dernières 15 que par les premières, je suis tenté de conclure qu'il n'y a point de partie[126] dans la grandeur qui ne soit étendue et divisible.

Mais cette conclusion seroit sans fondement; car je n'ai encore formé qu'une suite de[127] jugemens qui proviennent, non de ce qu'en effet j'aperçois que chaque partie de la grandeur est réellement étendue et 20 divisible, mais de ce que je suis obligé d'imaginer celles qui sont insensibles sur le modèle de celles qui frappent les sens.[128]

Par là il est évident que ceux qui, sur ce que nous ne saurions nous représenter une partie de matière sans la juger divisible, en infèrent que

---

[125] text reads: 'imaginé'.   [126] text reads: 'parties'.   [127] text reads: 'des'.

[128] this passage presents additional proof that Condillac used *Les Monades* (like the *Essai*) as a basic source-book for his later writings. M.II.v.5-22 is copied almost verbatim in O.P. *Penser*, i.754*a*, line 28-754*b*, line 1. Significant variants: (II.v.5) 'également' / / 'encore'; (II.v.6-7) 'à en conserver' / / 'à m'en conserver'; (II.v.8-9) 'qui me représente les parties que je ne vois pas sur le modèle de celle que je voyois, et me les fait juger' / / 'qui, me représentant les parties que je ne vois pas, sur le modèle de celles que je vois, me les fait juger'; (II.v.10-17), essentially redrafted; (II.v.18) 'encore' is omitted; (II.v.20) 'de la grandeur' / / 'de matière'; (II.v.22) 'qui frappent les sens' / / 'qui me frappent les sens'.

167

la matière est divisible à l'infini et qu'elle n'a point de parties qui n'en 25
renferment[129] une infinité d'autres, font une assez mauvaise démonstration. Il faudroit qu'ils eussent prouvé que ce jugement est fondé dans
la réalité même des choses. S'il ne l'est que dans l'imagination, il se trouve
d'autant plus incertain que rien ne peut nous répondre que la nature soit
telle que nous l'imaginons.[130] Mais par quelle opération pourroit-on 30
pénétrer dans la réalité des choses? Est-il quelqu'un qui ait d'autre moyen
pour se représenter les parties insensibles de l'étendue que de les imaginer
sur le modèle de celles qu'on aperçoit par les sens? Si, en les imaginant de
la sorte, nous ne formons que des jugemens dont les idées soient tout à
fait contradictoires, il faudra bien conclure que l'étendue n'est pas 35
divisible à l'infini. Décomposons donc ces jugemens.

Je vois que je puis diviser un corps en deux moitiés, chacune des
moitiés en deux autres, et ainsi de suite. Mais je ne le puis qu'autant que
je rencontre dans chaque reste des moitiés distinctes, et par conséquent
d'une grandeur déterminée. Or il est évident qu'une infinité de ces 40
grandeurs, quelque petites qu'on les imagine, doivent former une grandeur
infinie. Tout corps seroit donc infini.

Dira-t-on que, lorsqu'on a poussé la division jusqu'à un certain point,
les parties ne sont distinctes et d'une grandeur déterminée, qu'après
qu'elles ont été séparées? Mais pourroit-on rien avancer de plus absurde? 45
D'abord, comment fixer le terme où elles ne seroient plus distinguées
qu'après leur séparation? En second lieu, comment seroient-elles
divisibles, si elles n'étoient pas déjà distinguées? Enfin quoi de plus
contradictoire que plusieurs grandeurs qui ne seroient pas distinctes?

Il est vrai que pour éluder les difficultés, on suppose que la suite des 50
grandeurs est toujours décroissante, en sorte qu'elle parvient à avoir pour
derniers termes des grandeurs infiniment petites. Mais cela ne pourroit
avoir lieu, qu'autant qu'il y auroit dans cette suite un passage du fini à
l'infini. Or c'est ce dont on a démontré le faux dans le chapitre précédent.

Mais, ou il faut supposer dans chaque corps des parties qui décroissent 55
à l'infini, ou il leur faut donner, comme les Leibnitiens, des êtres simples
pour élémens; sans doute, et ce dernier sentiment n'a rien de contradictoire. Tout ce qui est, est un, ou collection d'unités. Donc, ce qui est un,
n'est pas lui-même collection; autrement il y auroit des collections
d'unités, quoiqu'il n'y eût point d'unités, ce qui se contrediroit visible- 60
ment. Or l'unité proprement dite, c'est à dire, celle qui n'est pas collec-

---

[129] text reads: 'des parties qui n'en referment'.
[130] cf. O.P. *Penser*, i.754*b*, lines 1-3.

tion, ne peut convenir à un être composé, c'est à dire, qui est collection. Donc, il y a des êtres simples, c'est à dire, des monades.[131]

D'ailleurs, un tout n'existe pas par une existence qui soit *une*, mais il existe par le concours *des existences* de ses parties A, B, C, etc. Son exis- 65 tence suppose donc des parties qui ne sont pas elles-mêmes des touts, et qui, par conséquent, sont simples.

Il est donc démontré que nous n'avons point d'idée de la grandeur comme divisible à l'infini; que nous ne la jugerons telle que parce que l'imagination nous représente toujours les parties que nous ne voyons 70 pas sur le modèle de celles que nous voyons; que ce jugement n'étant formé que d'idées contradictoires, il est nécessairement faux; que, par conséquent, la matière n'est pas toujours composée de parties étendues, et qu'au contraire elle a des êtres simples pour élémens.[132]

Cependant, en quelque quantité qu'on accumule des êtres simples, on 75 n'en sauroit former de l'étendue. C'est qu'en effet il n'y a rien dans la réalité des choses de semblable aux perceptions de l'étendue, non plus qu'à celles des couleurs; et que s'il nous étoit possible de pénétrer dans la nature des êtres, tous les phénomènes disparoîtroient.

Nous ne pouvons rien connoître que par des perceptions que nous 80 rapportons à nous et au-dehors; et la conscience que nous avons de nous-mêmes nous fait regarder comme hors de nous toutes les choses qui en sont distinguées, et comme les unes hors des autres, toutes celles qui sont entre elles. C'est donc une suite nécessaire de notre manière de connoître que les êtres que nous distinguons nous paroissent les uns hors des autres. 85 Voilà le phénomène de l'étendue. Supposez ensuite différens changemens successifs dans les rapports qui sont entre les êtres, et qui nous les font

[131] M.ii.v.58-63 appears verbatim the following year in the *Traité des systèmes* (O.P., i.152a, lines 17-27) as the second paragraph of Leibniz's first article setting out *his* proofs of the existence of monads. Curiously, the first paragraph of this same article (O.P. *Systèmes*, i.152a, lines 8-16) is also drawn verbatim from *Les Monades* where it is represented as a direct quotation from Wolff. It is, we see, difficult to escape the conclusion that Condillac in *Les Monades* adopted as very much his own, a basically Leibnizian approach which, one or two years later, he silently repudiated or, at least, suppressed. Significant variant: (ii.v.63) 'Donc, il y a des êtres simples, c'est à dire, des monades' / / 'Donc, il y a des êtres qui sont simples, un: pour cette raison, je les appellerai monades'.

[132] this line of reasoning seems to represent in Condillac an uncharacteristically abrupt progression from epistemological considerations to quasi-ontological conclusions and is obviously not entirely in keeping with other Condillacian statements such as the following: 'C'est donc une suite nécessaire de notre manière de connoître que les êtres que nous distinguons nous paroissent les uns hors des autres. Voila le phénomène de l'étendue' (ii.v.84-86). However, ii.v.132-136 attempts to set the limits of our capacity to conclude from one to the other.

paroître les uns hors des autres, vous verrez naître le phénomène du mouvement. Car tant que les rapports sont les mêmes, les parties de l'étendue ne doivent point changer; tout y doit donc paroître en repos. Mais aussitôt que les rapports changent, les parties de l'étendue qui résultent des êtres où se passe le changement ne peuvent plus demeurer dans la même situation à l'égard des autres; elles cessent de paroître en repos, et leur mouvement est plus ou moins sensible à proportion des changemens de rapport entre les êtres simples. Le mouvement n'est donc dans son origine qu'un changement de rapports; et un corps est mû quand ce changement a son principe dans les êtres simples d'où ce corps résulte. Quant aux phénomènes de la lumière et des couleurs, etc., ils sont des suites des phénomènes de l'étendue et du mouvement. Mais c'est une chose dont on ne pourroit, ce me semble, donner que des explications vagues.

Un corps n'est donc pas une substance étendue composée à l'infini de substances toujours étendues. C'est, comme le disent les Leibnitiens, un aggrégé de plusieurs êtres simples, que nous concevons les uns hors des autres, et unis; *unis*, dis-je,[133] parce qu'autrement nous verrions plusieurs corps, où nous n'en supposons qu'un. Au reste, nous ne saurions connoître combien il entre de ces sortes d'êtres dans un corps. C'est pourquoi le nombre en est par rapport à nous indéterminable. Mais quelque grand qu'on le suppose, ce que nous avons dit dans les chapitres précédens prouve qu'il est en lui-même fini et déterminé; en sorte que par des divisions et soudivisions, telles que celles-ci: 1, $1/2$, $1/4$, $1/8$, etc., on doit nécessairement avoir pour dernier terme 0.[134]

Si la perception de l'étendue n'est pas conforme à la réalité des choses, il faut porter le même jugement de toutes celles qui en dépendent: le lieu, la figure, la situation, le mouvement. Il ne reste donc dans les objets plus rien de semblable aux perceptions que nous en avons.

C'est ici que l'imagination s'effraye, mais enfin, ce n'est pas à elle à décider. Si elle dit qu'il y a hors de nous quelque chose de semblable aux

[133] Condillac, it would appear, has now reached the point where he can identify even stylistically with a Leibnizian persona. In the earlier *Essai* (O.P., i.9*b*, note 1) the same point is made as follows: 'Et unis, disent les Leibnitiens' (see also pp.69-70 above).

[134] Condillac would have been familiar, however, with Leibniz's comment in the *Réplique de mr Leibniʓ aux réflexions contenues dans la seconde édition du Dictionnaire critique de mr Bayle, article 'Rorarius'* (Des Maizeaux, *Recueil*, ii.454): 'moi-même & beaucoup d'autres, ont trouvé des figures d'une longueur infinie, égales à des espaces finis. Il n'y a rien de plus extraordinaire en cela, que dans les *Series* infinies, où l'on fait voir qu'$\frac{1}{2}+\frac{1}{4}+\frac{1}{8}+\frac{1}{16}+\frac{1}{32}$ &c. est égal à l'unité.' See also d'Alembert, *Eclaircissemens sur les Elémens de philosophie, Mélanges*, v.240-41.

perceptions de l'étendue, elle le fait sans fondement, car elle n'en juge que sur le rapport des sens. D'ailleurs, ses jugemens sont tout à fait contra- 120 dictoires. Il n'est donc plus permis de l'écouter.

Nous ne savons qu'il y a des êtres simples que parce que nous savons qu'il y en a de composés; mais il est évident qu'une connoissance qui a une pareille origine ne peut être que fort peu étendue. Elle ne renferme, ni quelle est la nature des êtres simples, ni quels rapports ils ont entre eux. 125 Elle nous fait voir ce qu'ils ne sont pas, ou nous laisse ignorer ce qu'ils sont, de sorte que nous ne pouvons les imaginer qu'en leur refusant les propriétés qui paroissent convenir aux êtres composés. Nous nous les représentons, par exemple, inétendus, n'occupant aucun lieu, n'ayant point de figure, et ne pouvant être mûs. Mais il nous sera toujours 130 impossible de découvrir comment, par leur concours, ils peuvent produire les phénomènes du lieu, de la figure et du mouvement. Nos connoissances ne commençant qu'avec nos perceptions, il est manifeste qu'on ne peut assurer autre chose des objets qui ne sont point aperçus, et qu'on ne peut imaginer sans erreur sur le modèle de ceux qu'on aperçoit, 135 sinon qu'ils ne ressemblent en rien à ce qui tombe sous les sens. Continuons donc d'imaginer les êtres simples en leur refusant ce que nous voyons dans les objets sensibles, puisque c'est le seul moyen d'en acquérir quelque connoissance.[135]

Quelque ressemblance qu'on suppose entre plusieurs corps, il nous 140 suffit, pour les distinguer, de les apercevoir dans des lieux différens. Deux corps parfaitement semblables, qui occuperoient le même lieu, seroient deux par supposition, et ne seroient qu'un dans le vrai.[136] Mais des êtres simples ne peuvent être distingués par la différence du lieu. Pour être plusieurs il faut donc qu'ils ne soient pas parfaitement semblables. 145 D'ailleurs, si les composés diffèrent, les monades diffèrent donc aussi, puisqu'elles en sont les élémens. Mais comment diffèrent les êtres simples? C'est ce que la réflexion que nous faisons sur les êtres composés ne peut nous apprendre. Par conséquent, nous n'avons aucun moyen de le connoître. On peut donner plusieurs noms au principe qui produit 150 cette différence. Tels sont ceux d'*essence*, d'*essentielles*, de *nature*, de *première détermination*, de *première propriété*, de *raison suffisante*, etc. Mais je crois avoir remarqué que moins nous avons l'idée d'une chose,

---

[135] this is precisely the position abandoned later in the *Traité des systèmes* where Condillac propounds the view that there is little point in pursuing such conclusions as can be reached only through negative definition or with the aid of the imagination (see O.P., i.160*b*, lines 20-37).

[136] cf. O.P. *Systèmes*, i.152*a*, lines 44-52.

plus les philosophes ont inventé de termes pour la désigner. On diroit qu'ils s'imaginent suppléer à notre ignorance par la quantité des mots, et trouver dans une nouvelle expression ce qu'on n'aperçoit pas dans celles qui sont en usage. Aussi de tous les philosophes qui ont prétendu remonter aux premiers principes des choses, il n'en est point qui ne se soit fait un nouveau langage, et j'ose dire qu'ils n'ont rien fait de plus. Pour moi, je me borne à dire que les monades diffèrent nécessairement entre elles. Quant à la manière dont elles diffèrent, je l'ignore.

Cette ignorance, qui, je pense, est commune à tous les hommes, prescrit à la physique des bornes fort étroites, parce qu'elle met dans l'impossibilité de remonter aux premiers principes; et il y a quantité de questions qu'on agite beaucoup, et qu'on ne sauroit résoudre. Quand on demande, par exemple, s'il est possible de transmuer les métaux, on ne trouve certitude ni à le nier, ni à l'assurer. Ceux qui prennent le parti de le nier s'appuient sur ce que les élémens des métaux sont irrésolubles, principe qui ne peut être vrai que dans la supposition que les élémens sont des monades. Cependant, il ne prouve encore rien. Les métaux sont des phénomènes qui dépendent autant de notre manière de voir les choses que de la différence des élémens. S'ils ne dépendoient que de la différence des élémens, deux particules d'or nous paroîtroient tout à fait dissemblables. La question de la transmutation des métaux n'est donc pas si l'on peut si bien les changer que les élémens de l'un deviennent conformes à ceux de l'autre: cela est impossible si les élémens sont simples. Mais il s'agit de savoir si en changeant, par exemple, l'ordre des monades qui produisent le phénomène de l'argent, on pourroit produire le phénomène de l'or. On ne peut pas préférer la négative, sur ce que les élémens de ces métaux étant simples et différens, ils sont irrésolubles, puisque ceux de deux particules d'or, quoiqu'également simples, différens et irrésolubles, produisent le même phénomène. On ne peut pas non plus se décider pour l'affirmative, en supposant que pour produire avec les élémens de l'argent le même phénomène que produisent ceux de l'or, il suffiroit d'en changer l'ordre. De ce que les êtres simples d'une particule d'or se combinent de telle manière que, quoique différens de ceux d'une autre particule du même métal, ils produisent le même phénomène, ou à peu près, ce n'est pas une raison que ceux de l'argent puissent aussi se combiner de manière à le produire.

Nous ouvrirons à nos connoissances une carrière beaucoup plus vaste si nous considérons les corps par les apparences sous lesquelles ils se montrent à nous. Car nous y découvrirons sans nombre des rapports qu'il est avantageux de ne pas ignorer. La plus sage conduite qu'on puisse tenir dans cette occasion, c'est d'abord de remonter de phénomènes en phénomènes jusqu'à celui qui est le premier, et que tous les autres 195 supposent, c'est à dire, jusqu'à celui de l'étendue. Car nos perceptions ne nous représentent les autres, tels que la figure et la situation, que comme une étendue différemment modifiée. Ensuite, parce que les modifications de l'étendue ne sont produites que par le mouvement, on doit rapporter l'explication des phénomènes subordonnés à l'étendue 200 différemment modifiée. Enfin, parce que les modifications de l'étendue ne sont produites que par le mouvement, on doit rapporter l'explication des phénomènes subordonnés à l'étendue différemment mue, comme à la première raison que nous en puissions donner.[137] Mais il faut éviter deux erreurs où les Cartésiens sont tombés: la première, de s'imaginer que les 205 idées que nous avons de l'étendue et du mouvement sont conformes à la réalité des choses; la seconde, de juger que l'étendue est ce qu'il y a de premier dans la matière, sur ce qu'on n'imagine rien qui y soit antérieur. Quel fondement auroit-on de croire qu'il n'y a d'autres qualités dans les substances que celles dont nous avons des idées? 210

Il faut donc, encore un coup, être bien convaincu qu'il ne nous est pas possible de découvrir dans les êtres simples les premiers principes des phénomènes, et que, par conséquent, la physique ne doit envisager les choses que selon l'ordre et la dépendance des phénomènes, en les expliquant les uns par les autres, et en observant comment les derniers 215 naissent des premiers.

[137] cf. O.P. *Systèmes*, i.210a, lines 26-48; also O.P. *Penser*, i.750b, lines 44-51. Significant variant: (II.v.196-197) 'Car nos perceptions ne nous représentent' / / 'Car nos sensations ne nous représentent'. On the question of extension as *l'essence seconde*, see *Lettres inédites*, p.64 and O.P. *Raisonner*, i.628a-630b; also the article 'Essence' in O.P. *Synonymes*, iii.260a.

᭝᭝᭝᭝᭝

CHAPITRE VI

DE L'HARMONIE DES ETRES

Les réflexions qui terminent le chapitre précédent font voir que le sujet de celui-ci ne peut être approfondi. Ce n'est pas à des organes comme les nôtres que l'harmonie de tous les êtres peut se rendre sensible. Nous n'en saisissons qu'une petite partie, et nous n'en pouvons parler que d'une manière assez vague. Cependant, le peu qu'on peut dire à ce sujet mérite de n'être pas négligé. 5

Les composés changent, les monades changent donc également. Le principe des changemens est interne aux monades, ou leur est externe.

L'expérience paroît prouver qu'il y a des monades qui changent par un principe qui leur est interne. Telles sont nos ames. Les autres monades 10 étant, ainsi que nos ames, des substances simples, ce seroit une raison de conjecturer qu'elles renferment un pareil principe. Cette conjecture seroit pourtant bien foible. A consulter nos idées, il ne s'ensuit pas de ce qu'un être est simple, qu'il doive être actif. Qui peut assurer si la différence des monades n'emporte pas qu'il y en ait de tout à fait passives? 15

Dieu est la première monade; c'est la monade la plus active, et celle qui produit toutes les autres. Peut-être que les substances créées participent davantage à son activité, à proportion qu'elles ont plus de perfection, et que les moins parfaites sont tout à fait passives.

Quoi qu'il en soit, les monades créées ne sauroient agir les unes sur les 20 autres; car un être ne sauroit agir où il n'est pas. Or nous avons vu qu'elles sont proprement les unes hors des autres. Dieu, au contraire, peut agir sur toutes, parce qu'elles sont toutes en lui. Je le prouverai ailleurs.[138]

Qu'une substance ne puisse agir où elle n'est pas, c'est ce qui me paroît évident. Toute action est une modification de la substance qui agit: or 25 une modification ne peut être séparée de son sujet.

Il ne peut arriver dans les monades d'autres changemens que ceux qui sont possibles par leur essence, quelle que soit d'ailleurs cette essence.

---

[138] see the final chapter, 'De la monade première ou de Dieu'; but compare also, O.P. *Logique*, ii.414*b*, line 43-415*a*, line 6 (*Eclaircissemens que m'a demandés m. Poté*).

Car les monades étant nécessairement différentes, la même suite de
changemens ne peut pas convenir à chacune.   30

Que cette suite de changemens soit l'effet d'un principe interne à
chaque monade, ou d'une cause extérieure, il faut pour l'harmonie et
pour la liaison des parties de l'univers, que les monades aient été créées
les unes pour les autres, en sorte que les différentes suites de leurs
changemens se correspondent parfaitement, et tendent à une même fin.   35

Mon ame, par exemple, éprouve successivement différentes successions, et elle les éprouveroit également et dans le même ordre, quand elle
ne seroit unie à aucun corps. Mon corps, sans le secours de son influence,
change aussi continuellement d'état, et ses changemens ne sont que l'effet
de son mécanisme. En un mot, tout se fait dans l'ame comme s'il n'y   40
avoit point de corps, et tout se fait dans les corps, comme s'il n'y avoit
point d'ames, et l'harmonie de ces deux substances consiste en ce que la
suite des changemens de l'une correspond parfaitement à la suite des
changemens de l'autre, et non en ce qu'elles agissent l'une sur l'autre.

Dieu seul est la cause de cette harmonie, parce qu'il l'a préétablie, non   45
pas en faisant le corps pour l'ame, et l'ame pour le corps, en sorte que,
sans consulter la nature de ces deux substances, il en ait déterminé lui-
même la suite des changemens, ce qui détruiroit la liberté. Mais il a choisi
parmi les substances possibles celles où cet accord devoit se rencontrer.
Supposez un habile artisan qui, prévoyant tout ce que vous ordonnerez   50
demain à votre valet, fasse un automate qui exécutera vos ordres à point
nommé. La même chose arrive dans le système de l'harmonie préétablie.
Quand Dieu choisit le corps pour l'ame, le corps, par une suite de son
mécanisme, exécute exactement les ordres; quand l'ame est choisie pour
le corps, elle se laisse incliner et obéit à son tour, mais c'est par un effet 55
de sa nature, à laquelle on ne sauroit prouver que l'action et la liberté ne
conviennent pas, puisque cette nature est inconnue. Il est vrai que par la
même raison on ne sauroit prouver que l'action et la liberté lui appartiennent; mais c'est assez que la métaphysique ne puisse pas plus détruire
cette vérité qu'elle peut l'établir. La morale et la religion suppléent à ce   60
défaut et démontrent suffisamment que nous sommes libres.[139]

[139] M.ii.vi.36-61, apart from an important addition concerning free will (see, especially,
ii.vi.56-61), is copied almost verbatim in O.P. *Systèmes*, 155*b*, line 29-156*a*, line 11 and is
there set out as part of Leibniz's own exposition of the doctrine of pre-established harmony.
Significant variants: (ii.vi.36), add after 'par exemple': 'ou la monade qui domine sur mon
corps'; (ii.vi.36-37) 'successions' / / 'perceptions'; (ii.vi.38) 'sans le secours de son influence' / / 'sans en recevoir aucune influence'; (ii.vi.41-42) 'les corps ... d'ames' / / 'le
corps ... d'ame'; (ii.vi.42-45) 'et l'harmonie ... l'une sur l'autre' / / 'Mais il y a de
l'harmonie entre ces deux substances, parce que leurs changemens se répondent aussi

Pour imaginer l'harmonie de tout l'univers, du moins autant qu'il est en notre pouvoir, il suffit de se la représenter d'après ce qui vient d'être dit sur l'harmonie de l'ame et du corps.

Dans le système que je viens d'exposer, la dépendance mutuelle des 65 substances ne peut être qu'idéale, et ce n'est plus que dans le sens populaire, et en suivant les apparences, qu'on doit dire qu'elles dépendent les unes des autres. C'est ainsi qu'on parle avec Ptolémée et Tycho dans l'usage ordinaire, dit Leibnitz, et qu'on pense avec Copernic, lorsqu'il s'agit du lever et du coucher du soleil.[140]   70

De là il s'ensuit qu'on ne peut plus rendre raison de ce qui arrive à une substance par ce qui se passe dans une autre. Que deux montres d'un mécanisme différent soient d'accord, je pourrai dire qu'il est midi à l'une, quand il est midi à l'autre, et non pas parce qu'il est midi à l'autre; car leur mécanisme étant différent, leurs aiguilles sont déterminées par des 75 raisons différentes. L'harmonie de l'ame et du corps est comme l'accord de ces deux montres. Je puis donc assurer que l'ame aperçoit la lumière quand il se passe un certain mouvement dans l'œil; mais je ne puis pas dire que le mouvement soit la vraie raison de cette perception; il paroît seulement l'être. Pour expliquer cette perception par ses véritables 80 causes, il faudroit connoître la nature de l'ame, et découvrir comment elle éprouve cette perception dans le moment qu'il se fait une certaine impression dans l'oeil. Il faut raisonner de la même manière sur les changemens qui arrivent aux autres substances.

Ce système, en rendant l'ame si indépendante des corps, est de tous 85 les systêmes celui qui laisse le moins de doute sur la spiritualité de cette substance.[141]

exactement que si elles veilloient à leur conservation mutuelle, en agissant l'une sur l'autre'; (II.vi.45-49) 'non pas en faisant . . . devoit se rencontrer' / / 'Ce n'est pas qu'il ait lui-même déterminé les changemens de l'une avec ce qui devoit se passer dans l'autre: mais il a consulté ce qui devoit arriver à chaque substance possible, en vertu de la force qui lui est propre; et il a uni celles où cet accord devoit se rencontrer'; (II.vi.50) 'artisan' / / 'mécanicien' (in editions after 1749); (II.vi.55-57) 'elle se laisse incliner et obéit à son tour . . . cette nature est inconnue' / / 'elle paroît obéir à son tour, quoiqu'elle n'éprouve que les changemens que produit en elle la force qui lui est propre'. The remaining five lines, explicitly concerned with free will, are omitted in the *Traité des systèmes*.

[140] M.II.vi.65-70 should be compared with O.P. *Systèmes*, i.156a, lines 38-46 as well as with its direct source, *Theodicy*, §65 (Erdmann, p.521). It is curious to note, for example, that Condillac follows Leibniz's text more closely in *Les Monades* even though he is there, one presumes, setting out only what he has adopted from Leibniz for himself, whereas in the *Traité des systèmes* we supposedly hear Leibniz speaking for himself.

[141] Leibniz of course held a similar view (see, for example, *Système nouveau*, Erdmann, p.128) but Condillac is here clearly speaking for himself; there is little doubt, in fact, that anti-materialism constituted, for the French abbé, Leibnizianism's greatest attraction.

II.vi

Voilà les conjectures les plus vraisemblables que je crois pouvoir faire, en partie d'après Leibnitz,[142] sur l'harmonie des êtres. S'il est possible d'approfondir davantage cette matière, il me paroît qu'on ne 90 peut, du moins, lui donner plus d'évidence. L'ignorance où nous sommes de la nature des êtres y met un obstacle qu'on ne surmontera jamais.

[142] for the chapter, 'De l'harmonie des êtres', Condillac made detailed use of a wide range of Leibnizian texts including, for example, *Theodicy*, §65, 66, *Monadology*, §78, 81, *Système nouveau* and its various *Eclaircissements*, the *Réplique aux Réflexions de Bayle*, etc.

CHAPITRE VII

DE L'ESPACE ET DE L'IMMENSITE

Nous avons vu que les êtres simples ne sauroient être les uns hors des autres, de manière à occuper des lieux différens, comme des êtres qui seroient réellement étendus; mais ils sont les uns hors des autres en ce sens qu'ils sont aussi distingués entre eux que des êtres étendus qui seroient répandus dans un espace véritable. Les perceptions que j'éprouve 5 mettent, par exemple, entre mon être pensant et le reste des créatures, des rapports qui l'en distinguent, comme d'autant de choses qui sont hors de lui. On peut, par analogie,[143] imaginer de pareils rapports entre tous les êtres. Par ce moyen on se représentera, autant qu'il est en notre pouvoir, comment ils sont distingués, et comment ils sont les uns hors 10 des autres. Je dis, *autant qu'il est en notre pouvoir ;* car pour avoir une idée parfaite de ces rapports, il faudroit connoître l'essence des êtres.

Si des êtres simples ne peuvent occuper des lieux réellement distincts, des collections de ces sortes d'êtres ne le peuvent pas davantage. Donc les corps n'étant [que][144] des aggrégats d'êtres simples, l'assemblage de tous, 15 ou l'univers, n'occupe pas un espace plus réel qu'un seul être. En un mot, l'espace n'est qu'un phénomène.

Ces idées une fois adoptées, il n'est pas difficile de se faire une notion de l'immensité, ou de se représenter comment tout ce qui est peut être renfermé dans un seul être. Mais, dira-t-on, l'immensité pourroit donc 20 convenir à chaque être. Car la totalité n'occupant pas un espace plus réel que s'il n'y en avoit qu'un seul, tous seroient également dans chacun. Point du tout. Le reste des créatures, par exemple, ne sont point en moi, parce qu'en les distinguant de moi, je les vois nécessairement au-dehors. Elles sont au contraire en Dieu, parce qu'en les distinguant de lui-même, 25 il les voit cependant toutes en lui.

Pour comprendre comment Dieu peut voir en lui les choses qui en sont distinguées, il faut encore avoir recours à l'analogie.

---

[143] see also, M.ii.vii.28. Condillac's views on analogy are stated at length in O.P. *Raisonner,* i.683*a*-685*b* and in O.P. *Logique,* ii.412*b*-413*a*.
[144] text reads: 'n'étant pas'.

Nous ne remarquons dans notre être pensant que des perceptions qui le modifient. Il ne voit donc en lui que les modifications de lui-même, et, par conséquent, que des choses qui en font partie. Mais s'il avoit le pouvoir d'agir sur des choses différentes de ses perceptions, et qui ne fissent pas partie de lui-même, il les verroit sans doute en lui; s'il les voyoit au-dehors, il les verroit où il ne seroit pas, et, par conséquent, où il seroit incapable d'agir, parce qu'on ne peut agir qu'où l'on est. Alors il verroit donc en lui des choses qui en seroient distinguées. Mais parce que son action se borne à ses perceptions, il ne voit en lui que lui, et il voit nécessairement au-dehors tout ce qu'il en distingue.

Ce pouvoir d'agir sur des êtres différens de soi est sans doute un attribut de la Divinité. Sa conscience de notre dépendance montre tout à la fois qu'elle agit sur nous et que nous en sommes distingués. Ainsi la différence qu'il y a entre Dieu et nous, vient uniquement de l'impuissance et de la limitation de notre être. Dieu voit en lui toutes les créatures, et les en distingue, parce que son action les embrasse toutes; et nous ne voyons en nous que nous-mêmes, parce que notre action ne peut s'étendre sur ce que nous en distinguons.

Parmi les créatures aucune ne peut donc être immense, parce qu'il y a entre elles des rapports qui les mettent réciproquement les unes hors des autres. Mais Dieu est immense, parce que le pouvoir qu'il a sur tout ce qui existe, emporte que tout existe en lui.

Par ces détails on voit comment, en supposant que l'étendue n'est qu'un phénomène, tout ce qui est peut être dans une subsistance aussi simple que Dieu. Mais supposons que l'immensité divine soit un espace réel, un vide infini. Il est évident que cet espace ne sauroit être formé avec des parties inétendues. Chacune doit donc être étendue, et composée d'autres encore étendues; en sorte que, quelque division qu'on fasse, il soit impossible d'arriver à des parties réellement simples. Voilà déjà une contradiction: d'un côté, chaque partie de cet espace est une collection, et de l'autre, elle rejette proprement toute unité, puisqu'elle ne suppose rien de simple. Peut-il cependant y avoir des collections sans unités?

D'ailleurs, Dieu doit occuper cet espace. Or, ou il est également composé de parties toujours composées, ou il est simple. Dans la première supposition il n'y point de Dieu, il ne peut même y avoir un seul être pensant. On ne trouve partout que des aggrégats d'êtres ou de substances: on ne trouve point de substances proprement dites. Par conséquent, il n'y a rien qui puisse être le sujet de la pensée. Dans la seconde, Dieu ne peut occuper cet espace. Car tout ce qui est dans un espace le remplit et le mesure, en sorte qu'il y a nécessairement égalité entre l'espace et l'être qui l'occupe. Cependant *étendu* et *inétendu* offrent des idées qui se détruisent. En effet, puisqu'avec plusieurs êtres simples on ne sauroit former de l'étendue, avec un seul de ces êtres on ne sauroit la mesurer ni la remplir, de quelque manière qu'on le multiplie. L'immensité est donc une, simple, inétendue, comme Dieu. Par conséquent, elle ne peut contenir des êtres réellement étendus. Ainsi tout concourt à prouver qu'il n'existe que des êtres simples, ou des aggrégats d'êtres simples, et que le phénomène de l'étendue et de l'espace n'est point du tout conforme à la réalité des choses.[145] Je vais cependant rechercher la génération des idées que les autres philosophes se sont faites sur l'immensité. Cette méthode est plus propre à éclairer l'esprit sur le choix qu'on doit faire entre plusieurs opinions. D'ailleurs, ce sera le moyen de confirmer l'existence des monades.

"Il y a bien des gens, dit Locke,[a] au nombre desquels je me range, qui "croient avoir des idées claires et distinctes du pur espace et de la "solidité, et qui s'imaginent pouvoir penser à l'espace, sans y concevoir "quoi que ce soit qui résiste, ou qui soit capable d'être poussé par aucun "corps. C'est là, dis-je, l'idée de l'*espace pur,* qu'ils croient avoir aussi "réellement dans l'esprit que l'idée qu'on peut se former de l'étendue du "corps. Car l'idée d'une distance qui est entre les parties opposées d'une "surface concave, est tout aussi claire, selon eux, sans l'idée d'aucune "partie solide qui soit entre deux, qu'avec cette idée.[146]

"Qu'un corps, dit encore ce philosophe, soit anéanti, tandis que tous "ceux qui l'environnent demeurent dans un parfait repos, ne conçoit-on "pas que le lieu qu'il occupoit, devient un espace pur? Ne peut-on pas "supposer un corps en mouvement, sans qu'aucun autre succède à sa "place? Qu'on tire, par exemple, le piston d'une pompe, l'espace ne sera-"t-il pas le même, soit qu'un autre corps l'occupe immédiatement, soit "qu'il demeure vide? Enfin qu'on se transporte à l'extrémité de l'univers, "peut-on ne pas se représenter un espace qui le limite?"[147] C'est avec ces

[a] Entend. Hum. L.II. chap.IV. §5.

[145] contrast Condillac's almost doctrinaire logic-based position here with his later more tentative and certainly more 'empirical' conclusions on the subject, communicated to Poté (O.P. *Logique,* ii.415a, lines 3-26).

[146] see Coste's translation of the *Essai philosophique concernant l'entendement humain,* II. iv.5 (nouvelle édition (Amsterdam 1791), i.178). Significant variants: (II.vii.87) 'réellement' / / 'nettement'; (II.vii.88) 'l'idée d'une distance' / / 'l'idée de la distance'.

[147] M.II.vii.91-98 is not continuous with the preceding quotation from Locke but is rather a paraphrase of II.iv.3 (Coste, i.174) and other passages such as II.xiii.21, 22 (Coste, i.279-83) and II.xvii.4 (Coste, ii.60-62).

suppositions et d'autres semblables que Locke s'attache à prouver l'existence d'un espace indivisible, immobile, pénétrable, nécessaire et 100 infini.

Cette erreur est commune à plusieurs philosophes; voici comment ils y sont tombés.

Ayant d'abord reçu par la vue et par l'attouchement l'idée de l'étendue matérielle, ils l'ont supposée conforme à la réalité des choses; ensuite, 105 avec le secours de quelques observations, ils en ont tiré l'idée d'une étendue toute différente. Ils ont, par exemple, cessé de la considérer comme impénétrable, comme mobile, et comme divisible; et tout aussitôt ils ont eu l'idée d'une étendue pénétrable, indivisible et immobile. Car dès que la réflexion, ne s'occupant que de la perception de l'étendue, 110 exclut les idées de divisibilité, de mobilité et d'impénétrabilité, on ne peut, pour ce moment, se représenter une étendue divisible, mobile et impénétrable.

L'idée de l'espace pur n'est donc qu'une notion abstraite; en effet la marque à laquelle on ne peut méconnoître ces sortes d'idées, c'est qu'on 115 ne peut les faire apercevoir que par différentes suppositions. Comme elles font toutes parties de quelques notions composées, l'esprit ne sauroit les former qu'autant qu'il cesse de penser aux autres idées partielles, auxquelles elles sont unies dans une même idée complexe. C'est à quoi les suppositions l'engagent, quoique d'une manière 120 artificieuse. Lorsqu'on dit: *supposez un corps anéanti, et conservez ceux qui l'environnent dans la même distance où ils étoient*; au lieu d'en conclure l'existence de l'espace pur, nous en devrions seulement inférer que nous pouvons continuer de considérer l'étendue, dans le tems que nous ne considérons plus les autres idées partielles auxquelles elle est unie dans 125 le corps. C'est tout ce que peut cette supposition, et celles qui lui ressemblent. Mais de ce que nous pouvons diviser de la sorte nos notions, il ne s'ensuit pas qu'il y ait dans la nature des êtres qui répondent en particulier à chacune de nos idées partielles. Il est à craindre que ce ne soit ici qu'un effet de l'imagination qui, ayant feint qu'un corps est 130 anéanti, est obligée de feindre un espace entre les corps environnans, ou de se faire une idée abstraite de l'espace, en conservant l'étendue même des corps qu'elle suppose anéantis. Ainsi cette idée, bien loin de nous convaincre de l'existence du vide, devroit au contraire rendre suspecte la conformité qu'on imagine entre la perception de l'étendue et la 135 réalité des choses. En effet sur quel fondement pourroit-on supposer

181

qu'il doit y avoir hors de nous des êtres semblables aux abstractions que nous formons.[148]

Entre les deux sentimens que je viens d'exposer il y a celui des Cartésiens qui conviennent avec moi qu'il n'y a point de vide, mais qui prétendent avec les autres que le phénomène de l'étendue nous représente la matière telle qu'elle est en effet. Dans le vrai, ils n'ont nié le vide que pour ne pas contredire la notion qu'ils s'étoient faite du corps, lorsqu'ils l'ont défini *une substance étendue*. Pouvoient-ils avoir un fondement moins solide?

On pourroit demander à ces philosophes comment Dieu, dont ils reconnoissent la simplicité, peut être présent à toute l'étendue matérielle. Descartes répondroit sans doute qu'il la renferme *éminemment*.[149] Mais, ou ce mot ne signifie rien, ou il est synonyme à équivalemment. Or il ne peut rien y avoir dans un être simple d'équivalent à la réalité de l'étendue. Diroit-on, avec quelques Scholastiques, que Dieu est présent partout, non par sa substance, mais par sa puissance et par son opération, en sorte qu'il agit, pour me servir de leur terme, *in distans*, c'est à dire, où il n'est pas? Mais cela seroit trop ridicule.

On pourroit encore demander aux Cartésiens si l'étendue matérielle a une fin, ou si elle n'en a point? En vain essayeront-ils d'éluder la question en disant qu'elle est indéfinie; il faut au moins convenir qu'il est possible qu'elle soit bornée. En ce cas, on ne peut s'empêcher de se représenter au delà un espace tout immatériel, et on est accablé de toutes les suppositions que Locke a faites. Pour moi, il me semble que la conformité de l'idée de l'étendue à la réalité des choses est si bien liée avec un espace pur, qu'on ne peut admettre ou rejeter l'une de ces choses sans l'autre; et les Cartésiens me paroissent peu conséquens de nier l'espace pur, dans le

---

[148] this paragraph should be compared with Locke, II.xvii.4 (Nidditch, pp.211-12) which begins: 'This, I think, is the way, whereby the Mind gets the *Idea of infinite Space*. 'Tis a quite different Consideration to examine, whether the Mind has the *Idea* of such a *boundless Space actually existing*, since our *Ideas* are not always Proofs of the Existence of Things; but yet, since this comes here in our way, I suppose I may say, that we are apt to think, that Space in it self is actually boundless, to which Imagination, the *Idea* of Space or Expansion of it self naturally leads us.' Locke does clearly maintain, however, that we have not only the *idea* of void space but proof as well of its necessary existence (cf. also, O.P. *Raisonner*, i.640a, lines 41-45). Condillac had already hinted in 1746 at his dissatisfaction with Locke's thinking on such general questions (see O.P. *Essai*, i.5b, lines 45-55).

[149] see *Méditation troisième* (*Œuvres et lettres*, ed. André Bridoux, p.295): 'il suffit [. . .] que je juge que toutes les choses que je conçois clairement, et dans lesquelles je sais qu'il y a quelque perfection, et peut-être aussi une infinité d'autres que j'ignore, sont en Dieu formellement ou éminemment'. Condillac was probably familiar with Wolff's discussion of the term *per eminentiam* in *Ontologia*, §845-848.

moment qu'ils ne révoquent point en doute cette conformité. On ne sauroit faire le même reproche aux Leibnitiens.   165

En ajoutant sans cesse plusieurs distances les unes aux autres, quelques philosophes se sont imaginé[150] acquérir l'idée d'une étendue infinie, mais c'est une erreur. Quand, à mille lieues, on en ajoute mille autres, ou deux mille, les idées qui se succèdent dans l'esprit ne sont pas doubles ou triples de la première. On ne fait proprement que substituer un signe à 170 un autre, et parce que ces signes sont imaginés dans le même ordre que celui qui seroit entre les idées, si on les avoit, ils en tiennent lieu. Cela ne peut être douteux, après ce que j'ai dit sur la génération des idées des nombres. Les philosophes prennent donc ici pour l'idée de l'infini une suite de signes qui tous ensemble n'expriment jamais qu'une idée fort 175 bornée.

Voilà, je pense, toutes les notions qu'on peut acquérir sur cette matière. La génération que j'en ai donnée fait voir comment les unes et les autres sont fondées, et montre sensiblement toutes les contradictions des sentimens opposés au mien. L'imagination pourra seule empêcher de 180 bien choisir.[151]

---

[150] text reads: 'imaginés'.

[151] see also, O.P. *Sensations*, i.265*b*, line 50-266*b*, line 9. Condillac does not retreat in later years from his critical view of the Newtonian or Cartesian notions of space. He does, however, refrain from defending publicly on this question the Leibnizian doctrines endorsed by implication in *Les Monades*, part II (see, for example, O.P. *Raisonner*, i.640 and O.P. *Penser*, i.750-51) and seems content merely to suspend judgement on such questions: 'Dans le système des idées originaires des sens, rien n'est si frivole que de raisonner sur la nature des choses' (O.P. *Penser*, i.751*b*, lines 29-34).

CHAPITRE VIII

DE LA DUREE ET DE L'ETERNITE

Un espace infini et une éternité successive sont des erreurs de la même espèce. Ce sont des idées abstraites qui, réalisées par l'imagination, ne peuvent manquer de se contredire de bien des manières. En les rapprochant, on s'apercevra que les raisonnemens qui détruisent l'une, détruisent l'autre également.   5

L'espace et l'éternité sont distincts de tout ce qui existe. L'un n'est pas l'étendue de Dieu, Dieu n'est pas étendu; il n'est pas celle des[152] corps, leur étendue est d'une nature toute différente. Mais il est le lieu que Dieu et les corps occupent. L'autre n'est pas la succession des pensées de Dieu, rien ne se succède en lui; elle n'est pas celles des créatures, elles ne sont 10 pas éternelles. L'espace et l'éternité successive ne sont donc proprement, ni le lieu, ni la durée d'aucun être. Or que seroit-ce qu'une étendue et une succession qui n'appartiendroient à aucune substance? Ne voit-on pas que ce n'est qu'une abstraction qui ne suppose rien au dehors qui lui soit semblable?   15

C'est en vain qu'on diroit avec Clarke,[a] que Dieu n'existe, ni dans l'espace, ni dans le tems, mais que l'espace et le tems sont des suites de son existence. Une fois qu'on a, comme lui, réalisé ces idées, on ne peut s'empêcher de les concevoir antérieurement à tout ce qui existe. On ne peut, par exemple, imaginer un être existant, qu'on n'ait auparavant 20 imaginé un lieu et un tems propre à le recevoir. Ajoutez que la durée ne sauroit convenir à Dieu, même comme une suite de son existence, qu'elle ne lui enlève son immutabilité; il perdra et acquerra successivement les idées qui doivent lui représenter les parties de l'éternité, à mesure qu'elles se succèdent, autrement il dureroit sans s'en apercevoir. 25

[a] Répliq.5. du *Recueil de Newton, Leibniz, etc.*[153]

---

[152] text reads: 'de'.

[153] see H. G. Alexander, ed., *The Leibniz-Clarke correspondence* (Manchester 1956), p.104 (Des Maizeaux, *Recueil*, i.170), in reply to §45 of Leibniz's *Fifth paper* (*Leibniz-Clarke*, p.68; Des Maizeaux, p.107) and p.77 above.

C'est une contradiction à l'idée de l'espace, que chaque partie d'étendue soit composée: c'est à dire, qu'elle soit collection, sans avoir d'unités. Il en est de même de la durée. On se la représente également divisible, sans qu'il puisse y avoir de terme à sa division. Avant qu'une heure soit écoulée, il faut que la première demi-heure passe. Divisez la 30 seconde: le dernier quart d'heure ne peut venir qu'après le premier. Divisez-le en deux moitiés, et divisez la moitié qui restera: vous apercevrez qu'une heure doit durer éternellement.

L'idée d'une éternité successive nous fait encore tomber dans une autre contradiction: c'est qu'elle suppose qu'une succession infinie s'est 35 écoulée, c'est à dire, qu'une succession inépuisable s'est épuisée. Conçoit-on que des choses se succèdent, sans qu'aucune ait commencé? Qu'elles se suivent, et qu'il n'y en ait pas eu une première? Que, par exemple, le jour et la nuit se soient succédés de toute éternité? Ne faut-il pas qu'il y ait eu un commencement par l'un ou par l'autre? Comment la nuit a-t- 40 elle pu suivre, s'il n'y a pas eu un premier jour? Ou le jour, s'il n'y a pas eu une première nuit? Remontons de génération en génération, nous reconnoîtrons que cette suite doit avoir un commencement, et que s'il n'y avoit pas eu un premier homme, il n'y en auroit jamais eu. Ce raisonnement peut s'appliquer à tout ce qui dure. L'idée de succession emporte 45 donc un commencement. Mais cherchons la génération de cette idée et nous trouverons un moyen simple d'expliquer les choses sans tomber dans aucune contradiction.

"Il est évident, dit Locke, à quiconque voudra rentrer en soi-même' "et remarquer ce qui se passe dans son esprit, qu'il y a dans son entende- 50 "ment une suite d'idées qui se succèdent constamment les unes aux "autres, pendant qu'il veille. Or la réflexion que nous faisons sur cette "suite d'idées . . . est ce qui nous donne l'idée de la succession."ᵃ

Ce n'est point le mouvement, comme il le fait voir, qui nous fournit cette idée, puisqu'il ne vient lui-même à notre connoissance qu'autant 55 qu'il produit en nous une suite de perceptions. Quoique nous soyons donc assurés qu'il y a succession partout où il y a mouvement, nous ne

---

ᵃ Entend. Hum. L.II. chap.XIV.¹⁵⁴ §3.

154 text reads: 'iv'. Another obvious misprint occurs in Condillac's text (II.viii.50) as a repetition after 'esprit': 'qu'il y a dans son esprit'; also variant: (II.viii.51) 'suite d'idées' // 'suite de différentes idées' (see Coste, ii.2-3). Condillac makes good use here of Locke's chapter 'Of duration, and its simple modes' (*Essay*, II.xiv), frequently acknowledging in other writings as well the importance of the English philosopher's views on the origins of the notion of duration (see, for example, O.P. *Essai*, i.12b, lines 40-57; O.P. *Sensations*, i.265b, lines 29-48).

pouvons pourtant apercevoir la durée qu'en réfléchissant sur cette suite de perceptions qui passent dans notre esprit.

Tant que nous ne comparons pas cette suite avec les révolutions qui 60 se font au-dehors, nous ne saurions avoir l'idée d'une succession plus prompte, ou plus lente. Il faudroit pour cela de deux choses l'une: ou apercevoir plus ou moins d'intervalle entre nos idées, ou sentir que la même idée demeure plus ou moins longtems dans notre esprit. D'abord il implique dans les termes que nous apercevions de l'intervalle entre nos 65 idées, parce que cette perception seroit elle-même une idée. En second lieu, nous ne pouvons remarquer qu'une idée reste longtems dans notre esprit parce que, tant qu'on suppose qu'elle demeure la même, nous n'avons point d'idée de succession. Ainsi, quand nous ne comparons pas notre durée avec la succession qui se fait hors de nous, nos idées doivent 70 nous paroître se succéder d'un mouvement égal et uniforme.

La présence d'une perception à l'esprit exclut donc toute idée de succession, jusqu'à ce qu'une autre la suive. C'est là ce qu'on peut appeler un *instant*,[155] en entendant par ce mot une partie de durée indivisible. Plus la réflexion s'occupe d'un instant, plus elle en fait remarquer la 75 vitesse, parce qu'elle est elle-même une nouvelle idée qui produit un nouvel instant, et détruit le premier.

Le moment où je parle est déjà loin de moi.[a]

Si je fais abstraction de mon corps, et que je ne considère que mon être pensant, je verrai non seulement que cette suite de perceptions qui 80 passent dans mon esprit me donnent une notion de la durée, mais je verrai encore qu'elle n'est elle-même que la durée de mon être pensant. Car s'il comprenoit en même tems tous les objets de sa connoissance, s'il réunissoit toutes ses pensées sans changement, sans altération quelconque, il est évident qu'il n'essuyeroit aucune succession. 85

Mais quoi, dira-t-on? Est-ce qu'une idée ne pourroit pas être plus ou moins longtems dans notre esprit?

[a] Despréaux.[156]

[155] cf. Locke, *Essay*, ii.xiv.10 (Nidditch, p.185).
[156] *Epistre III*, 'A m. Arnaud, docteur de Sorbonne', v.49 (see also Persius, *Satires V*, 153). Condillac frequently quotes from Boileau in his various works and even cites this particular line in his *Dissertation sur l'harmonie du style* to illustrate that the French language is not entirely without means when it comes to expressing poetic tempo: 'Nous exprimons la rapidité par une suite de syllabes brèves: *Le moment où je parle est déjà loin de moi*, et la lenteur par une suite de syllabes longues: *Traçât à pas tardifs un pénible sillon*' (O.P., i.614*b*).

Je réponds que quand nous réfléchissons sur cette suite d'idées qui passent dans notre entendement, et que nous ne la considérons point par rapport à aucune autre succession, nous ne saurions, comme je viens de le dire, apercevoir qu'une seule idée nous soit présente plus ou moins longtems.

Si cependant nous considérons la présence des idées par rapport aux jours, aux heures, et aux minutes, il paroîtra que les unes ont été plus ou moins longtems dans notre esprit que les autres. Est-ce donc que parmi les instans de mon être pensant il y en ait de plus longs et de plus courts? Non, sans doute. Car, puisque la présence de chaque idée y produit un instant qui exclut toute succession, il est nécessaire que tous les instans de sa durée soient égaux. Voici donc la cause de cette apparence. C'est que chaque être a sa durée particulière, en sorte qu'un instant de la durée de l'un peut coexister et coexiste en effet à plusieurs instans de la durée d'un autre. Je ne doute pas qu'il ne puisse y avoir des intelligences, chez qui des milliers d'idées paroissent successivement, tandis qu'il ne s'en présente qu'une ou deux à mon esprit, et qui, par conséquent, ne puissent compter des milliers d'instans, quand je n'en compte qu'un ou deux. Il n'y a pas vraisemblablement deux hommes en qui les idées se suivent uniformément et également, en sorte qu'un instant de la durée de l'un ne coexiste pas à deux, trois, ou quatre instans de la durée d'un autre. Voilà sans doute ce qui paroîtra un paradoxe. Mais en développant la génération des idées que nous pouvons avoir sur cette matière, le paradoxe s'évanouira.[157]

Nous sommes naturellement portés à comparer la succession de nos pensées avec celle des choses, parce que celle-ci ne vient à notre connoissance qu'autant qu'elle fait naître en nous des perceptions dans un certain ordre. Alors il nous semble que les deux successions passent par un égal nombre d'instans. Ce qui nous conduit à imaginer une durée uniforme, commune à tous les êtres, et commensurable, instans pour instans, à la durée de tout ce qui existe: erreur qui a obscurci toutes les questions qu'on a agitées sur le tems et sur l'éternité.

Si l'on fait attention que nous n'avons pas proprement d'idée d'autre durée que de la nôtre, puisque nous ne saurions nous former l'idée d'une durée quelconque que par comparaison avec la succession de nos pensées,

---

[157] fragments of O.P. *Sensations*, i.237*b*, lines 29-34 and note 2 are copied verbatim from M.ii.viii.99-108. The conclusions of this chapter of *Les Monades*, part ii, provide much of the background to the discussion of time in the *Traité des sensations*. The Leibnizian origins of the discussion are well concealed, however, in the later work.

on verra que c'est bien gratuitement qu'on suppose une durée qui soit la commune mesure de celle de tous les êtres.

C'est ici le même vice de raisonnement qui a fait croire que la matière 125 est similaire dans toutes ses parties. Nous n'avons supposé cette ressemblance que parce que nous avons été obligés de nous représenter toutes les parties de la matière sous l'idée d'êtres semblables au nôtre. De même, n'apercevant point la durée particulière à chaque chose, n'ayant une idée que de la nôtre, qui consiste dans la succession de nos pensées, 130 nous n'avons pu réfléchir sur la durée des choses qu'en nous la représentant semblable à la nôtre. Par là nous nous sommes figuré une durée commensurable, instans pour instans, à celle de tout ce qui existe. Il est donc constant que cette durée est du nombre de ces abstractions que nous réalisons sans fondement. On n'a donc point de raison de supposer qu'il 135 y ait dans la nature quelque chose de semblable.

Dès qu'on a détruit cette durée commune, il n'y a plus rien qui fixe la durée des êtres, et qui mette de l'égalité entre le nombre de leurs instans. On commence donc à apercevoir que chaque substance a sa durée à part: durée qui ne peut être que l'ordre dans lequel les modes y succèdent, et 140 qui, par conséquent, doit varier sans cesse parce qu'ils ne se suivent pas tous de la même manière.

Otez la succession des êtres, il n'y a plus de durée. Variez la succession, et supposez que dix modes se succèdent dans une substance, tandis que dans une autre il n'en succède que cinq; vous aurez cinq instans d'un 145 côté, tandis que vous en aurez dix de l'autre. Car si la succession produit la durée, il faut que la durée soit différente dans les êtres selon que la succession y varie, et puisque tous les êtres coexistent, que la durée de l'un coexiste à celle de l'autre; il faut, par conséquent, qu'un seul instant réponde à plusieurs. 150

Prenons un boulet qui sort de la bouche du canon[158] et divisons l'espace qu'il parcourt en douzièmes de lignes: il est certain qu'il faut distinguer autant de momens dans le tems qu'il mettra à parcourir cet espace, que nous aurons distingué de douzièmes de lignes. Il ne sauroit passer d'un point à l'autre que successivement. Cependant l'oeil n'est pas 155 assez prompt pour diviser en si petites parties la progression de ce mouvement, ni pour fournir à l'esprit des idées en égal nombre. Combien, par conséquent, d'instans dans la succession des mouvemens du boulet, lesquels coexistent à un instant de la succession de nos idées? Si un homme avoit la vue assez parfaite pour apercevoir le passage de ce 160

---

[158] cf. Locke, *Essay*, II.xiv.10.

boulet d'un point de l'espace à l'autre aussi distinctement que nous apercevons chaque pas que nous formons, quelle quantité d'idées ne
recevroit-il pas successivement, tandis qu'une seule seroit présente à
notre esprit! Son ame passeroit donc par un grand nombre d'instans,
tandis que la nôtre ne se trouveroit que dans un seul.   165

Qu'un corps soit mû en rond d'une vitesse qui surpasse l'activité de
nos sens, en sorte qu'il décrive un cercle avec trop de rapidité pour que
l'oeil reçoive les impressions de son mouvement dans le même ordre
dans lequel il passe d'un point de l'espace à l'autre, nous ne verrons qu'un
cercle parfait et entier. Donnez à d'autres intelligences des yeux d'une   170
plus grande activité, et qu'elles voient le même corps passer successivement d'une partie du cercle à l'autre, il produira en elles successivement
les mêmes idées qu'il produit en nous tout à la fois. La présence d'une
seule idée à l'esprit, ou un seul instant de notre durée, coexistera donc à
plusieurs idées qui se succéderont dans les intelligences, ou à plusieurs   175
instans de leur durée.[159]

J'ai donc eu raison d'avancer qu'il n'y a peut-être pas deux choses dont
la durée soit égale, ou dont les instans se succèdent de part et d'autre en
égal nombre. La durée de mon corps est différente de celle de mon esprit,
et la durée de mon esprit de celle de toute autre intelligence. Les instans   180
de la succession des choses qui sont hors de moi sont communs à mon
esprit toutes les fois qu'ils produisent en lui quelque perception; mais
ils ne sont rien à son égard lorsqu'ils n'en font naître aucune. Par
exemple, les momens de lassitude qui précèdent le sommeil sont communs à mon esprit et à mon corps, parce qu'alors l'état de celui-ci est   185
la cause de l'impression que mon ame éprouve. Les momens du réveil
où je me sens libre et comme dégagé d'un pesant fardeau leur sont
encore communs par la même raison. Mais tout ce qui se passe dans mon
corps depuis l'instant où je me suis endormi jusqu'à celui où je m'éveille
ne produit aucune succession dans mon esprit, si on en excepte les mo-   190
mens où je songe. Cette durée est donc tout à fait nulle par rapport à lui.

Quelqu'un qui n'aura pas encore saisi ma pensée pourra me demander
ce que fait l'ame, pendant que dans le sommeil le corps dure. Ce seroit
supposer qu'il doit y avoir en elle une durée toujours égale par le nombre
des instans à celle du corps: erreur qui vient de ce qu'on est porté à   195
imaginer une durée commune à tout ce qui existe, en sorte que chaque
être participe également à chaque instant. Pour mettre ma pensée dans

---

[159] Parts of M.II.viii.166-176 are copied verbatim in O.P. *Penser*, i.752a, lines 5-17. Cf.
also, Locke, *Essay*, II.xiv.8.

tout son jour, je reprends la supposition d'un corps mû circulairement, mais j'y ajouterai deux conditions: la première, qu'on me cache les deux arcs opposés du cercle qui est décrit, afin que je ne puisse voir le corps que 200 dans les points A et B, extrémités du diamètre; la seconde, que quelqu'un meuve le corps avec une telle adresse qu'il me le fasse voir successivement dans les points A et B, et que cette succession ne forme que deux perceptions si immédiates, que je ne puisse avoir conscience d'aucun intervalle de l'une à l'autre. Cette supposition admise, il n'y aura que 205 deux instans dans la durée de mon ame, puisqu'il n'y aura en elle que deux perceptions qui se suivront immédiatement. On pourra néanmoins distinguer dans la durée du corps mû autant d'instans que de points dans les arcs A, B, ou B, A. Qu'on me demande ensuite ce que fait l'ame, pendant que le corps parcourt ces arcs: je réponds que les deux instans de 210 sa durée formés par les deux perceptions qu'elle éprouve quand le corps mû est en A et en B, coexistent non seulement aux deux instans de la durée de ce corps en A et en B, mais encore à tous ceux par où il passe, lorsqu'il va d'un de ces points à l'autre. Or que la perception de mon ame, quand le corps mû est en A, soit la figure de celle qui précède le sommeil, 215 et que sa perception, quand le même corps est en B, soit la figure de celle qui commence le réveil, le corps qui va par l'arc de cercle d'A à B, représentera mon corps qui va du sommeil au réveil, et qui se cache à mon ame, ou qui n'y produit plus de perception. Je pourrai donc dire que la dernière perception de l'ame, quand on s'endort, et la première quand 220 on s'éveille, forment deux instans qui coexistent non seulement aux deux instans où le corps se trouve quand il occasionne ces deux perceptions, mais encore à tous ceux par où il passe, tant que le sommeil dure. En un mot, la perception qui se fait dans le corps, pendant le sommeil, est nulle par rapport à l'ame, qui ne peut avoir conscience d'aucun intervalle entre 225 la perception qui précède en elle le sommeil, et celle qui commence le réveil. Le corps pourroit donc essuyer des milliers d'instans qui ne coexisteroient qu'à deux instans de la durée de l'ame.[160]

---

[160] M.ii.viii.197-228 is copied substantially, often word for word, in O.P. *Penser*, i.752*b*, line 15-753*a*, line 4. While several sentences are basically recast, certain significant variants may be noted, for example, (ii.viii.202) 'avec une telle adresse' / / 'avec une telle vitesse'; (ii.viii.218) 'qui va du sommeil au réveil' / / 'qui va de l'instant où je viens de m'endormir, à celui où je me réveille'; (ii.viii.219) 'je pourrai' / / 'je pourrois'. Curiously, whereas 'successions' in ii.vi.36-37 becomes 'perceptions' in O.P. *Systèmes*, i.155*b*, line 31 (see above, note 139), in ii.viii.224 'perception' is replaced by 'succession' in O.P. *Penser*, i.752*b*, line 48.

Mais, dira-t-on, l'ame au réveil ne sent-elle pas qu'elle a duré? Je réponds que le repos que nous sentons avoir succédé dans notre corps à 230
la fatigue, la nuit que nous voyons avoir fait place au jour, nous font juger que bien des choses ont duré, puisque nous savons que les changemens n'arrivent point sans succession; mais rien n'assure que l'ame elle-même ait duré. Si après avoir passé 24 heures dans le sommeil on se réveilloit à peu près dans le même état de lassitude, on auroit bien de la 235
peine à se persuader qu'on eût dormi plus d'une heure. De toute cette durée rien ne peut appartenir à l'être pensant que les momens où l'on a eu des songes parce que ce n'est qu'alors qu'on a eu des perceptions.

On a demandé, *si l'ame pense toujours?* Mais cette question a été faite par des philosophes qui connoissoient mal ce que c'est que la durée. 240
L'ame *pense* (je prends ce mot, comme Descartes, dans sa signification la plus étendue), l'ame pense toujours en ce sens qu'elle pense pendant tout le tems qu'elle dure; car sa durée n'étant que la succession de ses pensées, il y auroit contradiction qu'elle durât sans penser. Elle pense même toujours en ce sens qu'elle pense pendant que les autres choses durent. 245
Car si la perception qu'elle éprouve quand le corps s'assoupit, et celle qu'elle a au moment du réveil, se suivent si immédiatement qu'elles coexistent à toute la succession du corps, depuis l'instant où l'on s'endort jusqu'à celui où l'on s'éveille, elle pense sans que la durée de son corps mette aucune interruption à ses pensées et, par conséquent, elle pense 250
toujours. Mais si par *penser toujours* on entendoit que le nombre des perceptions qui se succèdent en elle, fût égal à celui des instans de la durée de son corps, elle ne pense pas toujours, par la raison qu'elle a une durée toute différente.[161]

Ces détails font voir que Locke a tort de prétendre que la durée est 255
une commune mesure de tout ce qui existe, de quelque nature qu'il soit, une mesure à laquelle toutes choses participent également pendant leur existence, que ce moment-ci est commun à toutes les choses qui existent présentement, et renferme également cette partie de leur existence, de même que si toutes les choses n'étoient qu'un seul être; de sorte qu'on 260
pourroit dire avec vérité que tout ce qui est, existe dans un seul et même moment de tems et passe par un égal nombre d'instans.[162]

[161] M.II.viii.242-254 is copied nearly verbatim in O.P. *Penser*, i.753*a*, lines 4-25. Variants: (II.viii.246) 'Car' / / 'En effet'; (II.viii.247) 'au moment du réveil' / / 'au moment où les sens rentrent en action'; (II.viii.251) 'on entendoit' / / 'on entend'; (II.viii.252) 'fût égal' / / 'soit égal'.

[162] M.II.viii.255-262 though not in quotation marks, is copied almost verbatim from Locke, II.xv.11 (Coste's translation, ii.44-45) except that the words: 'et passe par un egal

Rien n'est plus faux, encore un coup, que cette pensée. Chaque chose a sa durée à part, et bien loin que les momens en égal nombre leur soient communs à toutes, un instant de la durée de l'une peut coexister, et 265 coexiste en effet, à plusieurs instans de la durée d'une autre. Nous pouvons donc nous représenter des intelligences qui aperçoivent tout à la fois des idées que nous n'avons que successivement, qui, par exemple, aperçoivent dans un instant ce que nous n'apercevons que dans une heure, un jour, un mois, une année, et arriver en quelque sorte jusqu'à 270 une intelligence qui embrasse tout à la fois toutes les connoissances que les autres n'ont que successivement, et qui, par conséquent, n'essuie aucune succession.

Par ce moyen nous nous formons, autant qu'il est en notre pouvoir, l'idée d'un instant indivisible et permanent, auquel les instans des 275 créatures coexistent, et dans lequel ils se succèdent. Car si dix instans peuvent coexister à un seul, pourquoi non vingt, cent, mille? Et pourquoi les instans de tout ce qui existe ne se succéderoient-ils pas dans l'instant indivisible d'une intelligence qui ne souffre aucune succession parce qu'elle jouit tout à la fois de toutes ses idées? 280

Je dis que *nous nous faisons en quelque sorte, et autant qu'il est en notre pouvoir*, l'idée d'une éternité sans succession, parce que ce n'est ici qu'une idée de comparaison. Aucune créature, quelque supérieure qu'elle soit, ne peut avoir, non plus que nous, une idée parfaite de l'éternité. La connoissance complette en est uniquement réservée à celui qui en jouit.[163] 285

nombre d'instans' are added by Condillac at the end (II.viii.262). Part of the same Lockian passage, but without the spurious addition, also appears in quotation marks in O.P. *Penser*, i.751*b*, lines 35-42.

[163] M.II.viii.265-285 appears almost verbatim in O.P. *Sensations*, i.237-38, note 2. Significant variants: (II.viii.267) 'nous représenter' / / 'imaginer'; (II.vii.268-270) 'qui . . . une année', omitted; (II.viii.271) 'une intelligence qui embrasse tout à la fois' / / 'un esprit qui embrasse dans un instant'; (II.viii.271-272) 'que les autres n'ont que successivement' / / 'que les créatures n'ont que dans une suite de siècles'; (II.viii.273) after 'succession', the following lines added: 'Il sera comme au centre de tous ces mondes, où l'on juge si différemment de la durée; et saisissant d'un coup d'oeil tout ce qui leur arrive, il en verra tout-à-la-fois le passé, le présent et l'avenir'; (II.viii.276-280) 'Car si dix instans . . . de toutes ses idées', omitted; (II.viii.281-285) 'Je dis que . . . à celui qui en jouit', rephrased and shortened: 'Je dis *autant qu'il est en notre pouvoir*; car ce n'est ici qu'une idée de comparaison. Ni nous, ni toute autre créature, ne pourrons avoir une notion parfaite de l'éternité. Dieu seul la connoît, parce que lui seul en jouit.' See above, pp.78, 101-102, for a discussion of the possible Leibnizian implications of Condillac's equation of succession and various levels or types of cognition. An adequate understanding of Condillac's final chapter on the supreme monad obviously pre-supposes familiarity on the part of the reader with the discussion of duration in the chapter that precedes. Such vital preparation has, of course, been denied to readers of the parallel chapter in the *Traité des animaux* ('Comment l'homme

Chaque substance ayant sa durée à part, il n'y a d'autre différence entre leur manière de durer que celle qu'exige le plus ou le moins de perfection. On peut donc conjecturer que plus les créatures approchent de la perfection du premier Etre, moins elles souffrent de variation, étant comparées aux autres. Je dis, *étant comparées aux autres,* car par rapport à 290 Dieu il n'est point de créature qui ne varie infiniment.

Dieu existe sans succession, et son état, quoique permanent, équivaut à la succession de toutes les créatures, et même à quelque chose de plus. Il équivaut à la succession de toutes les créatures, parce que cet Etre jouit dans un seul instant de tout ce dont les créatures ne jouissent que 295 successivement; et il équivaut à quelque chose de plus, parce que ce même Etre a des perfections qu'elles n'auront jamais. On peut donc supposer que les créatures qui approchent le plus de la perfection de la Divinité, approchent aussi davantage de son immutabilité, et que, par conséquent, un instant de leur durée équivaut à plusieurs instants de 300 celle des créatures moins parfaites.

Supposons, pour déterminer nos idées, que la créature la plus parfaite soit au dixième degré: il se pourra, suivant mes conjectures, qu'un instant des êtres qui sont au dixième degré équivale à 100 instants de ceux qui sont au neuvième; qu'un instant des êtres qui sont au neuvième équivale à 100 305 instants de ceux qui sont au huitième, et ainsi de suite; de sorte qu'un instant d'une substance au dixième degré équivaudra à 10 000 000 000 000 000 instants de celle qui ne se trouve qu'au premier.

De toutes les créatures ce sont celles qui sont au dixième degré qui peuvent se faire l'idée la plus parfaite de l'éternité de Dieu, surtout si 310 elles connoissent la manière de durer des créatures inférieures.

Le présent et l'avenir s'excluent réciproquement, me dira-t-on; c'est donc une contradiction manifeste que de supposer un instant qui coexiste à l'un et à l'autre. Je réponds que par rapport à nous, le présent et l'avenir s'excluent, mais j'ajoute que par rapport à Dieu ils ne sont 315 qu'un instant. J'ose même entreprendre d'en donner quelque explication.

Supposons des intelligences qui aperçoivent distinctement différens instans dans la succession du mouvement circulaire d'un corps mû rapidement. Supposons encore qu'on dit à ces intelligences qu'il y a des créatures, aux yeux desquelles ce corps est dans le même instant présent 320 à tous les points du cercle: elles répondroient sans doute que c'est une

acquiert la connoissance de Dieu') which, as a result, has been traditionally dismissed as representing little more than yet another example of the commonplace apologetics of the day.

contradiction visible. Cependant elles seroient dans l'erreur. Or représentons-nous la durée comme un cercle que décrivent les créatures. Nous voyons passer successivement les créatures d'un point du cercle à l'autre, mais Dieu voit tout à la fois le cercle entier.[164]　　325

Si on me demandoit actuellement comment le monde créé dans une éternité sans succession pourroit être plus ou moins ancien, il me seroit aisé d'en rendre raison.

Nous avons vu que la durée de notre ame n'est que la succession de nos pensées, et que cette succession dépend de la vivacité avec laquelle nos 330 organes nous transmettent des idées. Or si j'imagine qu'un monde composé d'autant de parties que le nôtre, ne soit pas plus grand qu'une noisette, il est certain que pour peu que les astres de ce petit monde aient de mouvement, ils se lèveront et se coucheront des milliers de fois dans une heure. Il faudra donc que les organes des intelligences qui l'habi- 335 teront soient proportionnés à des révolutions aussi subites, afin que le mouvement de leurs astres produisent chez elles une suite de perceptions qu'il ne produiroit point si leurs organes étoient tels que les nôtres.

Supposons encore que, pendant que la terre de ce petit monde tourne sur son axe, et autour de son soleil, ses habitans reçoivent autant d'idées 340 à peu près, qu'il s'en succède en nous-mêmes dans le cours d'un jour ou d'une année, et nous serons en droit de conclure que les révolutions de leurs jours et de leurs années leur paroîtront aussi longues que les nôtres nous le paroissent.

Si j'imagine un autre monde, auquel le nôtre soit autant inférieur qu'il 345 est supérieur à celui que je viens de peindre, il faudra supposer à ses habitans des organes dont l'action étant comparée à celle des nôtres sera si lente que les révolutions de nos années seroient trop promptes pour qu'ils pussent les apercevoir. Ils seroient par rapport à notre monde, comme nous par rapport à celui que j'ai supposé gros comme une 350 noisette, dans lequel nous ne saurions distinguer aucune succession de mouvement.

Si enfin on demandoit à ceux qui habiteroient ces mondes, quelle en est la durée, ceux du plus petit compteroient des millions de siècles et ceux du plus grand, ouvrant à peine les yeux, répondroient qu'ils ne font 355 que de naître.[165]

[164] cf. O.P. *Penser*, i.752a, lines 1-37.

[165] M.II.viii.331-356 is copied nearly word for word in O.P. *Sensations*, i.237a, line 52- 237b, line 28 but with stylistic changes which reveal a lighter, more accurate and more rapid touch in what is essentially a revised second draft. Significant variants: (II.viii.332) 'ne soit pas plus grand' / / 'ne fût pas plus gros'; (II.viii.333-335) 'il est certain que...

Il suffit donc, pour se représenter comment le monde auroit pu être plus ou moins ancien, d'imaginer les choses dans un ordre différent, et d'augmenter ou de diminuer la vivacité de nos organes d'une manière proportionnée aux révolutions d'un autre monde dont on nous suppose- 360 roit habitans.[a]

[a] Voici comment Leibnitz a voulu expliquer la même chose: "Absolument parlant, dit-il, on peut concevoir qu'un univers ait commencé plus "tôt[166] qu'il n'a commencé effectivement. Supposons que notre univers, ou quelque "autre, soit représenté par la figure A F;

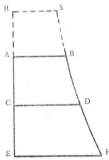

"que l'ordonnée A B, représente son premier état; et que les ordonnées C D, E F, "représentent des [167] états suivans. Je dis qu'on peut concevoir qu'il ait commencé[168] "plus tôt, en concevant la figure prolongée en arrière, et en y ajoutant S R A B S.[169] "Car ainsi, les choses étant augmentées, le tems sera augmenté aussi." – *Recueil de Leibnitz, Newton, etc.* Ecrit 5.[170]

Il est difficile de saisir cette explication. Si l'on conçoit qu'une figure peut être prolongée en tous sens, c'est que toutes les parties en existent ensemble. On ne conçoit pas, de même, comment on auroit pu ajouter au commencement d'une durée passée. D'ailleurs, Leibnitz se sert d'une expression peu exacte, lorsqu'il dit que l'univers auroit pu commencer *plus tôt*. Car ce *plus tôt* semble faire entendre qu'il y avoit une durée avant que l'univers eût été créé, ce que ce philosophe est bien éloigné de croire.

dans une heure' / / 'il est hors de doute que les astres s'y lèveroient et s'y coucheroient des milliers de fois dans une de nos heures; et qu'organisés, comme nous le sommes, nous n'en pourrions pas suivre les mouvemens'; (II.viii.336-338) 'afin que le mouvement . . . tels que les nôtres', omitted; (II.viii.340-342) 'autant d'idees à peu près qu'il s'en succède en nous-mêmes dans le cours d'un jour ou d'une année' / / 'autant d'idées que nous en avons pendant que notre terre fait de semblables révolutions'; (II.viii.342-343) 'les révolutions de leurs jours et de leurs années' / / 'leurs jours et leurs années'; (II.viii.346) 'je viens de peindre' / / 'je viens de feindre' (probably a misprint that has survived in later versions); (II.viii.346-349) 'il faudra supposer à ses habitans des organes dont l'action étant comparée à celle des nôtres sera si lente que les révolutions de nos années seroient trop promptes pour qu'ils pussent les apercevoir' / / 'il faudroit donner à ses habitans des organes dont l'action seroit trop lente, pour apercevoir les révolutions de nos astres' (a vast improvement!). [166] here, as elsewhere in note (a), the text reads: 'plutôt'.

[167] text reads: 'les états'. [168] text reads: 'qu'il a commencé'.

[169] text reads: 'SR, AB'. [170] Des Maizeaux, i.120; Erdmann, p.771.

J'irois même plus loin, et je soupçonnerois volontiers que dans cet univers le phénomène de la durée change d'un globe à l'autre, en sorte qu'il y en a où l'on compte des millions d'années, tandis qu'on n'en compte ici que sept à huit mille. D'un autre côté, il se peut aussi qu'à 365 chaque instant il y ait des créatures par rapport auxquelles le monde ne fait que de naître. Mais il faut donner quelque fondement à ces conjectures.

Tous les hommes ne voient pas les objets de la même manière, car il est constant que le même corps ne nous paroît pas à chacun de la même 370 couleur, ni de la même grandeur. Les créatures qui diffèrent plus des hommes, que les hommes ne diffèrent entre eux, voient donc les choses d'une manière bien différente de celle dont nous les voyons; et celles qui sont totalement différentes des hommes, les voient d'une manière totalement différente. En effet, les objets doivent se présenter aux intel- 375 ligences créées selon les rapports qu'ils ont à elles. Or les rapports n'ont rien de commun, quand il n'y a rien de commun de l'une à l'autre. Ici nous sommes à rechercher la cause de l'étendue, du mouvement et des effets qui en dépendent, et nous nous imaginons que dans les autres parties de l'univers on fait les mêmes recherches. Cependant, il se peut 380 qu'ailleurs on n'en ait pas même d'idée, et qu'on cherche la raison de phénomènes tout différens, et sur lesquels nous ne saurions former de conjectures. Peut-être que parmi tant de globes qui sont vraisemblable- ment habités, il n'y en a pas deux où l'univers se montre sous les mêmes phénomènes. Par là il se multiplie en quelque sorte. C'est un Protée, qui 385 prend une infinité de formes différentes.[171]

C'est une suite des phénomènes sous lesquels nous voyons l'univers qu'il n'ait, par[172] rapport à nous, que sept à huit mille ans. C'est donc une suite des phénomènes tout différens sous lesquels je viens de prouver qu'on peut le voir dans les autres astres, qu'il soit, par rapport aux 390 habitans de ces astres, plus ou moins ancien qu'à notre égard. La durée n'étant pour nous que l'ordre successif de nos perceptions, et cette succession n'étant produite que par la suite des phénomènes, là où les phénomènes seront différens, la suite des perceptions sera différente. On

---

[171] cf. O.P. *Logique,* ii.388*b*, lines 5-29. The plurality of inhabited worlds was already a well-worn theme. In §19 of the *Theodicy* Leibniz had commented, for example, as follows: 'Aujourd'hui, quelques bornes qu'on donne ou qu'on ne donne pas à l'Univers, il faut reconnoître qu'il y a un nombre innombrable de Globes, autant et plus grands que le nôtre, qui ont autant de droit que lui à avoir des habitans raisonnables, quoiqu'il ne s'ensuive point que ce soient des hommes' (Erdmann, p.509).
[172] text reads: 'qu'il n'ait pas'.

en jugera donc la succession plus ou moins considérable, et la durée du 395
monde n'y paroîtra pas la même.

On trouvera ces conjectures si extraordinaires qu'on aura peut-être
bien de la peine à me les passer. Mais je crois avoir démontré que la durée
n'est autre chose que la suite des changemens des créatures. Or il n'y a
point de raison pour que cette suite soit uniforme partout, et produise 400
dans chaque être un égal nombre d'instans. Bien au contraire, la différence qui est nécessairement entre les êtres ne permet pas cette uni-
formité. Ils éprouvent donc plus ou moins de changemens, et passent par
plus ou moins d'instans. Car par rapport à un être, durer ou changer
c'est la même chose, et il n'y a point de succession, dès qu'il n'y a point 405
de changemens. Cela peut fournir une difficulté contre l'état des perceptions obscures que j'ai combattu dans la première partie; car cet état
suppose que l'ame passe par autant d'instans que le corps.

Quoiqu'il n'y ait pas deux êtres dont la durée se réponde instans pour
instans, il a fallu pour l'usage de la vie chercher une durée qu'on regardât 410
comme la mesure de toutes les autres. On a choisi avec raison les révolutions diurnes et annuelles du soleil, parce qu'étant généralement aper-
çues, chacun a pu leur comparer sa propre durée. Le langage auquel elles
ont donné occasion est vrai ou faux selon le sens qu'on lui donne.
Lorsqu'on dit que les choses durent des mois et des années, si l'on entend 415
seulement qu'elles durent à leur manière, pendant que le soleil dure à la
sienne, ce langage est exact. Mais si l'on veut dire qu'elles n'ont avec lui
qu'une même durée, et qu'elles passent par un égal nombre d'instans,
comme si elles n'étoient qu'un seul et même être, ce langage devient faux.

Le tems, c'est à dire, les révolutions solaires, considérées comme la 420
mesure de la durée de chaque chose, se divise en différentes parties dont
nous ne pouvons nous former des idées que par comparaison. Chaque
être ayant une durée qui lui est propre, il n'y a pas deux durées qui se
mesurent également; celle d'un être, comparée à celle d'un autre, peut
même varier sans fin. Ainsi la succession de nos idées par rapport à celle 425
du tems est tantôt plus prompte, tantôt plus courte. Quelquefois un
quart d'heure fait passer dans notre esprit une plus grande suite d'idées,
que d'autres fois des heures entières. Voilà pourquoi on a été obligé, afin
de fixer autant qu'il est possible les différentes parties du tems, d'imaginer
des cadrans solaires, des montres, etc.[173]   430

---

[173] in the *Traité des sensations* Condillac discusses in greater detail the part played by the
sun in forming our notion of duration (O.P., i.292*b*, line 35-294*a*, line 19).

C'est en multipliant les différentes parties du tems qu'on a cru se faire l'idée d'une éternité successive. Cette phrase, *avant la création du monde,* en a imposé. On s'est formé, sur le modèle de la durée des choses créées, l'idée d'une durée antérieure. Cette idée abstraite a été réalisée, et l'on a supposé la durée des créatures, quand les créatures n'étoient point encore. 435 Il faut remarquer ici, comme nous l'avons fait sur l'espace, qu'en ajoutant des milliers de siècles à des milliers de siècles, on ne se fait pas proprement des idées plus étendues; on imagine seulement des signes qui en tiennent lieu.

CHAPITRE IX

DE LA MONADE PREMIERE
OU DE DIEU

J'ai démontré qu'il y a des monades, qu'elles diffèrent nécessairement entre elles, et qu'elles produisent les phénomènes de l'étendue et des corps, qui n'en sont que des aggrégats. J'ai prouvé qu'elles n'agissent point les unes dans les autres, et que, par conséquent, elles ne concourent à former l'univers qu'en vertu de l'harmonie qui a été préétablie. J'ai 5 tâché d'expliquer comment tout ce qui en résulte est renfermé dans un seul être, qui est immense, sans être étendu. Enfin j'ai fait voir que la durée n'est autre chose que la suite des changemens qui se font dans les monades ou dans les êtres composés. J'ai donc donné la raison des deux principaux phénomènes de l'univers, la durée et l'étendue.[174] Il me reste 10 à rechercher quel est ce premier être, cette monade première, qu'on appelle DIEU, et dont j'ai déjà eu occasion de parler.[175]

Plus une vérité est importante, plus on doit avoir soin de ne l'appuyer que sur de solides raisons. L'existence de Dieu en est une, contre laquelle s'émoussent tous les traits des athées. Mais si nous l'établissons 15 sur de foibles principes, n'est-il pas à craindre que l'incrédule ne s'imagine avoir sur la vérité même un avantage qu'il n'auroit que sur nos frivoles raisonnemens, et que cette fausse victoire ne le retienne dans l'erreur?

---

[174] this almost astonishingly positive summary of Condillac's 'proven' findings up to this point, though still somewhat oblique as a reference, is probably the closest he comes in *Les Monades* to relating his dissertation specifically to the Berlin essay question as it was officially formulated in June 1746. Those contestants who chose to defend monads, it will be recalled (see above, p.21), had been invited, 'après avoir prouvé les Monades, d'en déduire une explication intelligible des *principaux phénomènes de l'Univers*'. The Academy had in mind particularly the origin and motion of bodies. Condillac, however, designates as the two principal phenomena *la durée et l'étendue*.

[175] this entire first paragraph is omitted in the parallel chapter of the *Traité des animaux* (O.P., i.365*b*-370*a*), 'Comment l'homme acquiert la connoissance de Dieu', where we find substituted three anti-Cartesian paragraphs which attack, very much in the context of Condillac's *Traité des sensations* of the year before, the ontological proof of God's existence. As I have already noted, the entire chapter makes better philosophical sense in its original setting as the culmination and conclusion of Condillac's own monadology.

N'est-il pas à craindre qu'il ne nous dise comme aux Cartésiens: *A quoi servent des principes métaphysiques qui portent sur des hypothèses toutes gratuites?*[a] *Croyez-vous raisonner d'après une notion fort exacte, lorsque vous parlez de l'idée d'un être infiniment parfait, comme d'une idée qui renferme une infinité de réalités? N'y reconnoissez-vous pas l'ouvrage de l'imagination,*[176] *et ne voyez-vous pas que vous supposez ce que vous avez dessein de prouver?*[177]

La notion la plus parfaite que nous puissions avoir de la divinité n'est pas infinie comme cet être;[178] elle ne renferme, ainsi que[179] toute idée complexe, qu'un certain nombre d'idées partielles. Pour se former cette notion, et pour démontrer en même tems l'existence de Dieu, il est, ce me semble, un moyen bien simple; c'est de chercher par quels progrès et par quelle suite de réflexions l'esprit peut acquérir les idées qui la composent, et sur quel fondement[180] il peut les réunir. Cela n'a point encore été tenté que je sache; mais si nous l'exécutons,[181] les athées ne pourront pas nous opposer que nous raisonnons d'après des idées imaginaires, et nous verrons combien leurs efforts sont vains pour soutenir des hypothèses qui tombent d'elles-mêmes. Commençons.

Un concours de causes m'a donné la vie. Par un concours pareil les momens m'en sont précieux ou à charge. Par un autre elle me sera enlevée, et[182] je ne saurois douter non plus de ma dépendance que de mon existence. Les causes qui agissent immédiatement sur moi seroient-elles les seules dont je dépends? Je ne suis donc heureux ou malheureux que par elles, et je n'ai rien à attendre d'ailleurs.

Telle a pu être, ou à peu près, la première réflexion des hommes quand ils commencèrent à considérer les impressions agréables et désagréables qu'ils recevoient[183] de la part des objets. Ils virent leur bonheur et[184] leur malheur au pouvoir de tout ce qui agissoit sur eux. Cette connoissance les humilia devant tout ce qui est, et les objets dont les impressions étoient plus sensibles furent leurs premières divinités. Ceux qui s'arrê-

[a] Je veux faire allusion à celle des *idées innées.*

[176] O.P. *Animaux,* i.366*a*, line 40: 'de votre imagination'. N.B. all further variant references are to the parallel text of the *Traité des animaux* and will be indicated by page and line references only, preceded by the letter A.

[177] M.II.ix.19-25 not italicised in text but see A. 366*a*, lines 33-42.

[178] A. 366*a*, line 44: 'comme cet être', omitted.

[179] A. 366*a*, line 45: 'comme'.   [180] A. 366*a*, line 53: 'quels fondemens'.

[181] 'Cela n'a point . . . nous l'exécutons', omitted; 'Alors', added (A. 366*a*, line 53).

[182] A. 366*b*, line 4: 'et' replaced by colon.

[183] A. 366*b*, line 14: 'reçoivent.'   [184] A. 366*b*, line 15: 'ou'.

tèrent sur cette notion grossière, et qui ne surent pas remonter à une première cause, incapables de donner dans les subtilités métaphysiques 50 des athées, ne songèrent jamais à révoquer en doute la puissance, l'intelligence et la liberté de leurs dieux. Le culte de tous les idolâtres en est la preuve. L'homme n'a commencé à combattre la divinité que quand il étoit plus fait pour la connoître. Le polythéisme prouve donc combien nous sommes tous convaincus de notre dépendance; et, pour le détruire, 55 il suffit de ne pas s'arrêter à la première notion qui en a été le principe. Je continue donc.

Quoi! Je dépendrois uniquement des objets qui agissent immédiatement sur moi! Ne vois-je donc pas qu'à leur tour ils obéissent à l'action de tout ce qui les environne? L'air m'est salutaire ou nuisible par les 60 exhalaisons qu'il reçoit de la terre. Mais quelle vapeur celle-ci feroit-elle sortir de son sein, si elle n'étoit [pas][185] échauffée par le soleil? Quelle cause a, de ce dernier, fait un corps tout en feu? Cette cause en reconnoîtra-t-elle encore une autre? Ou, pour ne m'arrêter nulle part, admettrai-je une progression d'effets à l'infini sans une première cause? 65 Il y auroit donc proprement une infinité d'effets sans cause: évidente contradiction!

Ces réflexions, en donnant l'idée d'un premier principe, en prouvent[186] en même tems l'existence. On ne peut donc pas soupçonner cette idée d'être du nombre de celles qui n'ont de réalité que dans l'imagination. 70 Les philosophes qui l'ont rejetée ont été la dupe du plus vain langage. Le hasard n'est qu'un mot, et le besoin qu'ils en ont pour bâtir leurs systêmes, prouve combien il est nécessaire de reconnoître un premier principe.

Quels que soient les effets que je considère, ils me conduisent tous à 75 une première cause, qui en dispose, ou qui les arrange, soit immédiatement, soit par l'entremise de quelques causes secondes. Mais son action auroit-elle pour terme des êtres qui existeroient par eux-mêmes, ou des êtres qu'elle auroit tirés du néant? Cette question paroît peu nécessaire, si on accorde le point le plus important, que nous en dépendons. En 80 effet, quand mon être existeroit par lui-même,[187] si je ne me sens que par les perceptions que cette cause me procure, ne fait-elle pas mon bonheur ou mon malheur? Qu'importe que j'existe, si par moi-même[188] je suis incapable de me sentir? Et proprement l'existence de ce que j'appelle *moi*,

---

[185] text reads: 'si elle n'étoit échauffée'.   [186] A. 366*b*, line 53: 'en démontrent'.
[187] A. 367*a*, line 14: 'quand j'existerois par moi-même'.
[188] A. 367*a*, line 18: 'par moi-même', omitted.

où commence-t-elle, si ce n'est au moment où je commence à[189] en 85
avoir conscience? Mais supposons que le premier principe ne fait[190] que
modifier des êtres qui existent par eux-mêmes, et voyons si cette hypothèse se peut soutenir.

Un être ne peut exister qu'il ne soit modifié d'une certaine manière.
Ainsi, dans la supposition que tous les êtres existent par eux-mêmes, 90
ils ont aussi par eux-mêmes telle et telle modification;[191] en sorte que
les modifications suivent nécessairement de la même nature dont on
veut que leur existence soit l'effet.

On ne pourroit modifier les êtres que de trois manières: 1. En leur
ôtant les modes qui sont conjointement avec leur existence une suite de 95
leur nature, et cela sans y rien substituer. 2. En leur donnant des modes
contraires. 3. En ajoutant à ceux qu'ils ont, et sans y rien retrancher ou
faire aucun changement, d'autres modes qui ne seroient point incompatibles avec les premiers.[192]

[Or,][193]   100

1. Si le premier principe ne peut rien sur l'existence des êtres, il y
auroit contradiction qu'il pût leur enlever des[194] modifications qui sont
conjointement avec leur existence des effets nécessaires d'une même
nature. Que, par exemple, A, B, C, qu'on suppose exister par eux-
mêmes, soient en conséquence dans certains rapports, celui qui n'a point 105
de pouvoir sur leur existence, n'en a point sur ces rapports; il ne les peut
changer. Car un être ne peut rien sur un effet qui dépend d'une cause qui
n'est pas en sa puissance.[195]

2. Cela étant, le premier principe ne peut donner non plus aux êtres
des modes contraires à ceux qu'ils avoient déjà.[196] Si un corps par sa 110
nature existe rond, il ne deviendra carré que quand[197] sa même nature le
fera exister carré; et celui qui ne peut lui ôter l'existence, ne peut lui ôter
la rondeur pour lui donner une autre figure. De même, si par ma nature
j'existe avec une perception agréable, elle ne peut être suivie d'une per-

---

[189] A. 367*a*, line 21: 'd'en avoir'.   [190] A. 367*a*, line 23: 'fasse'.

[191] text reads: 'telles et telles modifications'.

[192] M.ii.ix.94-99, omitted in the *Traité des animaux*. This change, involving the attenu-
ation of a certain scholastic tone, is probably based more on stylistic than on substantive
considerations.

[193] my addition (see A. 367*a*, line 34).

[194] A. 367*a*, line 36: 'les'.

[195] A. 367*a*, line 45: 'une cause hors de sa puissance'.

[196] M.ii.ix.109-110, omitted.

[197] A. 367*a*, line 48: 'ne deviendra donc carré que lorsque'.

ception désagréable, qu'autant que ma même nature[198] changera ma 115
manière d'exister.

3. Enfin cette première cause ne sauroit ajouter à un être des modes
qui n'aient absolument point d'incompatibilité avec ceux qu'il a: car il
n'est pas possible de modifier un être d'une nouvelle manière, sans
altérer quelques-unes de ses modifications.[199] En un mot, modifier un 120
être, c'est changer sa manière d'exister: or s'il est indépendant quant à
son existence, il l'est quant à la manière dont il existe.

Concluons que le principe qui arrange toutes choses est le même que
celui qui donne l'existence. Voilà la création. Elle n'est à notre égard que
l'action d'un premier principe, par laquelle les êtres, de non-existans, 125
deviennent existans. Nous ne saurions nous en faire une idée plus parfaite; mais ce n'est pas une raison pour la nier, comme quelques philosophes l'ont prétendu.

J'ai vû un aveugle né qui nioit la possibilité de la lumière, et qui
soutenoit que, pour nous conduire, nous ne pouvions avoir[200] que des 130
secours à peu près semblables aux siens. Il convenoit que nous n'avons
pas besoin de bâton, et que nous apercevons les objets auxquels on ne
peut atteindre avec la main; mais il en nioit la cause, parce qu'il ne pouvoit rien comprendre à ce que nous entendons par la lumière.[201] Vous
m'assurez, disoit-il, que les ténèbres où je suis ne sont qu'une privation 135
de ce que vous appelez lumière; vous convenez qu'il n'y a personne qui
ne puisse se trouver dans les mêmes ténèbres; supposons donc, ajoutoit-
il, que tout le monde y soit[202] actuellement, il ne sera pas possible que la
lumière survienne[203] jamais; car l'être ne sauroit provenir de sa privation,
ou[204] ne sauroit tirer quelque chose du néant. Qu'imaginez-vous donc à 140
la place de la lumière, lui demandai-je? J'imagine, répliqua-t-il, que
l'oeil est un organe qui touche les corps de loin.[205]

---

[198] A. 367*a*, lines 53-54: 'avec une sensation agréable, je n'en éprouverai une désagréable,
qu'autant que ma même nature'.

[199] M.II.ix.117-120, omitted in *Animaux*, again, no doubt, because of its 'Wolffian'
flavour. The numbering of points, '1.', '2.', and '3.' (II.ix.101, 109, 117) is also eliminated,
probably for the same reasons.

[200] this intriguing autobiographical reference is almost entirely depersonalised in
Animaux 367*b*, lines 11-14 (see above, pp.84-86): 'Un aveugle né qui nioit la possibilité de
la lumière, parce qu'il ne la pouvoit pas comprendre, et il soutenoit que, pour nous conduire, nous ne pouvons avoir.'

[201] M.II.ix.131-134 ('Il convenoit ... par la lumière') omitted (see preceding note).

[202] A. 367*b*: 'fût'.   [203] A. 367*b*, line 23: 'se reproduise'.   [204] text reads: 'on'.

[205] M.II.ix.140-142, omitted in *Animaux*, in keeping with the stylistic depersonalisation
of the later text. Cf. Diderot, *Lettre sur les aveugles*, ed. R. Niklaus (Genève 1951), p.5:
'La vue, doit-il conclure, est donc une espèce de toucher'.

Les athées sont dans le cas de cet aveugle. Ils voient les effets; mais n'ayant point d'idée d'une action créatrice, ils la nient pour y substituer des systêmes ridicules. Ils pourroient également soutenir qu'il est 145 impossible que nous ayons des sensations; car conçoit-on comment un être, qui ne se sentoit point, commence à se sentir?

Au reste, il n'est pas étonnant que nous ne concevions pas la création. Par tout ce qui a été dit, il est certain que nos premières idées sont celles que nous avons de ce que nous apercevons en nous-mêmes, et que nous 150 ne nous en formons de ce qui convient au reste des êtres que par comparaison avec ces premières. Telles sont les idées de substance et de durée. N'ayant donc pas le pouvoir de créer,[206] nous n'apercevons rien en nous qui puisse nous servir de modèle pour nous en faire une idée. Conclure de là que ce pouvoir ne sauroit convenir à la première cause, 155 c'est à dire, qu'elle ne peut créer,[207] parce que nous ne le pouvons pas nous-mêmes, c'est encore un coup le cas de l'aveugle qui ne veut rien croire de ce qu'on lui rapporte sur la lumière, parce qu'il ne peut s'en faire d'idée.[208]

Dès qu'il est démontré qu'une cause ne peut rien sur un être auquel 160 elle n'a pas donné l'existence, le système d'Epicure est détruit, puisqu'il suppose que des substances qui existent chacune par elle-même,[209] agissent cependant les unes sur les autres. Il ne reste pour ressource aux athées que de dire que toutes choses émanent nécessairement d'un premier principe, comme d'une cause aveugle et sans dessein. Voilà en 165 effet où ils ont réuni tous leurs efforts. Il faut donc développer les idées d'intelligence et de liberté, et voir sur quel fondement on peut les joindre[210] aux premières.

L'immensité et l'éternité, telles que je les ai expliquées, conviennent sans doute à la première cause; car elle ne peut influer dans les choses 170 qu'autant qu'elles lui sont présentes par ces deux attributs. Elle n'est donc jamais dans le cas de se représenter les objets absens. Par conséquent, elle n'imagine pas comme nous, et toute son intelligence consiste à

---

[206] M.II.ix.149-153 ('Par tout ce qui a été dit . . . pas le pouvoir de créer'), omitted, no doubt because of the reference to matters dealt with in preceding chapters of *Les Monades*. A. 367*b*, line 35, continues with: 'puisque nous n'apercevons'.

[207] A. 367*b*, lines 38-40: 'Conclure de-là qu'elle est impossible, c'est à dire que la première cause ne peut pas créer'.

[208] 'qui ne veut . . . s'en faire d'idée', replaced by: 'qui nie l'existence de la lumière'.

[209] cf. A. 367*b*, line 47: 'elles-mêmes'.

[210] A. 367*b*, line 56: 'les peut joindre'.

concevoir.[211] Mais il y a encore bien de la différence de sa manière de concevoir à la nôtre:[212] 1. Ses idées n'ont pas la même origine. 2. Elle[213] ne forme pas les unes des autres par une espèce de génération. 3. Elle n'a pas besoin de signes pour les arranger dans sa mémoire; car[214] elle n'a pas même de mémoire, puisque tout lui est présent. 4. Elle ne s'élève pas de connoissances en connoissances par différens progrès. Toutes ces manières de connoître sont incompatibles avec son immensité et son éternité.[215] Elle voit donc tout à la fois tous les êtres tant possibles qu'existans; elle en voit dans un même instant la nature, toutes les propriétés, toutes les combinaisons qu'on en peut faire,[216] et tous les phénomènes qui doivent en résulter. C'est de la sorte qu'il faut qu'elle soit intelligente, si elle l'est. Mais comment s'assurer qu'elle le soit?[217] Il n'y a qu'un moyen. Les mêmes effets qui nous ont conduits à cette première cause, nous feront connoître ce qu'elle est quand nous réfléchirons sur ce qu'ils sont en eux-mêmes.

Considérons les êtres qu'elle a arrangés. (Je dis *arrangés,* car il n'est pas nécessaire pour prouver son intelligence, de supposer qu'elle ait créé). Peut-on voir l'ordre des parties de l'univers, la subordination qui est entre elles, et comment tant de choses différentes forment un tout si durable, et rester convaincu que l'univers a pour cause un principe qui n'a aucune connoissance de ce qu'il produit, qui, sans dessein, sans vue, rapporte cependant chaque être à des fins particulières subordonnées à une fin générale? Si l'objet est trop vaste, qu'on jette les yeux sur le plus vil insecte. Que de finesse! Que de beauté! Que de magnificence dans les organes! Que de précautions dans le choix des armes, tant offensives que défensives! Que de sagesse dans les moyens dont il a été pourvu à sa subsistance! Mais, pour observer quelque chose qui nous est plus intime, ne sortons pas de nous-mêmes. Que chacun considère avec quel ordre

---

[211] M.II.ix.169-174, basically modified in A. 367*b*, line 58-A. 368*a*, line 6: 'Tout est présent au premier principe, puisque, dans la supposition même des athées, tout est renfermé dans son essence. Si tout lui est présent, il est par-tout, il est de tous les temps, il est immense, éternel. Il n'imagine donc pas comme nous, et toute son intelligence, s'il en a, consiste à concevoir.'

[212] A. 368*a*, line 7: 'entre sa manière de concevoir et la nôtre'.

[213] A. 368*a*, lines 9-22: 'il' ('premier principe') substituted throughout for 'elle' ('première cause').

[214] A. 368*a*, line 12: 'car', omitted.

[215] this sentence is omitted, possibly because it relates directly to the preceding chapter of *Les Monades*.

[216] 'qu'on en peut faire', omitted.

[217] A. 368*a*, lines 20-22: 'C'est de la sorte qu'il doit être intelligent; mais comment s'assurer qu'il l'est?'

les sens concourent à sa conservation: comment il dépend de tout ce qui l'environne, il tient à tout par des sentimens de plaisir et de douleur.[218] Qu'il remarque comment ses organes sont faits pour lui transmettre des perceptions; son ame, pour opérer sur ces perceptions, s'en former[219] tous les jours de nouvelles idées, et acquérir une intelligence qu'elle ose refuser au premier être. Il conclura sans doute que celui qui nous enrichit de tant de sensations différentes connoît le présent qu'il nous fait; qu'il ne donne point à l'ame la facilité[220] d'opérer sur ses sensations, sans savoir ce qu'il lui donne; que l'ame ne peut, par l'exercice de ses opérations, acquérir de l'intelligence qu'il n'ait lui-même une idée de cette intelligence, et qu'en un mot il fait tout avec connoissance et avec dessein. [221]

Notre liberté, selon l'idée que nous pouvons nous en former, consiste à nous déterminer en conséquence des connoissances que nous avons, et à pouvoir exécuter ce à quoi notre volonté s'est déterminée. Elle renferme donc trois choses:[222] 1. quelque connoissance de ce que nous devons, ou ne devons pas faire; 2. la détermination de la volonté, mais une détermination qui soit à nous, et qui ne soit pas uniquement l'effet de l'impulsion d'une cause plus puissante;[223] 3. le pouvoir de faire ce que nous voulons.

Si notre esprit étoit assez étendu et assez vif pour embrasser d'une simple vue les choses, selon tous les rapports qu'elles ont à nous, nous ne mettrions[224] pas de tems à délibérer. Connoître et se déterminer ne supposeroient qu'un seul et même instant. La délibération n'est donc qu'une suite de notre limitation et de notre ignorance, et elle n'est non plus nécessaire à la liberté que l'ignorance même. La liberté de la première cause, si elle a lieu, renferme donc, comme la nôtre, connoissance, détermination de la volonté et pouvoir d'agir; mais elle en diffère en ce qu'elle exclut toute délibération.

[218] A. 368*a*, lines 51-52: 'et tient à tout par des sentimens de plaisir ou de douleur'.
[219] A. 368*a*, line 55: 'en former'.　　[220] A. 368*b*, line 2: 'la faculté'.
[221] two additional points are included here (A. 368*b*, lines 7-16), the first taking into account the *Traité des sensations*, the other being more in the nature of an additional clarification: 'qu'en un mot il connoît le système par lequel toutes nos facultés naissent du sentiment, et que par conséquent il nous a formés avec connoissance et avec dessein.

'Mais son intelligence doit être telle que je l'ai dit, c'est-à-dire, qu'elle doit tout embrasser d'un même coup-d'œil. Si quelque chose lui échappoit, ne fût-ce que pour un instant, le désordre détruiroit son ouvrage.'
[222] M.ii.ix.214-217, replaced, probably only for reasons of style, by the following brief statement: 'Notre liberté renferme trois choses:'.
[223] A. 368*b*, lines 21-22: 'et qui ne soit pas l'effet d'une cause plus puissante'.
[224] A. 368*b*, line 27: 'perdrions'.

Plusieurs philosophes ont regardé la dépendance où nous sommes du premier être comme un obstacle à notre liberté. Ce n'est pas le lieu de réfuter cette erreur; mais puisque le premier être est indépendant, rien n'empêche qu'il ne soit libre: car nous trouvons dans les attributs de la puissance et de l'indépendance, que les athées ne peuvent lui refuser, et 235 dans celui de l'intelligence,[225] que nous avons prouvé lui convenir, tout ce qui constitue la liberté. En effet, on y trouve connoissance, détermination et pouvoir d'agir. Cela est si vrai, que ceux qui ont voulu nier la liberté de la première cause ont été obligés, pour raisonner conséquemment, de lui refuser l'intelligence.   240

Cet être, comme intelligent, discerne le bien et le mal, juge du mérite et du démérite, apprécie tout: comme libre, il se détermine et agit en conséquence de ce qu'il connoît. Ainsi de son intelligence et de sa liberté naissent sa justice, sa bonté, sa miséricorde, et pour tout renfermer en un seul mot, sa providence.[226]   245

Le premier principe connoît et agit de manière qu'il ne passe pas de pensées en pensées, de desseins en desseins.[227] C'est dans un instant qui n'a point de succession qu'il jouit de toutes ses idées, et[228] qu'il forme tous ses ouvrages. Il est permanemment et tout à la fois tout ce qu'il peut être; il est immuable; mais s'il crée par une action qui n'a ni commence- 250 ment ni fin, comment les choses commencent-elles? Comment peuvent-elles finir?

Je réponds qu'il n'est pas possible d'en trouver l'explication dans l'idée de l'éternité. Mais il est aisé, après ce que j'ai dit ailleurs, de la découvrir dans la notion des créatures. La succession de nos pensées est 255 une suite de la limitation de notre esprit; car avec plus d'étendue, il apercevroit tout à la fois des idées qu'il ne saisit que les unes après les autres. La limitation d'un être emporte donc nécessairement succession dans ses modes. Or tout ce qui dure a nécessairement un commencement: car, outre ce que j'ai déjà dit à ce sujet, durer c'est éprouver des change- 260 mens successifs, et avant de changer, il faut certainement commencer par être quelque chose.[229]

[225] A. 368*b*, lines 45-47: 'de puissance et d'indépendance . . . d'intelligence'.

[226] 'et . . . providence' / / 'sa providence en un mot'.

[227] added (A. 369*a*, lines 6-8): 'Tout lui est présent, comme nous l'avons dit; et par conséquent c'est dans un instant . . .'

[228] A. 369*a*, line 10: 'et', omitted.

[229] M.II.ix.253-262, replaced by the following less explicit paragraph (A. 369*a*, lines 16-22): 'C'est que les créatures sont nécessairement limitées; elles ne sauroient être à-la-fois tout ce qu'elles peuvent être: il faut qu'elles éprouvent des changemens successifs, il faut qu'elles durent, et, par conséquent, il faut qu'elles commencent et qu'elles puissent finir.'

Mais, s'il est nécessaire que tout être limité dure, il ne l'est pas que la succession soit absolument la même dans tous, en sorte que la durée de l'un réponde à celle de l'autre,[230] instans pour instans. Quoique le monde 265 et moi soyons créés dans la même éternité, nous avons chacun notre propre durée. Il dure par la succession de ses modes, je dure par la succession des miens; et, parce que ces deux successions peuvent être l'une sans l'autre, il a duré sans moi, je pourrois durer sans lui, et nous pourrions finir tous deux.   270

Il suffit donc de réfléchir sur la nature de la durée pour apercevoir, autant que notre foible vue peut le permettre, comment le premier principe, sans altérer son immutabilité, est libre de faire naître ou mourir les choses plus tôt ou plus tard. On voit que[231] cela vient uniquement du pouvoir qu'il a de changer la succession des modes de chaque substance. 275 Que, par exemple, l'ordre de l'univers eût été tout autre, le monde, comme nous l'avons prouvé[232] compteroit des millions d'années, ou seulement quelques minutes, et c'est une suite de l'ordre établi que chaque chose naisse et meure dans le tems. La première cause est donc libre, parce qu'elle produit dans les créatures telle variation et telle succession 280 qu'il lui plaît;[233] et elle est immuable, parce qu'elle le fait[234] dans un instant qui coexiste à toute la durée des créatures.

Quelques philosophes se sont imaginé[235] qu'il suffit que le premier principe tire les créatures du néant et qu'ensuite elles se conservent elles-mêmes. D'autres, avec plus de raison, ont jugé qu'elles ne peuvent se 285 conserver que par le secours de celui qui les a créées, et se sont représenté la conservation comme une création continuée ou répétée. Cette idée cependant n'est point encore exacte, ce qui vient de ce qu'on ne connoissoit pas assez la différence de la durée des créatures à l'éternité du premier être. Tout étant créé et conservé dans un instant qui, quoique sans 290 succession, coexiste à toute celle des créatures, la conservation ne peut être une création continuée ou répétée; tout est conservé par un acte seul et unique.[236]

---

[230] A. 369a, lines 25-26: 'à la durée de l'autre'.

[231] A. 369a, line 42: 'On voit que', omitted.

[232] A. 369a, line 46 and note 1: 'comme on l'a prouvé ailleurs[1] ([1] *Traité des sensations*, part. 1, ch. 4, §18).' This change provides an excellent example of Condillac's skill at covering up the traces of *Les Monades* in his later works. We should note also how a 'conjecture' of the preceding chapter is now regarded as 'proven'.

[233] A. 369a, lines 52-53: *'qui lui plaît'*.

[234] A. 369a, line 54: 'elle fait tout cela'.   [235] text reads 'imaginés'.

[236] this entire paragraph (M.II.ix.283-293) is omitted, probably with a view to lightening the general tone of the discussion. Cf. on this point, *Theodicy*, §27, 381-390 and the Leibniz-Clarke correspondence ('Troisième écrit de mr Leibniz').

La limitation des créatures nous fait concevoir qu'on peut toujours leur ajouter quelque chose. On pourroit, par exemple, augmenter 295 l'étendue de notre esprit, en sorte qu'il aperçût tout à la fois 100 idées, 1 000, 10 000, ou davantage,[237] comme il en aperçoit actuellement deux. Mais, par la notion que nous venons de nous faire du premier être, nous ne concevons pas qu'on puisse rien lui ajouter. Son intelligence, par exemple, ne pourroit s'étendre à de nouvelles idées, puisque par l'éternité 300 et par l'immensité elle embrasse les idées de tout ce qui est possible et existant. Il est donc infini.[238]

Il y a un premier principe; mais n'y en a-t-il qu'un? Y en auroit-il deux, ou même davantage? Examinons encore ces hypothèses.

S'il y a plusieurs premiers principes, ils sont indépendans; car ceux qui 305 seroient subordonnés, ne seroient pas premiers; mais de là il s'ensuit: 1. qu'ils ne peuvent agir les uns sur les autres; 2. qu'il ne peut y avoir aucune communication entre eux; 3. que chacun d'eux existera[239] à part, sans savoir seulement que d'autres existent; 4. que la connoissance et l'action de chacun se borneront[240] à son propre ouvrage; 5. enfin, que n'y 310 ayant point de subordination entre eux, il ne sauroit y en avoir entre les choses qu'ils produisent.

Ce sont là tout autant[241] de vérités incontestables; car il ne peut y avoir de communication entre deux êtres,[242] qu'autant qu'il y a quelque action de l'un à l'autre. Or un être ne peut voir et agir qu'en lui-même, 315 parce qu'il ne le peut[243] que là où il est. Sa vue et son action ne peuvent avoir d'autre terme que sa propre substance, et l'ouvrage qu'elle renferme. Mais l'indépendance où seroient plusieurs premiers principes les mettroit nécessairement les uns hors des autres; car l'un ne pourroit être dans l'autre, ni comme partie, ni comme ouvrage. Il n'y auroit donc 320 entre eux ni connoissance, ni action réciproque; ils ne pourroient ni concourir, ni se combattre, Enfin chacun se croiroit seul et ne soupçonneroit pas même[244] qu'il eût des égaux.

Il n'y a donc qu'un premier principe par rapport à nous et à toutes les choses que nous connoissons, puisqu'elles ne forment avec nous qu'un 325

---

[237] A. 369*b*, lines 3-4: 'cent idées, mille ou davantage'.

[238] last two sentences replaced by A. 369 *b*, lines 8-12: 'Son intelligence, par exemple, ne sauroit s'étendre à de nouvelles idées: elle embrasse tout. Il en est de même de ses autres attributs; chacun d'eux est infini.'

[239] A. 369*b*, line 23: 'existe'.   [240] A. 369*b*, line 26: 'se borne'.

[241] A. 369*b*, line 30: 'Ce sont là autant'.   [242] A. 369*b*, line 32: 'entre les deux êtres'.

[243] A. 369*b*, line 35: 'il ne peut l'un et l'autre'.

[244] A. 369*b*, line 47: 'même', omitted.

seul et même tout. Concluons même qu'il n'y en a qu'un absolument: que seroit-ce en effet que deux premiers principes, dont l'un seroit où l'autre ne seroit pas, verroit et pourroit ce dont l'autre n'auroit aucune connoissance, et sur quoi il n'auroit aucun pouvoir? Si cela étoit, comment seroient-ils immenses, infinis?[245] Mais il est inutile de s'arrêter 33⁰ à une supposition ridicule que personne ne défend.[246] On n'a jamais admis plusieurs principes,[247] que pour les faire concourir au même[248] ouvrage: or j'ai prouvé que ce concours est impossible, dès qu'on les suppose également premiers.[249]

Une cause première, indépendante, unique, immense, éternelle, 33⁵ toute-puissante, immuable, intelligente, libre, et dont la providence s'étend sur tout:[250] voilà la notion la plus parfaite que nous puissions, dans cette vie, nous former de Dieu. A la rigueur l'athéisme pourroit être caractérisé par le retranchement d'une seule de ces idées; mais la société, considérant plus particulièrement la chose par rapport à l'effet 34⁰ moral, n'appelle athées que ceux qui nient la puissance, l'intelligence, la liberté ou la providence de[251] la première cause. Si nous nous conformons[252] à ce langage, je ne puis croire qu'il y ait des peuples athées. Je veux qu'il y en ait qui n'aient aucun culte, et qui même n'aient point de nom qui réponde à celui de *DIEU*. Mais est-il un homme, pour peu qu'il 34⁵ soit capable de réflexion, qui ne remarque sa dépendance, et qui ne se sente naturellement porté à craindre et à respecter les êtres dont il croit dépendre? Dans les momens où il est tourmenté par ses besoins, l'instinct même ne l'humilie-t-il pas[253] devant tout ce qui lui paroît la cause de son bonheur ou de son malheur? Or ces sentimens de crainte et de respect[254] 35⁰ n'emportent-ils pas que les êtres qu'il craint et qu'il respecte soient[255] puissans, intelligens et libres? Il a donc déjà sur Dieu les idées les plus nécessaires par rapport à l'effet moral. Que cet homme donne ensuite des noms à ces êtres, qu'il imagine un culte; pourra-t-on dire qu'il ne connoît

[245] this sentence is omitted.
[246] added after the 1755 edition: 'qui n'étoit pas même venue encore dans l'esprit d'aucun philosophe, et qui semble la seule absurdité qui leur ait échappé. En effet . . .' (A. 370a, lines 1-5).
[247] A. 370a, line 5: 'premiers principes'.   [248] A. 370a, line 7: 'à un même'.
[249] 'dès qu'on les suppose également premiers', omitted.
[250] A. 370a, line 12: 'à tout'.   [251] A. 370a, line 21: 'ou, en un mot, la providence'.
[252] text reads: 'Si nous ne nous conformons'.
[253] 'l'instinct même ne l'humilie-t-il pas' // 'ne s'humiliera-t-il pas' (A. 370a, lines 32-33).
[254] A. 370a, line 35: 'de crainte et de respect', omitted.
[255] A. 370a, line 36: 'sont'.

la divinité que de ce moment, et que jusque là il a été athée? Concluons 355
que la connoissance de Dieu est à la portée de tous les hommes, c'est à
dire, une connoissance proportionnée à l'intérêt de la société.

La seule considération des phénomènes nous a conduits à la connoissance de Dieu. Avec combien plus de lumière n'y arriverions-nous pas,
si notre vue pouvoit percer jusque dans les principes des phénomènes! 360
Quoique le système des monades nous en approche bien peu, il suppose
que l'harmonie de l'univers a été préétablie par une première cause, et
fournit par là une preuve de l'existence de Dieu. Si nous pouvions
connoître le système dans toutes ses parties, quelle idée ne concevrions-
nous pas des ouvrages de cet être?[256] 365

[256] this last paragraph is not, of course, included in the *Traité des animaux*. As we might
expect, the overriding spiritual note on which Condillac's work of 1748 ends underlines
once more the basically anti-materialistic character of his early interest in Leibnizianism.
If, at the same time, Condillac's conclusion reveals traces of a healthy Newtonian caution
regarding the dangers of venturing any great distance into the realm of speculative
metaphysics, it nevertheless makes clear his belief that the spiritual cause he was defending
more than justified any potential shortcomings of his work along those lines. Much of this
ambivalence still shows through in the parallel chapter of 1755 but by that time, obviously,
the celebrated author of the *Traité des systèmes* could not be expected to support monads
and pre-established harmony quite so openly and explicitly – even in defence of God.

Index of names and titles

Occasionally short title only is given. References to Condillac and to the new text, *Les Monades*, are not included.

Index

Index